SV

Vom gleichen Verfasser
Beiderseits des Rheins
Erinnerungen eines französischen Diplomaten

FRANÇOIS SEYDOUX

Botschafter in Deutschland

Meine zweite Mission
1965 bis 1970

Societäts-Verlag

Titel des Originalwerkes:
»Dans l'intimité franco-allemande, une mission diplomatique«
(© Editions Albatros, Paris 1977)
Aus dem Französischen übertragen von Oskar Pollak

 · Societäts-Verlag
Frankfurter Societäts-Druckerei GmbH
Satz Meister-Satz, Hof/Saale
Einbandarbeit Franz Wochner, Horb/Neckar
Reprographischer Druck Elektra, Niedernhausen
Umschlagentwurf und Ausstattung von August Wolf
Printed in Germany 1978
ISBN 3 7973 0325 4

Inhalt

Seite

1

De Gaulle und Adenauer: die Grundlage

Im Juli 1962 verließ ich Bonn, wo ich seit August 1958 Botschafter gewesen war. Ich hatte allen Grund zu der Annahme, daß ich in dieser Eigenschaft Bonn nicht wiedersehen würde. Weit gefehlt. Im Februar 1965 wurde ich wiederum zum Botschafter unseres Landes in der Bundesrepublik Deutschland ernannt und bekleidete dieses Amt bis April 1970.

Allerdings berührt mein Buch »Beiderseits des Rheins, Erinnerungen eines französischen Diplomaten« diese zweite Mission nicht. Nur sein letzter Satz spielt auf sie an. Er klingt illusionslos: »Doch wird es nicht mehr so sein wie früher!«

Man hat mich oft nach dem Warum gefragt. Hatte ich etwa der Versuchung nachgegeben, auf dem Höhepunkt, im Zenith der deutsch-französischen Annäherung aufzuhören, aus der Furcht heraus, über die wiederholten späteren Mißklänge berichten zu müssen?

So ist es in der Tat, doch vor allem wußte ich sehr genau, daß der Zauber jener vier Jahre als Botschafter in Bonn auf die gleichzeitige Präsenz de Gaulles an der Spitze Frankreichs und Adenauers an der Spitze Deutschlands zurückzuführen war. Seite an Seite hatten sie die Grundsteine gelegt, die man nicht mehr verrücken konnte, ohne daß ein Proteststurm losbricht oder eine Katastrophe folgt. Die Freundschaft zwischen diesen beiden Männern war eine Gabe des Himmels, segensreich für Deutschland wie für Frankreich, und beide wußten das.

Heute ist es leicht zu behaupten, daß das Spiel im voraus gewonnen war. In Wirklichkeit aber kannten sich damals die beiden überhaupt nicht. Es lag durchaus im Bereich des Möglichen, daß der General einen Kanzler, dem die Vierte Republik Sympathie und Bewunderung entgegengebracht hatte, garnicht beachtenswert finden könnte. Und auch der Bonner Regierungschef hätte einen Soldaten, dessen Hochmut bereits Franklin Roosevelt und Winston Churchill unangenehm aufgefallen war, durchaus nicht nach seinem Geschmack finden können. Der erste Eindruck mußte deshalb entscheidend sein. Die Begegnung in Colombey-les-deux-Eglises am 14. September 1958 übertraf ihre Erwartungen: jeder von beiden war großartiger und schlichter, als ihn sich der andere vorgestellt hatte.

Charles de Gaulle empfand für den Mann, der die Bundesrepublik Deutschland aufgebaut hatte, für den geschickten und zielstrebigen deutschen Patrioten, der Westdeutschland aus dem moralischen und psychischen Zusammenbruch emporgerissen hatte, eine außerordentliche Hochachtung. Konrad Adenauer wußte seinerseits die Zuvorkommenheit eines Gastgebers zu schätzen, der ihn in häuslich-intimer Umgebung empfing. Auf diese Weise verlor das Bild des ehemaligen Siegers seine scharfen Umrisse. Nunmehr waren sie gute Nachbarn und Partner, jeder in einsamer Höhe.

Seit dem Beginn seiner Kanzlerschaft, neun Jahre zuvor, hatte sich Adenauer der deutsch-französischen Annäherung mit einem Eifer gewidmet, der bei vielen Franzosen nicht unerwidert geblieben war. Aber diese Franzosen waren nicht das gesamte französische Volk. Wenn sich de Gaulle nicht für das Versöhnungswerk ausgesprochen hätte, wäre es trotz des glückhaften Anfangs nie von Erfolg gekrönt gewesen. Doch als er, der Widerstandskämpfer der allerersten Stunde, sein Ja gesagt hatte, konnte es niemand mehr wagen, ein Nein zu sagen. Adenauer erkannte den hohen Wert des Beitrags an, den ihm der General geliefert hatte.

Sie hatten beide die Gewißheit, daß der Lauf der Geschichte weitgehend von auserwählten Menschen bestimmt wird, die historische Verantwortung zu übernehmen gewillt und sie zu tragen imstande sind. Sie waren beide Demokraten, doch meinten beide, es stehe ihnen eher zu, die öffentliche Meinung zu führen, als ihr zu folgen, und den Ereignissen ihren Stempel als Herren und Meister aufzudrücken. Wäre nicht Adenauer gewesen, hätte sich de Gaulle gegenüber der Bundesrepublik nicht mit der gleichen Entschlossenheit und dem gleichen Vertrauen engagiert. In seinen Augen verkörperte der Kanzler Deutschland, so wie er, de Gaulle, es sich wünschte.

Der Blick, den sie gemeinsam auf die Weltsituation warfen, war ihrem Einvernehmen und ihren Plänen günstig. Der Krieg hatte ungeahnte Umwälzungen mit sich gebracht. Macht und Einfluß gehörten allein den Vereinigten Staaten und Rußland. Zwei Lager standen sich gegenüber. Der Kalte Krieg war in vollem Gange. Kein Staatsmann dachte mit mehr Besorgnis als Adenauer über die Absichten und die ehrgeizigen Ziele des Kremls nach. Unaufhörlich zählte er die Armeen, die sich auf der Landkarte Osteuropas verteilten, die auf den Westen Druck ausübten, und denen allein die Macht Amerikas standzuhalten vermochte.

Der General begriff zwar, daß die Hauptsorge des Kanzlers die Sorge nach Sicherheit war, doch glaubte er nicht so recht daran, daß Rußland sich in ein Abenteuer stürzen könnte, bei dem es riskieren würde, die Früchte des Sieges einzubüßen. Trotzdem gedachte er keineswegs, mit der militärischen Erpressung zu leben. Jedesmal, wenn Moskau schärfere Töne anklingen ließ, bekam es ausgerechnet aus Paris die prompteste und unmißverständlichste Erwiderung zu hören.

Konrad Adenauer sah also zu seiner großen Freude in Charles de Gaulle zuallererst und über alles andere den Widerstandskämpfer in einem Kampf von grundsätzlicher Wichtigkeit. Schon bei der zweiten Begegnung mit ihm, in Bad Kreuznach am 26. November 1958, konnte er sich vergewissern, mit welcher Festigkeit der General auf eine damals als unmittelbar bevorstehend geltende sowjetische Berlin-Initiative zu reagieren entschlossen war. Seine Ängste lebten erneut auf, als er hörte, daß westliche Alliierte und Russen erneut den Kontakt wieder aufzunehmen suchten, um ihre Differenzen abzubauen und die deutsche Frage zu lösen. Die Genfer Konferenz von 1959 bereitete ihm schlaflose Nächte, obwohl die Franzosen nichts unversucht ließen, um ihn zu beruhigen. Als wenige Monate später die Pariser Gipfelkonferenz wegen Nikita Chruschtschows Unnachgiebigkeit geplatzt war, bevor sie angefangen hatte, weinte ihr Adenauer keine Träne nach. In jener Krise hatte de Gaulle das Steuer fest und mit großartiger Würde in der Hand gehalten, worüber Adenauer Lobeshymnen anstimmte.

Noch einmal konnte der Kanzler den Widerstandskämpfer de Gaulle wiedererkennen, als am 13. August 1961 der Mauerbau begann – eine unmenschliche, kühn geplante und folgenschwere Maßnahme, denn binnen weniger Jahre wurde damit aus der Sowjetischen Besatzungszone ein zweiter deutscher Staat. Auch diesmal zeigte de Gaulle keine Schwäche. Während London und Washington berieten, ob es nicht opportun wäre, bei den Sowjets zu sondieren, die man in Verdacht hatte, einen neuen Coup vorzubereiten, fand de Gaulle, daß Resignation sie nur ermutigen würde und jede Vorleistung des Westens einer Kapitulation gleich käme. Adenauer zögerte anfänglich, dann gab er ihm schließlich recht.

Er und de Gaulle beurteilten Rußland nicht gleichlautend. Der General vergaß nie, daß er zusammen mit den Russen gegen Adolf Hitler gekämpft hatte. Trotzdem kamen die Wolken, die den deutsch-französischen Himmel manchmal überschatteten, nie aus dem Osten. Wir waren noch nicht im Entspannungszeitalter. Von Entspannung sprach damals niemand. Moskau gegenüber gaben sich die Länder der freien Welt einmütig und gleich hartnäckig.

Der Kanzler legte so viel Wert auf die Festigkeit der Bindungen zwischen Bonn und Paris, daß er dauernd nach dem Elysée-Palast blickte. Nicht etwa, daß er an de Gaulles Aufrichtigkeit gezweifelt hätte. Er war bereit, jede Anwandlung des Zweifels von sich zu weisen.

Beide Männer waren über menschlichen Kleinmut weit erhaben. Aber Adenauer vergaß nicht den Willen de Gaulles, der Stimme Frankreichs Gehör und Respekt zu verschaffen. Er wußte, daß de Gaulle von der eigenen stolzen Natur und von den Umständen in diese Richtung getrieben wurde. Es war allerdings nicht leicht, selbst wenn man de Gaulle hieß, das gefährliche diplomatische Spiel der allmählichen Loslösung Frankreichs von Algerien zu treiben, ohne der Ehre Frankreichs Schaden zuzufügen. Der Weg war überall versperrt, viele Franzosen von widerstrebenden Gefühlen hin- und hergerissen. Der Kanzler ließ seinen Freund niemals im Stich. Es tat ihm leid, daß dieser einen so tragischen Kampf zu bestehen hatte. Er bewunderte de Gaulles Selbstaufopferung. Er hatte es eilig, ihn von diesem Konflikt befreit zu sehen, der dem Ansehen Frankreichs Abbruch tat, seine Bewegungsfreiheit einengte und im schlimmsten Fall das Durcheinander vor Deutschlands Tür nur noch vergrößern, ja das atlantische Bündnis in Mitleidenschaft ziehen konnte. Darüber hinaus war es ein Konflikt, für den die Jugend kein Verständnis aufbrachte, denn für sie galt ohne Einschränkung das Prinzip der Selbstbestimmung aller Völker.

Wie seine Vorgänger, aber in seinem persönlichen Stil, bemühte sich de Gaulle um die atomare Bewaffnung Frankreichs. Konrad Adenauer war darüber nicht glücklich. Er sträubte sich: der Abstand zwischen den beiden Nachbarstaaten würde sich vergrößern; Macht und Autorität würden nunmehr allein den Atommächten zufallen! De Gaulle besänftigte ihn und erreichte es, daß der Kanzler, der jetzt wußte, woran er war, den französischen Beitrag zur Sicherheit Westeuropas guthieß.

Doch seine Zuneigung für de Gaulle ließ ihn jedesmal sehr empfindlich reagieren, wenn sein Freund Alleingänge unternahm, die Deutschlands Gewicht im Vergleich kleiner erscheinen ließen. Er hatte es gar nicht geschätzt, daß de Gaulle, kaum hatte er Colombey verlassen, an Präsident Eisenhower und Premierminister Harold MacMillan Briefe richtete, in denen er vorschlug, Franzosen, Amerikaner und Briten sollten sich regelmäßig über die großen Probleme der Weltpolitik absprechen. Der Einfall blieb ohne Folgen. De Gaulle war davon nicht überrascht. Jetzt konnte er mit ruhigem Gewissen agieren: sein Angebot war abgelehnt worden, er war frei. Doch Adenauer hatte es übel vermerkt und vergaß niemals, wenn er schlecht gelaunt war, an das »Dreierdirektorium« des Elysée-Palastes zu erinnern.

Aber dann beeilte er sich, den direkten Kontakt zu seinem Freund wiederaufzunehmen. Der Briefwechsel mit de Gaulle beschwichtigte ihn. Noch mehr hatten die berühmten Begegnungen diese Wirkung. Nur ihre Begegnung in Rambouillet von Ende Juli 1960 stellte sich als heikel heraus. Der Kanzler war böse auf de Gaulle, weil er fand, daß dieser in der letzten Zeit bei verschiedenen Anlässen die Bundesrepublik nicht sehr rücksichtsvoll behandelt hatte. In diesem besonderen Fall aber konnte es auch eine andere Erklärung geben: die Europapläne, die man dem französischen Staatspräsidenten zuschrieb, erschienen dem Kanzler, und nicht ohne Grund, als störungsträchtig.

De Gaulle wäre nicht de Gaulle gewesen, wenn er kein eigenes Europakonzept gehabt hätte. Er hatte seine eigenen Vorstellungen über den Aufbau und die Weiterentwicklung Europas. Zur allgemeinen Überraschung dachte er nicht daran, das vor seiner Amtszeit vollbrachte Werk zu vernachlässigen oder gar zu zerstören. Ganz im Gegenteil, er kümmerte sich um die Beschleunigung der verschiedenen Phasen, um die Festigung des Gemeinsamen Marktes und wollte nicht die Landwirtschaft als französisches Aschenbrödel dastehen lassen. Aber die Gemeinschaft würde nie erwachsen werden, wenn sie sich auf die Wirtschaft beschränkte, wenn die sechs Länder, aus denen sie bestand, sich nicht auf den verschiedensten Gebieten so eng miteinander verbanden, daß die Gemeinschaft sowohl ihren Ressourcen nach wie durch ihre effektive Handlungsfähigkeit mit den Vereinigten Staaten und Rußland vergleichbar wäre.

De Gaulles Europakonzept war auf den Staaten aufgebaut. Diese sollten Europas Grundpfeiler werden. Die Staatschefs sollten die Weiterentwicklung durch regelmäßige Konsultationen zu festen Terminen bestimmen. Die Supranationalität, die eine allmähliche Überwindung der nationalen Souveränität jedes Staates bedeutet hätte, sie war vom Tisch. Das Ziel, ein vereintes Europa, blieb dasselbe; die Wege zum Ziel waren recht verschieden. Einem integrierten Europa setzten wir ein anderes gegenüber, dem man einen boshaften Namen gab, wie um seinen überalterten Charakter zu entlarven: das Europa der Vaterländer.

Und dennoch: auch in Rambouillet blieb der Kanzler bei der Stange. Er machte sich sogar schon am ersten Tag den Plan zu eigen, den ihm der General vortrug. Der Nebel, der am Ufer des Rheins aufgekommen war, ehe er in Frankreich eintraf, hatte sich völlig zerstreut. Der Franzose und der Deutsche durchstreiften zusammen die weltpolitische Landschaft und stellten alsbald fest, wie viele gute Gründe sie hatten, einander durch dick und dünn beizustehen.

Am nächsten Tag begleitete ich den Kanzler frühmorgens nach Chartres, wo er in der von ihm über alles geliebten Kathedrale beten wollte. Es wurde zu einem der denkwürdigsten Augenblicke meines Lebens. Gegen seine Gewohnheit hüllte er sich während der Hinfahrt zeitweise in Schweigen. Ich beobachtete ihn verstohlen. In Nachdenken versunken, von tiefer Schwermut ergriffen, schien er mir mehr als sonst vom Alter gezeichnet. Er vergaß mich, nicht etwa aus Unaufmerksamkeit, sondern weil er ahnte, wie wertvoll diese flüchtige Stunde für mich war, auch wenn er sich nicht um mich kümmerte. Auf den Feldern leuchtete die warme Morgensonne. Adenauer kostete die Sanftheit der französischen Landschaft aus. Von diesem Land würde er das seine nie trennen. Das zukünftige Gesicht Europas war ihm weniger wichtig als der Wille Charles de Gaulles, den deutschen Partner an die Zukunft Frankreichs zu binden. Wir betraten den Dom. Ich entfernte mich diskret.

Konrad Adenauer wurde sogar von seinen treuesten Freunden hart kritisiert. Aus Bonn, aus Paris, von überall her, warfen ihm die Anhänger der europäischen Integration Verrat an der reinen Lehre vor. Im Herbst 1960 schien er etwas zu wanken. Aber er fing sich bald wieder. Eine Kommission unter Christian Fouchet erarbeitete den Text eines Sechservertrags. Adenauer entfernte sich keinen Augenblick von dem mit de Gaulle vereinbarten Konzept. Aber beider Zusammenhalten war dennoch nicht ausreichend, die Einwände der Beneluxländer zu überwinden. Diese wollten kein Europa ohne England. Am 17. April 1962 blieb den in Paris versammelten Außenministern der Sechs nichts anderes übrig, als das Scheitern zu protokollieren.

De Gaulle und Adenauer fühlten die ganze Härte des Rückschlags und reagierten gleichartig: durch die Festigung der deutsch-französischen Freundschaft. Anfang Juli 1962 war Konrad Adenauer Frankreichs Gast. Man erwies ihm alle erdenklichen Ehren, man erfüllte ihm alle Wünsche. Wo auch immer er empfangen wurde, in Rouen, in Bordeaux, in Versailles, erntete er beglückt die Früchte der Freundschaft, die er mitgesät hatte. Auf dem Übungsplatz von Mourmelon standen die Soldaten der beiden Länder in Reih und Glied nebeneinander und nicht wie einstens gegeneinander, nicht mehr verfeindet, sondern verbrüdert. In der Kathedrale von Reims beteten Adenauer und de Gaulle gemeinschaftlich. Es war ein Augenblick großartiger, ergreifender Andacht. Der Kanzler gab sich im Gebet ganz Gott seinem Herrn hin. Strahlender Friede erfüllte das Kirchenschiff und überflutete Frankreich und Deutschland. Zu denen, die diese weihevolle Stunde erlebten, gehörten auch der Bundesaußen- und der Bundesverteidigungsminister, deren Verdienste de Gaulle in seiner Festrede gebührend würdigte.

Zu mir war man ganz nett. Man wußte überall, wie leid es mir tat, Bonn verlassen zu müssen, und man wünschte nicht, daß im Gefolge der Großen ein bekümmertes Gesicht den Glanz der Stunde trübe. Ich ging wieder zurück nach Bonn, doch nur um den 14. Juli dort zu feiern, der im Ausland der beliebteste unsrer Nationalfeiertage ist.

Anfang September machte de Gaulle eine Reise durch Deutschland, auf die majestätisch-biedere Art, die er zu einer Kunst entwickelt hatte. Mir war, als ob ich von jenseits des Rheins die Willkommensovationen der Deutschen mitanhörte. In seiner Person grüßten sie den großen Franzosen, der zum Vorkämpfer der Versöhnung geworden war, nachdem er als ihr Feind gegolten hatte. Sie sind von Natur gefühlvoll und hatten damals ihre Leidenszeit noch nicht ganz überstanden. Nationalsozialismus und Krieg hatten ihre Spuren hinterlassen. Und da kam nun der General und durch sein bloßes Da-Sein wie auch durch das, was er zu ihnen sagte, gab er ihnen wieder ein Gefühl der Sicherheit, er weckte Verständnis, er elektrisierte sie. Einigermaßen überrascht von der gewaltigen Begeisterung, die ihm entgegenjubelte, aber von vornherein entschlossen, nichts unversucht zu lassen, um die große Sache, die er für lebenswichtig hielt, zu einem guten Ende zu führen, ließ er sich gern von der Freude seiner Zuhörer mitreißen. Zwischen der Bevölkerung und ihm herrschte volle Harmonie. Präsident und Kanzler konnten zufrieden sein.

2

Atlantisches Zwischenspiel

September 1962 – Februar 1965

Nach meiner Rückkehr aus Bonn empfing mich unser Außenminister, um mir die Möglichkeit in Aussicht zu stellen, entweder nach Moskau oder an die Spitze unserer Vertretung bei den Vereinten Nationen nach New York entsandt zu werden. Daraus wurde, daß ich in Paris blieb: als Frankreichs Vertreter im Atlantischen Rat, der damals seinen Sitz dort hatte. Unsere Karriere hat ja zugleich das Reizvolle wie Unbequeme an sich: niemals weiß der Wagemutige, der sich ihr verschrieben hat, im voraus, wohin er geschickt wird. Im Geiste zumindest reist er um die ganze Welt. Die Aussicht auf einige Zeit in Paris mißfiel mir jedoch keineswegs. Der Atlantische Rat reizte mich auch, wenn auch nur mäßig. Maurice Couve de Murville belehrte mich eines Besseren. Die Diplomatie habe nunmehr ein neues Gesicht erhalten. In den neu geschaffenen internationalen Organisationen gebe es praktisch ununterbrochene Verhandlungen; man führe sie mit ausländischen Kollegen, die eine auserwählte Gruppe darstellten. Ich irrte mich eben, wenn ich etwa glaubte, die Arbeit sei hier weniger reizvoll als in den traditionellen großen Hauptstädten. Der Minister hatte selbstverständlich recht: ich ahnte es damals nicht, aber ich sollte zweieinhalb Jahre lang mit großer Freude eine Position einnehmen, die durch Frankreichs Stellung gegenüber der NATO, der »Organisation des Nordatlantischen Paktes“, keineswegs erleichtert wurde und sich oft als voll von Überraschungen erwiesen hat.

Ich machte schon Anstalten, mich zurückzuziehen, als Couve de Murville mich zurückhielt und hinzufügte, als ob es nichts Besonderes gewesen wäre: »Der General und der Kanzler wünschen nicht, daß der Impuls, den sie der Aussöhnung gegeben haben und den die Volksbegeisterung bestätigt hat, ohne Auswirkungen bleibt. Wir unterbreiten der Bundesregierung ein Projekt, das unseren Wunsch nach Kooperation auf allen Gebieten dokumentiert. Das gemeinsame Vorhaben würde die Form eines Protokolls erhalten und zwei eigens geschaffene Kommissionen, eine deutsche und eine französische, würden seine Ausführung überwachen und die nötigen Impulse geben. Du würdest die unsere leiten und könntest dich also weiter um die Deutschen kümmern. Der General wird diesen Aspekt deiner Tätigkeit besonders aufmerksam verfolgen. Bei der NATO, meint er, nun ja, müssen wir schon vertreten sein. Aber die Weiterentwicklung der deutsch-französischen Beziehungen ist in seinen Augen eine ganz andere Sache!«

Ich gewann den Eindruck, daß mein Gesprächspartner deutlicher als der Staatspräsident erkannt hatte, welchen Schwierigkeiten ich beim Atlantischen Rat begegnen würde, und unseren Vorschlag an die Bundesregierung weniger hoffnungsvoll und zukunftsgläubig betrachtete. Der Präsident sah die Dinge in epischer Breite, sein Minister mehr in der Prosa des Alltags. Sie ergänzten einander.

Das Dokument vom 18. September war eine vereinfachte Abwandlung unseres Projekts für die europäische Wirtschaftsgemeinschaft, des gescheiterten Fouchet-Plans. Diesmal streckten wir die Hand nur Deutschland entgegen. Seit dem Krieg waren Jahren verflossen. De Gaulle erlaubte sich trotzdem etwas, was außer ihm niemand gewagt hätte. Paris und Bonn würden zusammengehen: damit war schon der Keim zur Zukunft Europas gerettet. Die deutsche Antwort kam erst am 8. November, als wir begonnen hatten, die Geduld zu verlieren. Dafür war sie aber so, wie man sie sich nicht besser hätte wünschen können.

Meine Geduld wurde auch durch das Warten auf eine Audienz beim General auf die Probe gestellt. Seit Anfang Juli hatte ich ihn nicht mehr gesehen – seit jener glückhaften Woche, als er sich um Frankreichs Staatsgast, um Konrad Adenauer, so herzlich bemüht hatte. Eine Audienz bei ihm war für mich stets eine Ehre, ein Anlaß, hinzuzulernen, und eine vortreffliche Unterhaltung. An jenem 23. November 1962, wenige Tage nach dem ersten Wahlgang zur Nationalversammlung, war er in einer sonnigen Laune. Hinter den Brillengläsern schienen die Augen größer und ab und zu funkelten sie verschmitzt und vergnügt. Er feuerte seine Sätze mit seiner unnachahmlichen Stimme in höchster Lautstärke, fast brüllend ab, indem er den Oberkörper nach vorwärts und dann gleich wieder nach rückwärts balancierte; dabei behielt er den Besucher ständig im Auge, um sich seiner Wirkung auf diesen zu vergewissern, ohne sich aber davon aufhalten zu lassen; doch blieb er wachsam genug, um eine Bemerkung seines Gegenübers aufzugreifen, beziehungsweise sie übelzunehmen. De Gaulle war stets majestätisch, aber unter vier Augen erlaubte er sich Mienenspiele und Witze, an denen er als erster seinen Riesenspaß hatte. Im Benehmen stolz wie ein Spanier und mit den Umgangsformen unseres Provinzadels, das war de Gaulle; aber es steckte in ihm doch irgendwo auch ein Pariser.

Der General erging sich mit mir vor allem in Betrachtungen über Deutschland und zeigte sich dabei weniger optimistisch, als ich erwartet hätte. »Die Deutschen«, bemerkte er spöttisch, »hätten sich mehr beeilt, unserem Projekt zuzustimmen, wenn sie früher gewußt hätten, wie unsere Wahlen ausfallen würden, denn der zweite Wahlgang wird selbstverständlich den ersten bestätigen.« Er verhehlte kaum seinen Unmut über die recht späte Antwort auf sein großzügiges Angebot am Ende einer großartigen Reise. Dann, umwölkt: »Wir werden mehr wissen, nachdem sich Couve de Murville mit Herrn Schröder unterhalten hat.« Damit gab er mir zu verstehen, was ihm Sorge machte: konnten wir auf die Unterstützung des Bundesaußenministers zählen?

Das Problem war ihm unangenehm, er klammerte es aus. Wir seien im Begriff, meinte er, in eine neue Ära der deutsch-französischen Beziehung einzutreten. Durch regelmäßige Konsultationen würden die beiden Regierungen diese neue Ära herbeiführen und sie zur vollen Entfaltung bringen. »Allerdings müssen die Deutschen mitmachen«, fügte er ironisch hinzu, »sonst platzt die ganze Operation, bevor sie richtig angefangen hat.« Im Verlaufe des Gesprächs versuchte er mehr und mehr, sich selbst zu überzeugen. Im Januar sei eine entscheidende Begegnung mit dem Bundeskanzler vorgesehen. Der Vertrag, der dann abgeschlossen würde, könne von ungeheurer Tragweite sein.

Ich bemerkte, daß das Ziel noch nicht erreicht sei, solange die Jugend der beiden Völker nicht beide Sprachen perfekt beherrschte. Mit Ausnahme des Saarlandes kam Englisch in den anderen Bundesländern, die in Sachen Erziehung völlig autonom seien, mit Abstand an erster Stelle. Das Französische habe es schwer, selbst den zweiten Platz zu behaupten. Die klassischen und die modernen Sprachen stünden frei zur Wahl und die deutschen Kinder – oder die deutschen Eltern – gäben oft dem Latein den Vorzug. Ich hatte zwar für das Französische bereits gekämpft, aber man flüsterte mir bald in Bonn zu, ich solle zurückhaltender sein, solche Kühnheit bei einem protestantischen Botschafter könne die katholische Kirche verstimmen. Das sagte ich dem General allerdings nicht. Er maß mich mit seinem Blick und verkündete kategorisch: »Französisch muß Englisch ersetzen.« Diese Antwort war bei ihm nicht nur ein Temperamentsausbruch. Sie zeigte, welchen ganz besonderen Charakter er der deutsch-französischen Versöhnung verleihen wollte. Zu deren Grundlagen sollte die Zweisprachigkeit gehören. Die Kinder beider Völker würden freilich auch Englisch lernen, man konnte nicht umhin, aber später.

Das Thema Deutschland hielt ihn nicht von einer Betrachtung der Weltlage ab. Einen Monat zuvor hatte sich Nikita Chruschtschow erlaubt, den Vereinigten Staaten Trotz zu bieten und bei Fidel Castro auf Kuba Raketen aufzustellen, die auf amerikanisches Gebiet zielten. John F. Kennedys Entschlossenheit hatte den Unvorsichtigen zum Rückzug gezwungen. »Er mußte zurückstecken, und die Folgen«, so meinte de Gaulle, »werden ungeheuer sein. Chruschtschow hat Angst gehabt, Angst vor dem Atomkrieg,

Angst vor dem russischen Volk, das keinen Krieg will. Im Gegensatz zu ihm wurde Kennedy von der Nation getragen, denn die Amerikaner haben auch Angst gehabt, sie haben sich direkt bedroht gefühlt. Es fehlte nicht viel, und Sowjets und Amerikaner lagen im Kampf miteinander. Ich war überzeugt, daß die Vernunft siegen würde, nichtsdestoweniger aber ließ ich dem Präsidenten der Vereinigten Staaten ausrichten, daß im Konfliktfall Frankreich an der Seite der Vereinigten Staaten zu finden wäre. Und Kennedy hat mir gedankt.«

Ich erinnerte mich an den bedrückenden Abend Ende Oktober, als der frühere Außenminister Acheson dem Atlantischen Rat inmitten der allgemeinen Ergriffenheit geschildert hatte, was uns allen vielleicht bevorstand. Als letzter ergriff gegen Mitternacht der Vertreter Frankreichs das Wort und hob sich durch die Entschlossenheit seiner Stellungnahme von seinen Kollegen ab. Selten habe ich mich der Großmacht, mit der die Sache der Freiheit steht oder fällt, so nahe gefühlt wie an jenem Abend.

»Die Folgen werden ungeheuer sein«, hatte de Gaulle gesagt. Ebensowenig wie nach dem Bau der Mauer hatte der Krieg ausbrechen können. Seine neuen, durch die Atomwaffe geschaffenen Dimensionen machten ihn unmöglich. Es blieb Moskau und Washington nichts anderes übrig, als die Koexistenz zu versuchen, die Welt unter sich friedlich zu teilen, diesmal ohne das heldenhafte England Winston Churchills, das bei der Konferenz von Jalta, im Februar 1945, zu übersehen weder denkbar noch mit dem Anstand vereinbar erschienen war.

Die Kubakrise war kurzerhand abgebrochen worden: darin lag bereits der Keim der Entspannung. Mit der ihm eigenen Behendigkeit nahm de Gaulle das Ereignis wahr, um es sich dienstbar zu machen. Bis dahin war er gegen jeden Schritt von unserer Seite, den die Sowjets als Schwäche hätten auffassen können. Jetzt aber fühlte er instinktiv, daß ihre Strategie einen Wendepunkt erreicht hatte und daß sie den Verhandlungsweg suchen würden. Den Vereinigten Staaten würde dies höchst willkommen sein. Wenn wir nicht vor ihnen handelten, dann würde sich die Tür zur internationalen Dimension für Frankreich und überhaupt Europa wieder schließen. Der Blick des Generals richtete sich über Bonn hinaus nach Moskau. Jetzt wurde die deutsch-französische Solidarität erst recht unverzichtbar. In einem neuen Klima, in dem keine Spannung mehr die Verbündeten zum Zusammenhalt zwang, konnte Rußland das alte Spiel des Teilens und Herrschens spielen und als erste Frankreich und die Bundesrepublik entzweien.

»Die Kuba-Episode«, schloß de Gaulle, »hat einmal mehr gezeigt, wie kraftvoll die nationale Reaktion ist, wenn sich ein Land bedroht fühlt. Allerdings muß es auch abwehrbereit sein, wie die Vereinigten Staaten, freilich im Rahmen der eigenen Möglichkeiten. Frankreich zum Beispiel wird in zwei, drei Jahren eine atomare Bewaffnung erhalten. Es wird keine sehr starke Atommacht sein, aber man wird mit ihm rechnen müssen. Wir werden bald die Atombombe haben; wir bleiben nicht dabei: wir bauen auch die Wasserstoffbombe.«

Am 20. Dezember verlieh der Präsident der Französischen Republik dem nach sechs Jahren Dienst als Oberkommandierender der alliierten Streitkräfte in Europa nach Washington zurückbeorderten General Norstad im Ehrenhof des Invalidendoms das Großkreuz der Ehrenlegion. Es war kalt. Die Ehrenkompanie schlotterte. Die nicht zahlreichen französischen und ausländischen Ehrengäste stampften mit den Füßen. Im fahlen Morgenlicht stand der Prachtbau eisig und trauervoll da, gleichsam im selben Schlaf versunken wie unsere Toten und unser Kriegsruhm. Der Vorhang war noch nicht aufgegangen, das Schauspiel hatte noch nicht begonnen. In einiger Entfernung von den Vertretern der fünfzehn Staaten des Bündnisses erblickte ich die hohe Gestalt ihres ersten Soldaten, dessen Vorgänger Dwight Eisenhower hieß – und dessen Vorgänger wiederum hier ganz nahe unter der Kuppel des Domes ruhte: Marschall Foch. Die Fortdauer des Friedens verurteilte Norstad dazu, vergessen zu werden. Er war allgemein geachtet, sympathisch, elegant. Plötzlich schien er mir in diesem eindrucksvollen Rahmen klein und zerbrechlich. Das Schicksal wollte Menschenleben schonen, und das Glück der vielen war gleichbedeutend mit einer widrigen Wendung für diesen Berufssoldaten, der sich allerdings darüber nicht beklagte. Fanfarengeschmetter riß mich aus meinen Betrachtungen. Mit einer Motorradeskorte fuhren zwei schwarze Limousinen vor. Der einen entstieg General de Gaulle. Es wurde still. Das Schauspiel fing an. Es dauerte nur wenige Minuten, und so lange hörte das allgemeine Schlottern auf. Der Augenblick wurde feierlich-ernst. Der Präsident der Republik sprach die formelhaften Worte aus und umarmte den neuen Würdenträger unseres nationalen Ehrenzeichens. Das alte Europa dankte der Tochter, dem jungen Amerika. Dann ging de Gaulle, wie er gekommen war: so majestätisch wie schlicht.

Beim darauffolgenden festlichen Mittagessen im Elysée-Palast würdigte er den untadeligen amerikanischen Soldaten und das atlantische Bündnis. De Gaulle hielt dem Bündnis die Treue, aber das brachte ihn keineswegs von seinem festen Vorhaben ab, die französische Armee aus einer Organisation zurückzuziehen, die praktisch mit einer amerikanischen Vormachtstellung identisch war. Die politische Allianz brauchte keine Ergänzung durch diese militärische Unterordnung. Sie war sich selbst genug.

Diese Maßnahme, die sich bereits damals ankündigte, aber erst drei Jahre später in aller Form getroffen wurde, sollte die amerikanische Präsenz auf unserem Kontinent abzubauen helfen. Sie drückte den Willen des französischen Staatspräsidenten aus, für Frankreich eine Freiheit wiederzuerobern, die dem Lande, wie er meinte, entzogen worden war. Ganz Europa mußte sich von diesem übermächtigen Einfluß befreien. Zu diesem Zweck war aber die Einheit der endlich versöhnten europäischen Länder nötig. Indem er der Bundesrepublik totale Solidarität anbot, verteidigte de Gaulle Europas »europäische« Zukunft und leistete Vorarbeit für sie.

Konrad Adenauer ging weiter als der französische Vorschlag vorsah. Es sollte kein Protokoll, sondern ein Vertrag in aller Form daraus werden. Die Parlamente beider Länder müßten ihn ratifizieren. Sonst bestehe die Gefahr, daß die Gemeinsamkeit nur so lange lebe, wie Adenauer selber. Er traute seinen Landsleuten weniger als wir: sie könnten der Versuchung eines Alleingangs mit dem Osten wieder einmal erliegen. Seine Hartnäckigkeit war verdienstvoll, denn die Kampagne, die im April 1962 gegen ihn entfesselt worden war, als die politische Sechsergemeinschaft durchfiel und er mit de Gaulle die Bindungen zwischen der Bundesrepublik und Frankreich fester geknüpft hatte, wurde jetzt heftiger: der General verdiene ebensowenig den Namen eines Schöpfers der deutsch-französischen Annäherung, wie den eines Schöpfers des vereinten Europa. Er möge sich nicht in Dinge einmischen, die ihn nichts angingen. Er habe mehr schlecht als recht den Algerienkrieg beendet, mehr erwarte man von ihm nicht. Der Kanzler sei alt und rührselig, werde von de Gaulle beherrscht und zum Komplizen des gefährlichen Mannes.

An den Ufern des Rheins wurde viel so geredet, aber in den Pariser Salons und Amtsräumen war es schlimmer. Man lachte spöttisch, um nicht in Protestrufe ausbrechen zu müssen. Für die Ausarbeitung des deutsch-französischen Freundschaftsvertrages war der Augenblick denkbar ungünstig. In seiner Pressekonferenz vom 14. Januar 1963 vertrat der französische Staatspräsident die Notwendigkeit, die Verhandlungen mit England über dessen Beitritt zum Europäischen Gemeinsamen Markt nun abzubrechen. Außerdem verweigerte er den Beitritt Frankreichs zur multilateralen Atomstreitmacht im Rahmen der NATO, so wie Präsident Kennedy und Premierminister MacMillan bei ihrem Treffen auf den Bahamas sie konzipiert hatten. Man fragte nicht nach den Beweggründen des Generals. England war nicht soweit, wie man später feststellte. Frankreich hatte nicht vor, die eigenen Streitkräfte in die NATO zu integrieren und die Bundesrepublik Deutschland in die Versuchung zu führen, von der verbotenen atomaren Frucht zu naschen. Überall herrschten Empörung, Bestürzung. Nie hatte man auf dem Kontinent die Engländer und

Amerikaner so heiß geliebt. Der Elysée-Palast bleibt ungerührt.

Am 19. Januar rief der Präsident der Republik Kabinettsmitglieder und hohe Beamte zusammen, um seine Begegnung mit dem Bundeskanzler vorzubereiten. Maurice Couve de Murville war gerade aus Brüssel zurück, wo er am Ministerrat der EWG in einer peinlichen Stimmung teilgenommen hatte. Obwohl der General in seiner Pressekonferenz einen überdeutlichen Ton anklingen ließ, hatte er es nicht bis zum Abbruch aller Kontakte zu Großbritannien kommen lassen. Die Deutschen wünschten einen Aufschub, um Adenauer Zeit zu lassen, den General sanfter zu stimmen, indem er ihm schilderte, welche Schwierigkeiten er selber in Bonn wegen seiner Nachgiebigkeit gegenüber Frankreich hatte. Den Aufschub konnten wir zwar nicht verweigern, aber die Entscheidung war unumstößlich. Am 28. Januar teilte der Außenminister sie seinen Amtskollegen mit. Trotz allem aber war de Gaulle von dem Aufschub nicht angetan. Sein Mienenspiel drückte seine Verärgerung aus. Tiefe Stille herrschte im Sitzungssaal. Couve de Murville saß zwar auf der Anklagebank, blieb aber gleichmütig. Die umwölkte Stirn wurde heiterer; es war nicht zur Zurechtweisung gekommen. Er kannte seinen Herrn.

Adenauer kam frisch und munter nach Paris, keineswegs innerlich bereit, sich für England zu schlagen. Er respektierte England, erlag aber nicht seinem Zauber, wie etwa die Belgier, die Niederländer und seine eigenen Landsleute. Er sah mühelos ein, daß die englische Mentalität und die englischen Wirtschaftsprobleme die Gemeinschaft nur behindern konnten. Am Abend des 21. Januar sagte der Bundeskanzler zu einigen von uns: »Man muß eben auseinanderhalten, was von grundlegender Bedeutung ist, und was nicht. Der deutsch-französische Freundschaftsvertrag ist von grundlegender Bedeutung.« Am Vorabend hatte er mit Jean Monnet beim Botschafter der Bundesrepublik, Herbert Blankenhorn, diniert. Dieser drängte: setzen Sie nicht eher Ihren Namenszug neben die Unterschrift des Generals, ehe er Ihnen zugesichert hat, daß er seine Einstellung London gegenüber ändern wird. Konrad Adenauer sah das anders. Vor uns reagierte er mit seiner gewohnten Lebhaftigkeit. Er leistete doch seine Unterschrift nicht etwa unter Zwang! Er tat es aus Überzeugung! Er sprach wie ein Mann, dem der Verdacht, er gebe de Gaulle nach, auf die Nerven fiel. Er sah seinen Traum endlich verwirklicht, und andere kamen und verwischten das Bild.

Am 22. Januar, nachdem alle Formalitäten erfüllt waren, versetzte de Gaulle die Pressefotografen in tiefes Staunen: er umarmte Adenauer. Er hatte Sinn für die großen geschichtlichen Augenblicke, handelte aber vielleicht auch aus dem Gefühl heraus. Äußerlich eine Marmorstatue, war er im Innern nicht ohne Wärme. Allerdings sprach während dieser deutsch-französischen Tage der Bundeskanzler etwas mehr von Amerika und NATO, als wir gewünscht hätten. Hätte er aber zum Thema geschwiegen, würde man es ihm in Bonn heimgezahlt haben.

Selten wurde einer Neugeburt ein so kühles Willkommen zuteil. Das stellte ich gleich am nächsten Tag auf der Sitzung des Atlantikrats fest, wo Wilhelm Grewe, dem Botschafter der Bundesrepublik, und mir oblag, das Kind vorzustellen. Man brauchte uns nur zuzuhören, um zu merken, daß wir nicht auf derselben Wellenlänge sendeten. Unsere Kollegen, die dem Tonunterschied einigen Trost hätten abgewinnen können, ließen uns und vor allem mich, den Franzosen, ihre stumme Mißbilligung fühlen. Amerikaner, Engländer, Niederländer, Italiener, Skandinavier hörten sich mit verschlossenen Gesichtern an, wie wir eine Versöhnung ankündigten, die in anderen Zeiten als ein Segen für die Menschheit begrüßt worden wäre.

Der Gedanke, die Vereinigten Staaten zu verärgern, verstörte und beunruhigte unsere Freunde. Man wußte auch, daß die Amerikaner wütend waren. Die Bundesregierung schickte nach Washington einen Vertreter, dessen dort ausgestreute Beschwichtigungsworte dem deutsch-französischen Freundschaftsvertrag inhaltlich widersprachen. Die deutsche Führung hatte es eilig, die Zweisamkeit mit uns abzubrechen, die sie verdächtig machte. Die Deutschen bewunderten de Gaulle wie eh und je. Aber er machte sie unsicher und mißtrauisch. Welche unheimliche Überraschung hielt er gar demnächst parat? Die Briten und die Amerikaner gingen zum Angriff über. Alles andere lief mit. Unsere diplomatischen Vertretungen im Ausland hatten nur Ungutes zu melden. Frankreich geriet in die Isolation. Doch Couve de Murville, der am 4. Februar aus Brüssel zurückgekommen war, blieb unerschüttert: »Hätten sich die Verhandlungen mit den Engländern noch weiter in die Länge gezogen, so hätten ihnen unsere fünf Partner ohne zu zögern solche Zugeständnisse gemacht, daß der Gemeinsame Markt insgesamt in Gefahr geraten wäre. Ich begreife durchaus ihre Verärgerung. Und daß die Amerikaner so wütend sind, zeigt nur, daß man ihr Spiel durchschaut hat. Wir mußten Schluß machen.«

Europas Zukunft: atlantisch oder europäisch? Wenn Frankreich ein europäisches Europa wollte, dann mußte es selbst französischer werden. Es durfte keine fremde Besatzungstruppen auf französischem Boden mehr dulden. Es durfte nicht mehr einen Vasallenstatus unter der trügerischen Etikette der NATO verbergen. Wer konnte es wagen, dem Vaterland seine Unabhängigkeit und seinen Stolz wiederzugeben, wenn nicht er, de Gaulle, es wagte?

Die Aufgabe kündete sich als mühevoll an. Unter den Reichen und den Einflußreichen war Amerika enorm beliebt. John F. Kennedy hatte alle Herzen erobert. Am 26. Mai 1963, nach der Sitzung des Atlantikrates in Ottawa, empfing er meine Kollegen und mich im Weißen Haus. Wir standen in einer Reihe und er drückte uns nacheinander die Hand. Außenminister Dean Rusk, der bei ihm stand, hatte den Eindruck, ich sei vom Präsidenten der Vereinigten Staaten übergangen worden. Mit echt amerikanischer Liebenswürdigkeit machte er kehrt und kam auf mich zu, um sich zu vergewissern, daß ich keinem Versehen zum Opfer gefallen war. »Wir wollen einen diplomatischen Zwischenfall vermeiden«, sagte er lächelnd. Es war der sechsundvierzigste Geburtstag Kennedys. Er war dazu geschaffen, die Menschen für sich einzunehmen, und seine kurze Ansprache an uns ließ ihn noch gewinnender wirken. Sechs Monate später ging er in die Legende ein, ohne daß man sagen konnte, ob er auch auf die großartige Art und Weise, die ihm angeboren zu sein schien, in die Geschichte eingegangen wäre. Dieses Sonntagskind bleibt ein Symbol der Zerbrechlichkeit alles Menschlichen. Wenige Stunden nach unserem kurzen Aufenthalt in Washington durften wir in Ellsworth die Bomber und die Titan-Raketen, in Norfolk die mit Polaris-Raketen bestückten Unterseeboote bewundern: eine beruhigende, aber teuflische materielle Macht.

Im Atlantikrat übernahm ich meinen Anteil an der Ausführung der ersten Phase unseres militärischen Ausscheidens aus der NATO. Wir fingen mit den Seestreitkräften an. Ich stand ununterbrochen im Kontakt zu den Generalen Ailleret, Fourquet und Lavaud, und sah hin und wieder im Sitzungssaal des Rates, unter den Offizieren, die mir beratend zur Seite gegeben waren, den zukünftigen Admiral Philippe de Gaulle, der die Aufmerksamkeit auf sich zog. Die Neugierde wurde noch größer, als der französische Vertreter in Philippe de Gaulles Beisein das Wort ergriff. »Du brauchst dich nicht zu entschuldigen«, hatte Maurice Couve de Murville zu mir gesagt, um mich gefühlsmäßig zu stärken, denn in der bevorstehenden Debatte konnte die französische Stellungnahme bei meinen vierzehn Kollegen, mit denen ich herzlich befreundet war, nur höchsten Unwillen erregen. Er selber gab uns als erster das Beispiel. Bei den Sitzungen des Außenministerrates fand ich seine Diskussionsbeiträge auffallend knapp und trocken. Er gab damit zu erkennen, daß uns die Organisation in ihrer jetzigen Form mißfiel. Unsere Alliierten konnten uns nicht vorwerfen, wir hätten sie überrumpelt. »Der General«, bemerkte ich, »verabscheut die Integration, auf welchem Gebiet auch immer« – »Es ist nicht so sehr die Integration, die er nicht mag«, erwiderte der Außenminister, »als die Unterordnung. Wenn die Integration nicht stets zugunsten der Vereinigten Staaten und zuungunsten Frankreichs vor sich ginge, würde er sie gern in Kauf nehmen.«

Die Deutschen sahen uns ohne Freude zu. Man bemühte sich, den Schein zu wahren. Ich tat es ebenso mit meinem Nachbarn am Runden Tisch, dem bundesdeutschen Vertreter –

eine Nachbarschaft, die vertrauliche Gespräche erleichterte. Die Bonner Regierung war darüber ungehalten, daß wir, ohne sie zu konsultieren, unser Atlantikgeschwader aus der NATO zurückgezogen hatten. Aber auch sie hatte uns nicht nach unserer Meinung gefragt, als sie sich mit den Amerikanern auf Gespräche über die Schaffung einer multilateralen Atomstreitmacht einließ, die wir für trügerisch und gefährlich hielten.

Mit den Deutschen zusammengehen und zugleich den Amerikanern die Stirn bieten, war die Quadratur des Kreises. De Gaulle stand weltpolitisch in Opposition zu John F. Kennedy und dann zu Lyndon B. Johnson. Seine Ansichten über die Weltpolitik konnten Washington nur verärgern; dort bemühte man sich, die Bundesrepublik wieder auf Vordermann zu bringen, nachdem sie ausgeschert war, indem sie sich mit Frankreich einließ. Im Mai ratifizierte der Bundestag den Vertrag vom 22. Januar 1963, fügte ihm aber eine Präambel hinzu, die ihn entstellte. Es war eine massive Rückkehr des »Atlantismus« und Amerikas auf der Bonner Bühne. Einige Wochen später forderte Kennedy de Gaulle gerade auf jenem Gebiet heraus, auf dem dieser Triumphe gefeiert hatte. Die Deutschen umjubelten ihn – auch die Berliner, die zu besuchen der General sich geweigert hatte, um nicht, wie man sagte, mit der Mauer konfrontiert zu werden. Der Elysée-Palast zeigte sich betroffen: die deutsch-französischen Beziehungen seien eine viel zu ernste Angelegenheit, um sie von außen her beeinträchtigen zu lassen.

Der Vertrag hatte einen Schlag erhalten. Das Ziel, das sich seine Unterzeichner gesteckt hatten, wurde seither nicht erreicht. Doch blieb das Vertragswerk einer der Grundpfeiler französischer und deutscher Außenpolitik. Die aufeinanderfolgenden Regierungen in Paris wie in Bonn bezogen sich gewissenhaft auf den Vertrag, sie priesen seine Vorzüge. Niemandem würde es gut bekommen, weder einem Sozialdemokraten, noch einem Kritiker de Gaulles, am Freundschaftsvertrag etwas auszusetzen. Als erster hatte de Gaulle die weise Einsicht, daß man weitermachen mußte; er verhielt sich entsprechend den Formeln, die ihn als Staatschef betrafen. Er legte zu viel Wert auf die deutsch-französische Annäherung, um deren Grundfesten unterminieren zu wollen. Sein Europa-Konzept war gescheitert: das war genug. Im übrigen machten wir es den Deutschen auch nicht leicht. De Gaulle selber gab es ironisch, illusionslos und aufrichtig zu: Frankreich und Deutschland befanden sich in verschiedenen Interessenlagen; sie konnten ihre Geschicke nicht so eng miteinander verquicken, wie er es gern gesehen hätte, um jedes von beiden vor sich selbst, vor dem anderen und vor der Außenwelt zu schützen.

Nichtsdestoweniger fühlte sich der General gekränkt. Der Zauber war gebrochen. Wenn er auf die Präambel zu sprechen kam, klangen seine Worte betrübt und verbittert. Weder in seinen öffentlichen Reden noch im privaten Gespräch sprach er jetzt von der Bundesrepublik so ausgesucht rücksichtsvoll wie früher. In seiner Umgebung hörte ich manches Wort fallen, das nach Enttäuschung und Furcht klang. Man stand verwirrt vor dem wirtschaftlichen Aufschwung unserer Nachbarn. In der Kommission, der die Aufsicht über die Erfüllung des Freundschaftsvertrags oblag, stellten wir bald fest, daß es gar nicht so leicht war, die deutsch-französische Zusammenarbeit voranzutreiben. Wir verloren weder unseren Eifer noch unsere Zielstrebigkeit, aber die Resultate blieben gezwungenermaßen begrenzt. Die Positionen Dritter, namentlich der Amerikaner, waren sowohl in Frankreich als auch und vor allem in Deutschland so fest etabliert, daß daran nicht zu rütteln war. Nur eines hätte Erfolg versprochen: der politische Wille der beiden Regierungen, dem Partner künftig auf jedem Gebiet und bei jeder Gelegenheit, nötigenfalls unter finanziellen Opfern, absolute Priorität zu gewähren. Das war im Geist des Vertrags vom 22. Januar. Die Ausführung entsprach aber nicht der politischen Absicht; man machte aus ihm keine große, erneuernde Tat.

Ich erfuhr von einem Deutschen, der dies am besten wissen konnte, daß das Bonner Gegenstück zu unserer Kommission so gut wie nur auf dem Papier bestand. Gerhard Schröder bremste. Während der Adenauer-Reise in Frankreich im Juli 1962 hatte ich seine Freundlichkeit erlebt, aber nicht gewußt, welche Überlegungen sich dahinter verbargen.

Der Kanzler wich zurück. Die Präambel zu verhindern, hatte er entweder nicht vermocht, oder nicht gewollt. An seiner Aufrichtigkeit offen zu zweifeln, verbat sich sein Freund de Gaulle, dem das gemeinsame Ansehen viel zu teuer war. Er versuchte sich einzureden, daß der Vertrag nicht ausgehöhlt worden wäre, wenn Adenauer noch seine volle Autorität gehabt hätte. Sie trafen sich noch einmal am 21. und 22. September 1963 in Rambouillet, wo der General bemüht war, ihn ja nicht zu enttäuschen: wenige Tage später mußte sein Gast resignieren und seinen Rücktritt erklären.

Adenauer verzichtete auf die Macht höchst widerwillig. Mit seinen siebenundachtzig Jahren war er mitnichten ein Greis. Er berauschte sich an der Politik. Er, der fromme Katholik, der glückliche Vater und Großvater, fand kein Genügen an den Freuden des christlichen Glaubens und des Familienglücks, die ihn gegen die Vergreisung nicht so gut bewahrt hätten, wie er dieser bis zum Ende zu begegnen gewußt hat. Man hat ihm oft vorgeworfen, er habe seine Gegner mit Zorn verfolgt. Das lag wohl an seinem Sendungsbewußtsein. Er schlug mit dem Schwert zu, die Vorsehung schritt neben ihm. Den Vorsitz der Partei behielt er noch eine Zeit, sein Abgeordnetenmandat bis zu seinem Tode. Seine Reden erregten jedesmal Aufsehen. Aber gleichviel, ob er sich wiederholte oder etwas ganz Neues sagte, man flüsterte giftig, er werde nun alt. Das ist der Nachteil hohen Alters, wer auch immer es erreichen mag.

Nachdem er nicht mehr Bundeskanzler war, verfolgte er alles mit wachem Beobachtungsvermögen, er dachte ständig an de Gaulle und wollte seinen Dialog mit diesem Mann führen, als ob alles beim alten geblieben wäre. Höhergestellt als die Männer, die in der Regierungsverantwortung standen, gab es ihn, Konrad

Adenauer, dessen Name unvergessen bleiben würde. Er war sich des Ranges bewußt, den ihm die Geschichte zuweisen würde; aber er sprach nie vom Dienst, den er seinem Vaterland erwiesen hatte. Seine Schlichtheit empfand ich als ergreifend. Er diktierte seine Memoiren, das war seine Pflicht, aber sein leidenschaftliches Interesse galt der Tagespolitik.

Auf diese Art und Weise blieb er in der Arena. De Gaulle erwies ihm stets alle erdenklichen Ehren. Aber er war zu sehr Realist: für ihn galt ein Mensch nur soviel wie seine Machtposition, auch wenn er Adenauer hieß. Die Politik ist unerbittlich, und der Bundeskanzler hieß nun Ludwig Erhard.

Daß er zum Bundeskanzler ernannt wurde, war selbstverständlich gewesen. Er war der beliebteste Politiker im Lande und als Vater des Wirtschaftswunders in aller Welt bekannt. Ein guter Redner, gutmütig wie sein Äußeres versprach, schlauer als er ahnen ließ, hatte er es gern, daß man ihn gern hatte. Mit etwas mehr Fortüne hätte er die Ära Adenauer fortsetzen können und wäre nicht nur Adenauers Nachfolger, sondern diesem ebenbürtig gewesen. Das wollte aber der Alte nicht. Schon 1959 hatte er alles getan, ihm den Weg ins Kanzleramt zu versperren. Vier Jahre später war er gezwungen, den Weg freizugeben, doch sein Urteil blieb unverändert: Erhard sei kein Politiker.

In weniger als zwölf Monaten trafen sich der neue Bundeskanzler und der General dreimal. Sie mochten sich. Ludwig Erhard strebte nach Anerkennung. Um zu beweisen, daß er vor de Gaulle keine Angst hatte, faßte er heiße Eisen an – entschiedener als es Adenauer je gewagt hatte, meinte er, stolz auf die eigene Courage. Unsererseits hütete man sich, ihn wegen seiner respektvollen Art, seiner Biederkeit, seiner Lebhaftigkeit herablassend zu behandeln.

Trotzdem vermißten die Franzosen Adenauer. Seine Zuneigung für unser Vaterland, seine historische Gestalt konnte niemand ersetzen. Er besaß die Festigkeit, die Überzeugungstiefe des großen Staatsmannes. Er berief sich auf de Gaulle, weil er an ihn glaubte. Er brauchte sich nicht zu rehabilitieren. Erhard dagegen hatte als Vizekanzler, und weil er im Europa der Sechs einen zu engen Markt sah, die Angelsachsen nach Kräften bevorzugt. Der Altbundeskanzler hätte de Gaulles neue Politik, nachdem dieser begriffen hatte, daß Rußland und die Vereinigten Staaten es nicht zum Konflikt kommen lassen würden, besser verstanden. Unser Hauptinteresse schien nicht mehr der Bundesrepublik zu gelten. Wäre es unter Adenauer anders gewesen? Sein erzwungener Abgang rettete jedenfalls eine Freundschaft, die in die Legende eingehen sollte.

Nach seiner dritten Begegnung mit de Gaulle erklärte Erhard am 20. Januar 1965, daß sich die Bundesrepublik und Frankreich auch ohne Adenauer gut verstehen konnten. Diese Harmonie war nicht von Dauer.

Am 4. Februar widmete de Gaulle einen Teil seiner Pressekonferenz der deutschen Frage. Man stellte ihm Fragen über die Wiedervereinigung, von der »drüben«, in der Bundesrepublik, viel die Rede war. Sogar der Bundeskanzler in Person, auch sein Außenminister, legten eine gewisse Betriebsamkeit an den Tag. Der General nahm die Gelegenheit wahr, um als Historiker zu sprechen. Er entwarf in wenigen Zügen ein eindrucksvolles Bild der deutschen Vergangenheit. Das Thema war ihm weiß Gott nicht unbekannt! Er schilderte in kräftigen, unsanften Farben die »Erschütterungen«, die Deutschland verursacht hatte, und kam dann auf die »endgültige Vernichtung des Dritten Reiches« zu sprechen. Rußland und Amerika hatten jeweils im eigenen Interesse versucht, die deutsche Einheit wiederherzustellen – umsonst. »Der Ost-West-Konflikt, der auf deutschem Boden ausgetragen werde, könne die politische und gebietsmäßige Spaltung nur vertiefen.« De Gaulle nahm jedoch Rücksicht auf unseren Partner und auf die Zukunft – man weiß nie, was sie bringen kann! Er fügte also hinzu, daß es keinen »wirklichen Frieden« geben würde, solange die widernatürliche Lage in Deutschland bestehe. Damit aber eine Lösung gefunden werde, müsse Deutschland eine Regelung hinnehmen, die »notwendigerweise seine

Grenzen und seine Heeresverfassung ebenfalls regeln würde, und zwar im Einvernehmen mit allen seinen Nachbarn, im Osten wie im Westen«. Anders gesagt: man würde sein Gebiet und seine Macht einschränken, und es dann voll anerkennen. Das Gebiet: die Oder-Neisse-Linie würde die endgültige Grenze bilden. Die Macht: es würde eine Heeresverfassung unter Ausschluß der atomaren Bewaffnung erhalten. Die volle Anerkennung: die Wiederherstellung Deutschlands, in welcher Form auch immer, würde nur mit dem Einverständnis aller Nachbarstaaten stattfinden. Es gab damals keine Stimme, die mehr Gewicht gehabt hätte als die des Generals. Nikita Chruschtschow war kürzlich durch weniger profilierte Männer ersetzt worden.

3

Rückkehr nach Bonn

31. Februar 1965

Am nächsten Tag wurde ich vom General empfangen. Ich mußte unverzüglich nach Bonn abreisen, wo ich erneut unser Land als Botschafter zu vertreten hatte. De Gaulles Worte über die Deutschen waren nicht gerade warm zu nennen. Hierfür gab es manche Erklärung: die Präambel, der Wechsel der Gesprächspartner, seine Konzeption von einem versöhnten Europa vom Atlantik bis zum Ural. Er sprach nicht mehr von Deutschland, entwarf kein breites Gemälde, begeisterte sich nicht mehr über seine Idee eines neuen Kapitels in der Geschichte Europas und der Menschheit: die Versöhnung zwischen Galliern und Germanen. Er sprach ganz einfach von der Bundesrepublik, ihren Parteien und ihren Politikern. Sein altes Vertrauen zur Heimat Konrad Adenauers war angeschlagen. Die Schwierigkeiten würden nun anwachsen. Um mich über seine Enttäuschung zu trösten – vielleicht aber dichte ich nur mein eigenes Gefühl in ihn hinein –, fuhr er in einem persönlicheren Ton fort und meinte scherzhaft, daß er mich aus Bonn zurückberufen hatte, um mich noch einmal dahin zu entsenden: »per Saldo werden Sie dort länger geblieben sein.«

Alle meine Gedanken waren nun in Bonn. Alsbald nach meiner Rückberufung hatte mir Couve de Murville eine zweite Mission dort als wahrscheinlich in Aussicht gestellt. Es hieß aber allgemein, dies sei unmöglich, weil es gegen die Gepflogenheit sei –, was mich recht traurig machte. Im letzten Augenblick, als ich die Sache als gesichert betrachtete, bot man mir einen der beiden Pole der Weltpolitik an. Durch die Blume gab man mir zu verstehen, daß unsere Diplomatie umorientiert worden war. »Von Bonn ist also keine Rede mehr?« Doch, durchaus, sagte man mir. Aber ich war gewarnt worden. Ich hatte meine Wahl getroffen.

Als ich am Abend meiner Familie sagte, wohin die Reise ging, gab es Proteste: »Wieder nach Deutschland? Wozu? Wir sind doch ausgesöhnt!« Ich ließ mir meine Freude nicht nehmen. Dies war meine Chance, jetzt konnte ich den Faden wieder aufnehmen, der seit meiner Geburtsstunde nur selten unterbrochen worden war, und dort dienen, wo ich am nützlichsten war. Trotz alledem: ohne Konrad Adenauer würde die Bundesrepublik für mich nicht mehr dieselbe sein. Ich würde ihn vermissen. Das großartige Zwiegespräch konnte nicht fortgeführt werden: von den zwei Gesprächspartnern war nur noch der eine an der Macht geblieben, und jedesmal, wenn er seine langen Arme in Richtung Rhein ausstreckte, hatte man den Eindruck, er tue es lustlos und finde nur Leere.

Lagebesprechung mit Roland de Margerie, meinem Nachfolger von 1962, der seitdem stets darauf bestanden hatte, ich sollte wiederum seine Nachfolge antreten. Wir hatten dieselben warmen Gefühle für ein Land, das sowohl in seinem wie auch in meinem Leben einen besonderen Platz einnahm. Anschließend Ankunft in Bonn, nachdem ich am Vortag sechzig Jahre alt geworden war. Damals beschäftigte die Altersgrenze nicht so die Geister wie heute. Ich hatte überhaupt nicht das Gefühl, sieben Jahre älter zu sein als an dem Tag, als ich zum erstenmal in die Botschafterresidenz in Ernich eingezogen war, um die uns übrigens alle Kollegen vom Diplomatischen Korps beneideten. »Um nichts in der Welt möchte ich so weit weg wohnen«, sagte mir einst die Gattin eines befreundeten Botschafters. »Seien Sie unbesorgt, Madame, es besteht keine Gefahr, daß wir das Haus räumen«, denn es ist in der Tat herrlich gelegen und denkbar angenehm.

Hier fand ich die vertrauten, treuen Mitarbeiter, Franzosen und Deutsche, darunter den unersetzlichen Küchenchef, einen Deutschen, Hans Arnold, der auf französisch kochte, was unsere Nachbarn so köstlich finden, wenn sie in Frankreich sind, und so wenig praktizieren, sobald sie wieder daheim sind. Gut neun Jahre lang habe ich nie den Speisesaal betreten und dabei ein banges Gefühl haben müssen. Hans Arnold war mit Hingabe bei der Sache. Er hätte die Übermüdung nie zugegeben, die schließlich zu seinem tödlichen Autounfall führte. Gastlichkeit war Pflicht. Manche meinen: wenn der Botschafter keine Diners gäbe, wozu wäre er noch da? Daher ein Lebensstil, der unserer Zeit um ein halbes Jahrhundert nachhinkt: hochherrschaftlich wie in der guten alten Zeit, charmant und zunehmend komplizierter. »Diesen Monat hat es zu viele Einladungen zum Essen gegeben, wir haben kein Geld mehr. Wir müssen kürzer treten, dürfen nicht mehr so viele Leute einladen«, sagte mir manchmal René Laye, unser Verwaltungschef. »Gut, aber dann müssen wir, sehr gegen meinen Wunsch, auch das Personal verringern, denn ich persönlich brauche es überhaupt nicht.« Schließlich machten wir weiter wie gehabt, aber es war uns nicht ganz wohl dabei.

Allerdings genießen die Mitarbeiter des Botschafters nicht dieselben Annehmlichkeiten wie der Missionschef. Selbst die hochgestellten haben es weniger gut als ich als bescheidener Botschaftssekretär im Berlin der Vorkriegszeit. Einmal lud ich zum Beispiel in aller Herrgottsfrühe einen Angehörigen einer der beigeordneten Dienststellen mit seiner Gattin zu einem rasch improvisierten Mittagessen zu Ehren seines Ressortministers ein. Nach einigen Minuten rief ich ihn wieder an, denn seine Antwort schien mehr besorgt als begeistert – sonderbar, bei so einem Glücksfall für ihn. Sein Telefon war lange besetzt. Ich erreichte ihn endlich und verstand alles: er suchte verzweifelt nach einem Babysitter. Als großmütiger Chef entband ich seine Gattin der Präsenzpflicht, er durfte allein kommen. Die Diplomatengattin hat heute keine Hilfskraft mehr und arbeitet oft selbst; sie kann sich nicht mehr der Karriere ihres Mannes, wie früher, ganz aufopfern.

In Bonn beansprucht das Gesellschaftsleben den Botschafter weniger als in London, Rom oder Brüssel. Es ist eine Stadt der Gelehrsamkeit und der Politik. Es gibt kaum eine Mahlzeit, die nicht dienstlich wäre. Leichte Konversation ist nicht gefragt. Man ist dauernd angespannt. Es kommen viele Landsleute, Gäste aus Frankreich – nie genug! In Ernich kommen sie üblicherweise zu spät. Ihre deutschen Gesprächspartner, die ich ebenfalls einlade, um sie mit ihnen zusammenzubringen, kommen dagegen zu früh, mit Ausnahme derer, die in Paris gelebt haben. Aber ich stelle gerade fest, daß auch ich die Zeit vergeude ...

Der Amtssitz des Botschafters liegt im hübschen, blumengeschmückten Bad Godesberg, einige Kilometer von Bonn und fünfzehn Kilometer von der Botschafterresidenz entfernt. Dort wurde hart gearbeitet, angefangen beim Missionschef. Gut fünf Jahre standen mir mit warmem Herz und scharfem Geist, zuerst Christian d'Aumale, dann Guy de Commines zur Seite. Für mich war das Team sehr wichtig. Ich hatte es nicht gern, wenn ein Mitarbeiter es für gut befand anzuklopfen, bevor er bei mir ins Büro hereinkam. Jeder war mir zu jeder Zeit willkommen. Es war mir unangenehm, allein zu arbeiten. Wenn ich einen Bericht verfaßte, ohne meine Mitarbeiter um ihre Meinung zu fragen, mißtraute ich meiner eigenen Spontaneität. Sie und ich ergänzten einander. Ich war in Geschichte besser bewandert als sie, denn vor fünfzig Jahren war sie unerläßlich, um ins Außenministerium aufgenommen zu werden; dafür aber verstanden sie mehr als ich vom Atomkern und von der Raumfahrt. Meine berühmten Vorgänger, die sich ausschließlich mit der hohen Politik befaßten, hätten gestaunt zu erfahren, was wir alles wissen mußten. Es gibt jetzt den wissenschaftlichen, den landwirtschaftlichen, den sozialen Botschaftsrat, jeder mit seinem Mitarbeiterstab. Der größte gehört dem Kulturattaché und ist von eindrucksvollem Niveau. Heute hat eine Botschaft nicht mehr mit einem engen, ausgewählten Kreis von Beamten, Diplomaten, Industriellen, Bankiers und Journalisten zu tun, sondern mit den verschiedensten Kreisen: überall muß sie ihre Netze werfen. Innerhalb von fünfzig Jahren hat sich die Anzahl der Botschaftsangehörigen verzehnfacht, die Anzahl der Depeschen verhundertfacht. Man schreibt nicht mehr so elegant, aber über viel mehr Dinge als früher. Der Arbeitstag des Botschafters ist nie zu Ende, er dauert bis tief in die Nacht hinein. Sollte er eines Abends eine Diner-Einladung absagen, würde man ihm sofort machiavellistische Hintergedanken unterstellen, selbst wenn er lediglich erschöpft, die Hin- und Rückfahrt stundenlang, die Autobahn verstopft und das Wetter neblig ist. Aber das Metier ist anregend, und der Empfang, der ihm bereitet wird, gibt ihm neue Kraft. Jedenfalls der Empfang, den mir die Deutschen stets bereiteten. Man darf also über eine Karriere, der sogar ihre Unannehmlichkeiten zur Ehre gereichen, nicht spötteln. Die »Vertreter« werden von einem Klima ins andere versetzt, der Gewalt ausgesetzt, und verdienten eine Vorzugsbehandlung, die ihnen aus Mißgunst oder Unwissenheit verweigert wird. Oft erlebten sie es am Ende ihrer Laufbahn, daß nicht sie den Posten erhalten, der ihre lebenslangen Bemühungen belohnen würde, sondern irgendein Günstling der Stunde.

Unter meinen Fenstern, sowohl in Bad Godesberg wie auch in Ernich, floß ruhig der Rehin, der treue Gefährte, den ich betrachtete oder an dessen Ufern ich spazieren ging. Jeden Tag überschritt ihn Adenauer auf dem Weg zwischen seinem Haus auf einem Hügel am rechten Ufer, im Duft der Rosen, über die sich seine hohe Gestalt beugte, und der dauerprovisorischen Bundeshauptstadt. Ich konnte ihn nicht mehr im Kanzleramt besuchen, wohl aber in seinem Abgeordnetenbüro im Bundestag, von wo aus er, ein scharfzüngiges Gespenst, über seinem Werk wachte.

Seit Kriegsende sind zwanzig Jahre vergangen. Die Bundesrepublik Deutschland, Jahrgang 1949, hat keine Zeit verloren. Im Westen Europas ist ein neuer Staat in die Weltpolitik eingetreten – ein Staat, der vom Dritten Reich so verschieden ist, daß man kaum annehmen kann, die Deutschen seien dieselben geblieben. Aber man erkennt sie an ihren traditionellen Tugenden: vitale Kraft, Organisationstalent, Vaterlandsliebe. Auf einem seltsam verringerten Territorium, auf dem fremde Truppen stationiert sind, haben sie der Vergangenheit den Rücken gekehrt, sich eine neue Jungfräulichkeit geschaffen und durch ihre wirtschaftliche Dynamik die ganze Welt, eine zunächst feindselige Welt, für sich eingenommen. Man fürchtet sie nicht mehr. Man fängt jetzt an, ihnen – mit gemischten Gefühlen – zu schmeicheln. Dieser Aufschwung ist um so erstaunlicher, als man ihnen Quälereien nicht erspart. Zum Beispiel die alte Hauptstadt: nicht nur ist sie geteilt, sondern die Hälfte, die die Bundesrepublik beansprucht, hat einen Sonderstatus und untersteht somit nicht der Bonner Regierung. In Berlin haben die Amerikaner, Briten und Franzosen Sonderrechte. Wenn sie sich über die Belange der Stadt mit den Russen unterhalten wollen, tun sie es über den Kopf der Deutschen hinweg. Ihre Truppen sind in Berlin stationiert, ebenso wie in der Bundesrepublik, haben aber hier einen anderen Status.

In alledem ist für mich nichts Überraschendes. Es gibt indessen seit meiner Abreise im Sommer 1962 eine Veränderung, die den Politikern auf die Nerven fällt. Pankow-Deutschland ist nicht mehr das verachtete Aschenputtel, die Zone, das dunkle Land, aus dem die Menschen flohen, um in Freiheit leben zu können. Jeder Vergleich zwischen ihm mit seiner sich ständig verringernden Bevölkerung von achtzehn Millionen Menschen und der Bundesrepublik, wäre absurd gewesen. Es gab nur ein Deutschland, und das Bonner Deutschland nahm für sich das Recht in Anspruch, dieses Gesamtdeutschland zu repräsentieren.

Die Mauer, die grausame Erfindung der Sowjets und der Ostdeutschen, hat seine Wirkung gehabt. Die Zone hat einen Sprung vorwärts gemacht. Sie hat sich ihrer menschlichen Substanz nicht ganz entleert. Die Jugend, gegen ihren Willen in einem verschlossenen Raum gefangengehalten, hat in ihrer erdrükkenden Mehrheit gute Miene beim bösen Spiel machen, sich an das System gewöhnen, unter dem Druck der Despotie zumindest einen patriotischen Geist, wenn auch keine patriotische Seele entwickeln müssen. Es ist derselbe tüchtige Menschenschlag.

Dieses andere Deutschland, das entsteht und sich durchsetzt, zwingt die Westdeutschen zum Nachdenken. Es stört sie. Sie haben es nicht gern, daß ihre geknechteten Brüder

der Nation, die sie selbst zu erneuern so stolz sind, einen Stich ins Preußische geben. Unter der Fuchtel der Sowjets, die sie manchmal aus Angst vor dem Verdacht des Verrats oder aus Eigeninteresse überbietet, flößt Pankows Deutsche Demokratische Republik Unsicherheit und Mißtrauen ein. Zweimal Deutschland? Das ist eines zu viel. Jedenfalls für »unsere« Deutschen.

Trotz alledem reagieren sie vor diesem spektakulären Aufstieg nicht nur negativ. Die Menschen, die das Land durch seine dynamische Wirtschaft zu einem der wertvollsten Teile des Sowjetimperiums gemacht haben und überall sportliche Triumphe feiern, sie sind doch Deutsche! »Diese Deutschen, wo man sie auch hinstellt, sie schaffen es!« Die Hoffnung auf Wiedervereinigung, früher oder später, so oder so, bleibt lebendig. Westdeutschland ist daran interessiert, sich mit einem kraftvollen Partner wieder zu vereinigen. Das Bild eines Deutschland mit achtzig Millionen Einwohnern hat seine Anziehungskraft nicht eingebüßt. Deutschlands Genius gebietet: abwarten, im Werden bleiben, bereit sein.

Bei meiner Rückkehr nach Bonn sind alle Blicke auf Pankow gerichtet, dessen Führung einen beträchtlichen Pluspunkt für sich gebucht hat. Gamal Abd el Nasser empfängt in Kairo den Ersten Sekretär der SED, Walter Ulbricht, den in der Bundesrepublik meistgehaßten Menschen, den Teufel, den Handlanger Moskaus, der, wie man sagt, sich in der DDR wie der Statthalter einer fremden Macht benehme. Niemandem entgeht die Bedeutung dieses außenpolitischen Durchbruchs.

In Bonn herrschte großer Ärger. Was konnte man gegen die neue Situation unternehmen? Einer Doktrin gemäß, die damals unter dem Namen ihres Urhebers Walter Hallstein Berühmtheit erlangte, lehnte Westdeutschland es ab, zu einem Land, das die DDR anerkannte, diplomatische Beziehungen zu unterhalten. Jedermann mußte sich zwischen Gut und Böse entscheiden. Seit Adenauers Moskaureise 1955 gab es eine, die einzige, Ausnahme zur Regel: Rußland. Ehre, wem Ehre gebührt! Als Gegenmaßnahme gegen Ägyptens Schlag beschloß die Bundesrepublik, mit Israel in Verhandlungen einzutreten. Deren Endergebnis war die gegenseitige Anerkennung.

Die arabischen Länder gerieten in höchste Erregung. Sie warteten nicht ab, Bonn die Initiative ergreifen zu lassen und brachen selbst die diplomatischen Beziehungen zu ihm ab. Allerdings war ihre Einheitsfront nicht von Dauer. Frankreich schaltete sich als aktiver Freund Deutschlands mit gutem Rat ein. Als erster zerstritt sich Nasser mit Tunesiens Habib Burgiba. Die Libyer und die Marokkaner folgten.

Von Zweifeln geplagt, in Verbindung mit den drei Westmächten, doch gegen die Meinung einiger seiner Kabinettsminister, manövrierte Ludwig Erhard mit Geschick. Die Juden mit den Deutschen zu versöhnen, war keine Kleinigkeit. Er verstand es, eine komplizierte Situation auszunützen und ein tragisches Kapitel abzuschließen. Die Bundesrepublik konnte es nicht mehr ertragen, für die nationalsozialistische Vergangenheit geradestehen zu müssen. Die Untaten, die geschehen waren, hatten auch ihr Leid gebracht. Im übrigen war für manchen eine nazistische Vergangenheit kein Makel, der sich nie mehr entfernen ließe. So erfuhr ich mit Bestürzung, daß man von mir erwartete, Persönlichkeiten zu empfangen, die noch bei meiner ersten Mission auf der Schwarzen Liste gestanden hatten. Ich schlug die Einladung eines Industriellen, der sich während der Besetzung Frankreichs bei uns einen üblen Ruf erworben hatte, dankend aus. Kurz darauf sah ich ihn auf dem Titelbild einer großen Illustrierten, auf der Jagd mit meinem amerikanischen und meinem britischen Kollegen.

Währenddessen blieb die Tragödie der Juden allen im Bewußtsein. Die Araber schufen nun die seltene Chance für diese Wiedergutmachung, die vielen unmöglich erschienen war, denn die Schreckensbilder kamen jedem immer wieder in den Sinn. Um den Staat Israel zu überzeugen und ihn zu bestimmen, ihre Versöhnungsgeste zu akzeptieren, um darzutun, wie sehr sie nach Vergebung dürstete – was ihr übrigens zu großer Ehre gereicht –, stellte sich die Bundesrepublik Deutschland der ägyptischen Herausforderung. Diese Entscheidung wäre noch kühner gewesen, wenn die Araber schon damals ihren Ölreichtum als Waffe benutzt hätten. Aber auch so war sie schmerzlich genug. Denn Deutschland hatte von sich aus nicht den Wunsch, gegen diese Völker Stellung zu beziehen, deren orientalischer Zauber auf den deutschen Geist stets gewirkt hatte. Aber um sich von Schuld rein zu waschen, brauchte es eben den Segen Frankreichs und Israels. Frankreich hatte schneller reagiert. Mit den Juden war es schwerer, die noch schwärende schreckliche Wunde zu heilen, wie die schwierigen Verhandlungen des christdemokratischen Abgeordneten Kurt Birrenbach in Tel-Aviv beweisen sollten.

Die Bundesrepublik brauchte eine Kompensation. Dies war ihr beständiger Wunsch. Die DDR hatte sich international durchgesetzt. Also mußte Bonn in Berlin seine Präsenz fühlbarer machen. Paris, Washington und London rieten von diesem gefährlichen Weg energisch ab und mahnten: das Land Berlin sei den Bundesländern nicht gleichzusetzen. Ohne die Sonderrechte, die den Alliierten vorbehalten waren, ginge die ganze Stadt dem Westen verloren, für uns alle eine nicht wiedergutzumachende Niederlage. Darüber hinaus würde Deutschland das Symbol der Wiedervereinigung einbüßen. Wenn wir den Finger in das Getriebe steckten, konnten wir nicht voraussehen, wohin uns das führen würde. Über dieses tödlich gefährliche Thema hatten die Botschafter der drei Westmächte einen hohen deutschen Beamten zum ständigen Gesprächspartner, der selber mindestens ebensogut wie sie wußte, welche Schwierigkeiten entstehen würden, wenn er seinen Standpunkt über eine gewisse Grenze hinaus verteidigte. Niemand hatte Lust, sich mit den Sowjets Ärger einzuhandeln, und diese machten ein böses Gesicht, sobald sich Bonn, wie sie meinten, in der alten Reichshauptstadt ostentativ sichtbar machte.

Hier schaltete sich Eugen Gerstenmaier in die Debatte ein. Der Bundestagspräsident hätte es am liebsten gesehen, wenn das Parlament regelmäßig an der Spree getagt hätte. Untersetzt und hart, ein unvergleichlicher Redner und schlauer Dialektiker, von großer Verstandesschärfe, die auch seine Nebenbuhler, wenn auch freudlos, anerkennen mußten, beherrschte er den Bundestag durch seine Reden im Stil der französischen Parlamentsredner der Vergangenheit. Später mußte er infolge eines privaten Ungemachs die Bonner Bühne von heute auf morgen verlassen; dem öffentlichen Leben fehlte er, und ich vermißte ihn. An jenem Tage lud er mich mit meinem amerikanischen und meinem britischen Kollegen in einem der Bad Godesberger Hotels zum Mittagessen ein, in der Hoffnung, uns umstimmen zu können. Er wendete die uralte Taktik der Suche nach dem schwächsten Glied der Kette an. Wie stets wurde vor allem deutsch und englisch gesprochen, was mir gar nicht recht war; so bemühte ich mich für meine eigene Bequemlichkeit sowohl wie aus nationaler Eigenliebe, das Gespräch möglichst auf französisch zu führen. Der Bundestagspräsident überredete seine Gäste nicht. Wir hatten keinen Bedarf nach einem Zwischenfall mit den Sowjets. Wir wußten auch, daß unser Nicht-Eingehen auf seine Wünsche manchem deutschen Politiker, der ihn beneidete, manchem Diplomaten, dem er Belehrungen erteilte, gar nicht so unwillkommen sein würde. Kurzum, es blieb, bei Mosel- und Rheinwein, ein Schlag ins Wasser.

Sehr bald nach meiner Ankunft flog ich nach Berlin. Herzlich, mit offenen Armen und offenem Gesicht, empfing mich der Regierende Oberbürgermeister Willy Brandt, den ich von früher gut kannte, und lud mich zum traditionellen Mittagessen ein. Einer, den ich nicht kannte, das war dagegen der General François Binoche, der Kommandeur der französischen Truppen, der dem Oberkommandierenden in Baden-Baden unterstand und hier den Französischen Botschafter in der Bundesrepublik als Inhaber der Sonderrechte vertrat.

Dem Soldaten steht ein Diplomat als wichtigster Mitarbeiter zur Seite, und auch dieser ist stets höchst sorgfältig ausgesucht. Damals war es Jean-Claude Winckler. Ich hörte ihnen beiden aufmerksam zu, was ich besser fand, als selber zu reden. In Berlin ist man nämlich über die Sowjetzone besser unterrichtet als in Bonn, denn hier ist man von ihr rundherum umgeben. Beide sagten mir, sie hätten den starken Eindruck eines wachsenden Nationalgefühls. Walter Ulbrichts Visite in Kairo war also tatsächlich ein großer Erfolg gewesen.

Ich machte einen Spaziergang mit General Binoche durch den herrlichen Park, der den stolzen Namen einer »Napoleon-Kaserne« trägt, bewunderte die Bäume, die Blumen, die Schwimmbassins, die Tennisplätze, die Reiteralleen, begegnete unseren Soldaten, die ihr beneidenswertes Los genossen. Der General sprach gerne, gut und geradeheraus. Gutgelaunt und begeisterungsfähig, gefiel er mir durch seine brüske, temperamentvolle Art. Er hatte einen Arm verloren, aber der leere Ärmel störte weder ihn noch seinen jeweiligen Gesprächspartner. Ich brauchte mich nicht anzustrengen, um zu erfahren, was er dachte. Er wartete nicht erst ab, meine Meinung zu kennen, um mir dann seine anzudienen. Für ihn gab es nur eines: das Vaterland, und in seinem Leben ebenfalls nur eines: die Armee.

Der General widmete sich seiner Aufgabe mit Leib und Seele. Er genoß sie. Darin glich er seinen Vorgängern, denn sie brauchen sich ihrer Armee wirklich nicht zu schämen, und die Kontakte mit den Engländern, den Amerikanern und eventuell auch mit den Sowjets geben ihnen eine Gelegenheit, Diplomat zu spielen, was sie für ihr Leben gern tun. Sie beteiligen sich eifrig vor Ort – und an welchem Ort! – an der deutsch-französischen Versöhnung. Diese rauhen Kriegsleute haben ein weiches Herz. Sie erweisen der Bevölkerung, dem Senat, dem Regierenden Oberbürgermeister, eine ausgesuchte Zuvorkommenheit, zu der ihnen die Berliner allen Anlaß geben. Allein auf ihrer Insel inmitten eines roten Meers von unbekannter Tiefe, wirken die Berliner durch eine Laune des Schicksals wie ein unvergänglicher Vorposten der Freiheit. Da sie keine anderen Soldaten haben, betrachten sie die französischen, amerikanischen und englischen als die ihrigen. Sie scheuen sich nicht, ihnen bei ihren Vorbeimärschen nebst funkelnagelneuem Kriegsgerät zu applaudieren. Sie sind den Alliierten dankbar, daß sie ihnen Schutz gewähren. Das versteht sich alles von selbst. Trotzdem ist die Liebe zur Uniform nicht die ganze Erklärung. Wenn man seit dreißig Jahren zusammenlebt, entstehen Bindungen, man gewöhnt sich aneinander. Niemand, oder fast niemand mehr, ist erstaunt über die ungewöhnlichen Aspekte dieser einzigartigen Situation. Man wird es nicht glauben, aber in Berlin atmet man ein Klima menschlicher Solidarität. General Binoche hatte das Herz der Berliner gewonnen. Man hatte Verständnis für seinen Patriotismus. Er war allgemein beliebt. Wäre er es weniger gewesen, hätte er weniger Anstoß erregt, als er nachträglich in seinen Erklärungen ein finsteres Bild malte: Deutschland sei dasselbe geblieben wie zu Bismarcks Zeiten – versuche denn Frankreich etwa, sich mit Genf und Lüttich wiederzuvereinigen? Ein Vergleich, der selbst die Franzosen befremdete.

Jeder arbeitete auf seine Art an der Aussöhnung. Dies war auch die Daseinsberechtigung des deutsch-französischen Jugendwerkes, das nach Unterzeichnung des Freundschaftsvertrages vom 22. Januar 1963 ins Leben gerufen und damals von unserem Landsmann François Altmayer geleitet wurde. Bescheiden eingerichtet in Rhöndorf auf dem rechten Rheinufer unweit vom Haus Konrad Adenauers, arbeitete er für die Zukunft Frankreichs und Deutschlands vor, indem er Besuche und Kontakte organisierte, aus denen gegenseitige Zuneigung und Liebe entstehen sollten. Diese Jugend verurteilte mit sympathischer Unbefangenheit die deutsch-französische Vergangenheit als empörend; die Gefühle, die einst das Leben ihrer Väter bestimmten, sind ihr unbekannt. Der Wortschatz verriet diesen Wandel. Die häßlichen Bezeichnungen waren tabu. Im Jugendwerk konnte ich im Geiste wie aufgrund konkreter Belege die neuen Generationen sehen, wie sie sich jeweils jenseits des Rheins in Freundesland fühlten.

Städte und Universitäten verschwisterten sich eifrig. Das ging nicht immer leicht vonstatten, denn Bürgermeister und Rektoren hielten ebenso eifrig Ausschau nach dem schmeichelhaftesten Exemplar eines zweiten Ich. Im großen und ganzen jedoch war es ein voller Erfolg. Mancher liebte jetzt ebenso heiß, wie er früher gehaßt hatte. Ich war in Koblenz zugegen, als ein

Sondervertrag ausnahmsweise zwei ganze Provinzen zusammentat, unser Burgund und das Land Rheinland-Pfalz, beide vom edelsten Saft Frankreichs und Deutschlands strotzend. Die Bevölkerungen wetteiferten und zeigten den besten Willen, weiterzumachen.

In höheren Regionen hatte sich der Wind dagegen gedreht. Wenn ich diese Periode, die bis zum Herbst 1966, während der ganzen Amtszeit Ludwig Erhards dauerte, Revue passieren lassen, verstehe ich, warum Zurückhaltung und kluge Vorsicht mich vom Schreiben abhielten. Von wenigen Schönwetterperioden abgesehen, waren die deutsch-französischen Beziehungen von Mißhelligkeiten geprägt.

4

Ludwig Erhard, Gerhard Schröder und de Gaulle

1965: ein schwieriges Jahr

Am 5. März sah ich Konrad Adenauer in seinem Büro im Bundestagsgebäude wieder. Er war erstaunlich. Er wollte mir beweisen, daß er der alte geblieben war, daß sein Geistes- und Gesundheitszustand den Aufgaben eines Regierungschefs durchaus gewachsen war, und bald gewachsen sein würde. Er unterhielt sich angeregt mit mir über Frankreich, über Charles de Gaulle, dessen politische Fortüne, so meinte er, sich auf die seine auswirken könnte.

Außenpolitisch verkörperte sich der Widerstand gegen Konrad Adenauer in Gerhard Schröder, der im Kabinett Erhard das Auswärtige Amt behalten hatte. Während meiner ersten Mission hatten wir uns oft gesehen, als er Innenminister war und noch öfter, als er nach den Wahlen vom Herbst 1961 die Nachfolge Heinrich von Brentanos an der Spitze der deutschen Diplomatie angetreten hatte. Freudlich aber zurückhaltend, ehrgeizig aber vorsichtig, galt Schröder als zukünftiger Kanzlerkandidat. Darin stellte man ihn gemeinhin Franz-Josef Strauß entgegen. Der Mann vom Nordrhein war eiskalt, der Bayer dagegen von feurigem Temperament.

Mit Ludwig Erhard hatte der Bundesminister des Auswärtigen ein leichteres Spiel als mit Konrad Adenauer. Er imponierte seinen Kollegen im Kabinett durch seine Kenntnis der Weltpolitik, die er mit wohlberechneter Gemessenheit vorwies, durch seine britische Kühle, durch die betont vornehme Art, durch eine unerschütterliche Höflichkeit. Er hatte sich eine Autorität erworben, die ihn mehr zum Sonderminister als zum Vize machte. Bei meinem Amtsantritt mußte ich protokollgemäß allen ausländischen Botschaftern meinen Höflichkeitsbesuch abstatten, und jeder sprach von Schröder. Da es eine gute Hundertschaft war, wußte ich alsbald gut Bescheid. Das Ritual brachte auch Überraschendes mit sich. Der Botschafter der Elfenbeinküste, Amos Djoro, fiel mir um den Hals. Er war ein paar Jahre zuvor ein junger Referendar in meiner Botschaft gewesen, und ich hatte ihn als voll zu den Unsrigen gehörend behandelt. Die herzliche Freundschaft blieb bestehen, doch durfte sie nicht mehr die wie zwischen Vater und Sohn sein.

Die – soll man noch »provisorische« sagen? – Hauptstadt brodelte von Politik. Politik ist zugleich ihr Wesen, ihr Zeitvertreib, ihre Pflicht und ihre Passion. Eine Reihe von Städten der Bundesrepublik sind Bonn überlegen: an Bevölkerungszahl, an Industrie und Banken, an künstlerischem Ruf, an Glanz ihrer Museen; niemand aber streitet ihr den ersten Platz auf dem enttäuschungsreichsten, abenteuerlichsten, fesselndsten Gebiet ab. An diesem Ufer des Rheins taucht man aus der Versenkung nur auf, wenn man Abgeordneter oder Journalist ist, oder aber Professor an der Universität.

Ohne den General de Gaulle hätten die Bonner Politiker manche genüßliche Aufregung vermißt. Man liebte ihn weniger als früher, bewunderte ihn ebensosehr, und fürchtete ihn mehr. Er war die schmerzhafte algerische Fessel los, verfolgte aufmerksam die Auswirkungen, die sich für alle aus der Tatsache ergaben, daß Moskau und Washington den Kalten Krieg beendet hatten, und wünschte sich eine Welt, in der Frieden herrschen und Frankreich aufblühen würde. Er forderte die Vereinigten Staaten auf, sich aus Vietnam zurückzuziehen, um von ihnen eine Quelle der Unordnung abzuwenden. Er schlug, zumindest als seine Vision, ein versöhntes Europa zwischen Atlantik und Ural vor, in dem Deutschland als Gegenleistung für Gebiets- und Machteinbußen von seiner Teilung befreit würde. Diese Aussicht gefiel unseren Nachbarn recht wenig. Wie schmerzlich die Teilung auch war, taugte sie immer noch mehr als jede Regelung, die ihnen einen beengten und nicht gleichberechtigten Status aufzwang. Ihnen war die schlechte Wirklichkeit, an die sie sich gewöhnt hatten, lieber als ein verdüsterter Traum.

Kein Mensch war weniger geneigt als Gerhard Schröder, eine solche Konzeption zu billigen, die ihm als mit dem Zukunftsbild seines Landes unvereinbar vorkam. Er für seinen Teil gedachte nicht, auf irgend etwas zu verzichten. Der Präsident der Französischen Republik war nicht befugt, über Deutschlands Zukunft zu bestimmen, ihm die Oder-Neisse-Grenze vorzuschreiben und die Atomwaffe zu verbieten. Das alles würde man später sehen. Der Westen brauchte den Sowjets keine Vorleistungen anzubieten, sie nicht mit dem Bild eines ihnen notwendigerweise untertanen Europas zu ködern.

Indessen – Vorleistungen? Die Gebiete im Osten waren doch verloren! Was die Atomwaffe betraf – welch eine gefährliche Versuchung, so meinten wir, für eine unzufriedene Nation! Damit war der Streit gegeben. Er dauerte, offen oder unterschwellig, während der ganzen Amtszeit Schröders als Bundesminister des Auswärtigen. Die französisch-russische Annäherung erweckte neue Befürchtungen. Man ging in Bonn so weit und sah ein schlechtes Omen in der Entsendung Walerian Sorins als Botschafter nach Paris, nachdem er unlängst die UdSSR in Bonn vertreten und sich dort aus eigenem Verschulden gründlich unbeliebt gemacht hatte; jetzt bedauerte man, zu spät, ihn nicht gezähmt zu haben, solange er in Reichweite war.

Ich besaß die Unbescheidenheit zu glauben, daß meine Beziehungen zum Bundesaußenminister mir erlaubten, seine Härte zu durchbrechen. Sehr korrekt, gelegentlich sogar freundschaftlich, gab er mir indessen zu verstehen, daß die schönen Tage vorbei waren. Frankreichs Botschafter würde bei ihm nicht mehr wie früher ein- und ausgehen. Der Vertrag, den de Gaulle und Adenauer geschlossen hatten, gab mir kein Recht mehr auf die

Sonderbehandlung, auf die ich nicht ohne Stolz Anspruch erhob.

Gerhard Schröder hatte sich nicht so sehr verändert. Er hatte sich nur verhärtet. Hätte man seine Freundschaft zu Frankreich in Zweifel gezogen, so hätte er bestimmt protestiert. Aber welches Frankreich war denn gemeint? Nicht das Frankreich, das mit de Gaulle an der Spitze, durch seinen Wiederaufstieg, seine Vision, seine Stimme die Welt in Staunen versetzte. Frankreich verdiene dieses weltweite Gehör nicht. Es leide an Schwächen, die der Krieg an den Tag gebracht hatte, und die auch der Schwung seines Anführers nicht heilen würde.

Von den Angelsachsen betört und angetrieben, gefiel sich der Bundesaußenminister in seiner neuerworbenen Härte. Sie brachte ihm Beifall von seiten derer ein, die etwas voreilig seinen Stil mit dem Couve de Murvilles oder gar de Gaulles gleichsetzen: er zahle ihnen in derselben Münze heim. Ich bedauerte das alles, ohne ihm etwas nachzutragen. Denn nicht wenige Franzosen dachten wie er, daß nämlich Frankreich in jenen Jahren mehr Macht beanspruchte, als es wirklich besaß, und daß eine gewisse Selbstbescheidung der Nation angemessener gewesen wäre. Wie dem auch sei: dort wo er saß, war Gerhard Schröder in der Lage, die deutsch-französische Verständigung zu beeinträchtigen. Ich verlor keinen einzigen Augenblick die Hoffnung, ihn wieder für uns einzunehmen. Dies wäre für mich der größte und nutzbringendste Erfolg gewesen.

Indem er sich auf seine Position versteifte, erregte Gerhard Schröder das Mißfallen einflußreicher Parteifreunde, die es mit Unwillen sahen, wie man Frankreich gleichsam den Prozeß machte. Sie neigten dazu, Schröders Sprödigkeit uns gegenüber als größer anzusehen, als sie war, und machten sich Sorgen um den Kummer, den er mir bereitete. Sie versicherten mir immer wieder, daß das Getane nicht ungetan gemacht würde. Durch Minister wie Bruno Heck, Heinrich Krone, Paul Lücke, Ernst Lemmer blieb der Dialog in einem Geist vollkommener Aufrichtigkeit im Gange. Ich durfte ihnen um so aufmerksamer zuhören, als jedermann wußte, welcher Meinung sie waren. Sie durften freier reden als die deutschen Diplomaten, und waren wohl auch überzeugter, jedenfalls zögerten sie nicht, die Mißgriffe der deutschen Seite scharf zu kritisieren. Ohne uns im geringsten zu schonen, was unverständlich und wenig geschmackvoll gewesen wäre, meinten sie, es gehe nicht an, alles, was Bonn belaste, einfach Paris anzulasten.

Der Bundeskanzler gab sich Mühe, die deutsch-französischen Mißhelligkeiten nicht anwachsen zu lassen. Er verfolgte zwar die Außenpolitik seines Ministers genau, war aber schlau und vorsichtig genug, um diesen sich allein von Frankreich distanzieren zu lassen. Er wollte sich nicht dem Vorwurf aussetzen, er trenne sich von der Politik Adenauers – der ihn belauerte – und damit der zunehmenden Mißbilligung der Christdemokraten, die aus Treue zum Altbundeskanzler auch unserem Vaterland die Treue hielten. Ich frage mich, ob die damalige Zwiespältigkeit der bundesdeutschen Politik von Dauer gewesen wäre. Einstweilen genoß ich das Wohlwollen des Bundeskanzlers, der mich häufiger empfing, als die Usancen verlangten, im Kreis seiner engsten Freunde Ludger Westrick und Horst Osterheld. Obgleich das Palais Schaumburg einen neuen Hausherrn hatte, war Frankreichs Vertreter ebenso willkommen wie zuvor. Über meinen Kopf hinweg suchte Erhard de Gaulle zu erreichen: vorausgesetzt, daß er sich nicht entfernte!

Doch alles gab dem Streit neue Nahrung. Die Bonner Regierung fuhr sich in neuen Komplikationen fest, indem sie sich für eine Initiative der Amerikaner begeisterte. Es galt, eine multilaterale Atomstreitmacht zu schaffen, die Deutschland freilich in eine explosive Lage versetzt hätte. Wir waren gegen diesen Plan, weil er uns als mit unserer nationalen Unabhängigkeit unvereinbar erschien und weil jede Hoffnung auf eine Befriedung des Kontinents dahin gewesen wäre. Frankreich warnte die Deutschen vor der russischen Reaktion. Unsere Warnungen waren vom gesunden Menschenverstand diktiert, aber die Wachsamkeit der Sowjets paßte ganz gut in unser Konzept. In Bonn zog mancher gleich den Schluß, Paris und Moskau sähen die Dinge im gleichen Licht.

Auch den europäischen Fahrplan stellten sich die beiden Nachbarländer nicht auf dieselbe Art und Weise vor. Die Franzosen dachten nur an den, der drei Jahre zuvor festgelegt worden war, um den Agrarmarkt zu realisieren, dank einem fristgerechten Abschluß des Finanzierungsabkommens für die Periode vom 1. Juli 1965 bis zum 31. Dezember 1970. Dem Kanzler sagte dieses unattraktive Arbeitspensum nichts. Im Gegenteil, er wollte eisern die Konferenz der Staats- und Regierungschefs der Sechs, mit der politischen Union als Ziel. Der General de Gaulle stellte sich taub: seit dem Scheitern des Fouchet-Plans war er ein gebranntes Kind. Er entsann sich nicht, in Rambouillet eine Verpflichtung eingegangen zu sein. Wie sich Erhard auch anstellte, um ihn umzustimmen, er blieb unerschütterlich; er hatte die Eintagspläne satt. Der Graben, den die Außenministerkonferenz vom 17. April 1962 gezogen hatte, war nicht weniger tief geworden: England hatte den Schock ebenso hart gefühlt. Der Kanzler wußte das, aber er war unter Erfolgszwang, er brauchte wenigstens einen Scheinerfolg. Wenn der französische Staatspräsident den Kreis wieder geschlossen hätte, der schon zur Zeit, als Adenauer in Deutschland regierte, unterbrochen worden war, wäre ihm Erhards Dank sicher gewesen.

Aber das Mißverhältnis zwischen den beiden Ländern, zwischen der Unsicherheit der bundesdeutschen und der Selbstsicherheit der französischen Politik, war so erheblich, daß man in Bonn neidisch wurde. Die Folge war mancher taktische Mißgriff. Innerhalb von zwanzig Jahren hatte Deutschland das Wirtschaftswunder erlebt. Man bewunderte, man umschmeichelte es. Um so bedrückender wirkte es, wenn man Frankreich in Siegerpositur ertragen mußte, als so mancher diesen Sieg bestritt. Damit die Annäherung möglich und aufrichtig sei, durfte sie nicht, nach einer langen Geschichte von abwechselnden Siegen und Niederlagen, die Überlegenheit des einen alten Rivalen gegenüber dem anderen festschreiben.

Was könnte man zu unseren Sonderrechten in Berlin und zur Präsenz unserer Truppen auf bundesdeutschem Gebiet noch sagen? In der deutsch-französischen Bilanzrechnung waren sie nicht aufgeführt. Sie waren Posten der Ost-West-Bilanz, und das ließ ein Ungleichgewicht zwischen den beiden Rhein-Anliegern vermeiden. Wie seltsam diese Situation auch war, wurde sie auf die Dauer als normal empfunden. Man beugte sich der Notwendigkeit.

Erhards Deutschland litt nicht nur unter einem unvermeidlicherweise ungünstigen Vergleich, den wettzumachen es glücklose Schritte unternahm. De Gaulles Zurückhaltung entnervte es. Weder bis dahin er selber, noch seine Vorgänger unter der Vierten Republik hatten sich so benommen. Wir hatten die Bonner Regierung an teils strenge, teils versöhnliche, aber an ununterbrochene Aufmerksamkeit gewöhnt. Die betonte Gleichgültigkeit an der Seine fiel hier auf die Nerven, beschäftigte die Geister. Deutschland brauchte Frankreich, es brauchte Frankreichs Verständnis und Freundschaft. Hatte es denn nicht beides eingebüßt, indem es den Freundschafts- und Zusammenarbeitsvertrag durch die Präambel ausgehöhlt hatte? Es hatte die neue Lage selbst verursacht und litt daher umso mehr unter ihr. Bundeskanzler Erhard wußte nicht mehr, wie er sich anstellen sollte, um den Mann gnädig zu stimmen, der aus der Ferne wie ein Olympier wirkte ...

De Gaulle sah vor sich das Schachbrett der Weltpolitik, dessen Figuren die Vereinigten Staaten, Rußland und China waren. Die deutsche Ruhelosigkeit beobachtete er gleichmütig und illusionslos – eine Folge seiner Enttäuschung. Er verglich Erhards Unrast mit Adenauers Festigkeit. Die Bonner Regierung verzettelte sich in gewagten Versuchen. Ein Freundschaftsvertrag mit einer einseitigen Präambel als Vorspann war nicht mehr ein Freundschaftsvertrag.

Im Frühjahr 1965 wurde der christdemokratische Parteitag in Düsseldorf von einem nationalen Rausch ergriffen. Die Koryphäen wählten die Wiedervereinigung zum Thema des Parteitags. Das Wie und Wieweit blieben im Unklaren. »Ich kann dem deutschen Volk nicht sagen«, verkündete Erhard, »daß es zwanzig oder dreißig Jahre auf seine Wiedervereinigung zu warten hat.« Gerhard Schröder gab sich betont unauffällig. Die Stimmung war so sehr in seinem Sinn, daß er es sich leisten konnte, taktvolle Mäßigung zu zeigen. Hochbegabt und sprungbereit, nahm der parlamentarische Fraktionsführer Rainer Barzel den Platz im Proszenium ein. Er für sein Teil hütete sich wohl, sich von Frankreich loszulösen. Wir trafen uns oft, als Freunde, die sich die ungeschminkte Wahrheit sagten. Temperament, Eloquenz, physische und moralische Klarheit sprachen für ihn und er hätte Kanzler werden können, doch Unwägbares verweigerte ihm den Zulauf der Massen. Dabei waren ihm die Sympathien des Volkes gar nicht gleichgültig. Kurz vor dem 8. Mai kam er zu mir, um mich über die Desorientierung der deutschen Jugend zu unterrichten. De Gaulle hatte sie bei seiner Reise vom September 1962 begeistert. Um sie zu überzeugen, daß es bei ihm nicht nur eine vergängliche Aufwallung gewesen war und daß er in der Tat der Friedensstifter war, den ein ganzes Volk mit gutem Recht umjubelt hätte, müsse er an diese Jugend denken und sie ansprechen, wenn er den Jahrestag des Kriegsendes in einer Rede feierte. Ich nahm selbstverständlich die Anregung willig entgegen und leitete sie an Alain Peyrefitte weiter, der sie dann rechtzeitig und am richtigen Ort vortrug.

Viele Deutsche wollten im 8. Mai nur die Erinnerung an den Zusammenbruch sehen. Aber wie sehr sie auch mit ihrem Vaterland leiden mochten, bedeutete dieser Tag auch für sie die Befreiung. Zwanzig Jahre nach Kriegsende äußerte der Kanzler den Wunsch, daß eine Mitteilung der Westmächte in der Deutschlandfrage Rußland an eben dem Tag gemacht werde – ein Tag, den in der Bundesrepublik niemand mehr in Trauer und Bitterkeit fürchten mußte. Ich zeigte mich überrascht, daß er es so nachdrücklich wünschte. Ludwig Erhard bemerkte: »Vergessen Sie den deutschen Widerstand nicht.«

Die Bundestagswahlen im Herbst rückten näher. Die Christdemokraten, an der Macht seit mehr als fünfzehn Jahren, waren in Sorge. Eine Geste de Gaulles hätte ihre Chancen beeinträchtigen können. Wenn Frankreich und die Bundesrepublik immer mehr auseinanderdrifteten, würde Erhard das schönste Stück aus Adenauers Vermächtnis verspielt haben. Man würde daraus einen Anklagepunkt gegen ihn machen, ohne gleichzeitig darauf hinzuweisen, daß seine Situation von de Gaulle mitgeschaffen worden war, und daß sich Adenauer nie in einer solchen Lage befunden hatte. Der sowjetische Außenminister Andrej Gromyko wurde in Paris erwartet. Sein Besuch änderte freilich unsere Position nicht im geringsten. Wir teilten seine Meinung über die Oder-Neisse-Grenze, wie jedermann wußte, waren indessen keineswegs seiner Ansicht über eine endgültige Teilung Deutschlands. Er beeilte sich trotzdem, die »vollständige Übereinstimmung« zu preisen. Wir beruhigten Bonn, wo man uns mit sauersüßer Miene anhörte.

Hier mißbilligte man auch unsere Zurückhaltung gegenüber den Vereinigten Staaten. Die Landung der Marineinfanteristen auf San Domingo war bei uns keineswegs mit Begeisterung aufgenommen worden. Ein deutscher Bankier, der meine Skepsis über die Angemessenheit dieser Operation nicht schätzte, warf mir ein Wort zu, das eine ausschließlich in seinem Lande verbreitete Meinung wiedergab: »Dort verteidigen sie gegen den Kommunismus auch die Freiheit *Ihrer* Kinder!« Im Kanzleramt, im Auswärtigen Amt, führte Amerika das große Wort. Bei den Berlingesprächen der drei westlichen Alliierten, zu denen die Bundesregierung von den Westmächten eingeladen war, unterstützte sie die Amerikaner, ob stets aus Überzeugung, ist eine andere Frage. Tatsache ist, daß sie sich mit uns oft besser verstand.

Denn die Deutschen mochten die Franzosen. Sogar die bösen Erinnerungen, auch persönlicher Art, schlugen in Rührung um. Doch kühlte die Herzlichkeit in demselben Maße ab, je weiter im Norden man sich befand. Als Vertreter Frankreichs wurde ich nirgends herzlicher empfangen als im Saarland. Seit unserem Abzug sah man hier unsere guten Seiten deutlicher. In jenem trostlosen Frühling 1965 hätte ich weniger denn je die alljährliche »Französische Woche« in Saarbrücken vermissen wollen.

Für den Botschafter dauerte sie nur einen einzigen Tag. Länger hätte man nicht gewußt, was man mit ihm hätte anfangen können. Aber dieser eine Tag war prall gefüllt. Seite an

Seite mit Ministerpräsident Röder, dem ich als gutem Freund alle meine Gedanken frank und frei anvertrauen durfte, ging ich im Eilschritt durch die verstopften, mit den Fahnen beider Länder festlich geschmückten Straßen. In den Läden wurden unsere Landeserzeugnisse, insbesondere aus der Ernährungsbranche, massenhaft feilgeboten. Ich wurde zu mancher genußreichen Kostprobe genötigt. »Nur etwas Leberpastete, Sie können uns das nicht abschlagen, einmal ist keinmal!« Die Landsleute, die mich mit diesen Worten ermunterten, ahnten nicht, wie recht sie hatten. Solche Leckerbissen sah man seit geraumer Zeit weder auf meiner noch auf der Speisekarte meiner Kollegen. Dies war übrigens keine Wahl-, sondern eine Absatzförderungskampagne, mit dem festumrissenen Ziel, unseren Export aufzubessern.

Kurz darauf reiste ich nach Hannover. Dort gab es alle Jahre wieder, in einem nüchterneren Klima, eine Messe, die durch Anzahl und Niveau der Teilnehmer beeindruckte. Auch hier dachten wir daran, unsere Abschlüsse zu erhöhen. In Hannover zeigte sich Frankreich als steil aufsteigendes Industrieland. Als solches waren wir für die Bundesrepublik ein interessanter Partner, aber keine besorgniserregende Konkurrenz. Ihre Dynamik war unübersehbar. Ich hatte Gelegenheit, sowohl unsere Kreativität als auch unsere Schwächen vor Ort festzustellen. Auf einem Stand bewunderte ich einen riesigen Hebekran, der alle seine Konkurrenten überragte. Ein deutscher Besucher kam herein und fragte: »Wann können Sie ihn uns liefern?« »In sechs Monaten.« Er verschwand wortlos.

Von Hannover, dem Schauplatz, wo die Kreativität und die wirtschaftlichen Kräfte dieser Welt das Schauspiel ihres Wettkampfs boten, reiste ich weiter nach Bergen-Belsen – ein traumatisches Eintauchen in die Vergangenheit. In einem Festakt erschütternden Gedenkens, dessen Veranstaltung uns von den Deutschen ermöglicht wurde, ehrten wir unsere Deportierten.

Die Deutschen zeigten ihre Zuneigung für Frankreich auf die verschiedenste Art und Weise. Sie spendeten unseren Künstlern den Beifall eines Publikums von Kennern. Jean-Louis Barrault mit dem Théâtre de France spielte *Figaros Hochzeit:* er bewunderte die Reaktionssicherheit seines scharfsinnigen und wohlinformierten Publikums. Es ist allerdings wahr, daß wir keinen Freundschaftsvertrag brauchten, um dies zu erreichen. Verschloß sich doch auch in den schlimmsten Zeiten der Feindschaft kein Franzose der deutschen Musik und Dichtung. Überraschender war die nette Art, in der die Bevölkerung unsere Soldaten in ihrer Mitte akzeptierte. In Kaiserslautern, in der Pfalz, war das fünfte Panzerregiment so beliebt, daß es die Tragik der historischen Vergangenheit vergessen ließ. Die französischen Minister auf Besuch in Bonn gaben sich die Klinke in die Hand: in wenigen Tagen erlebte ich dort nacheinander Alain Peyrefitte, Gilbert Grandval, Pierre Messmer, die mit ihren deutschen Kollegen zwar nicht immer zum gewünschten Ergebnis kommen konnten, aber miteinander in engen Beziehungen standen, zur einsichtigen und aufrichtigen Genugtuung beider Seiten.

De Gaulle stand im Blickpunkt aller. Er erregte Neugierde, Bewunderung, Besorgnis. In Hamburg, wo man ihn drei Jahre zuvor umjubelt hatte, zögerte man, wich man aus, kritisierte ihn. Ich hielt einen Vortrag vor rund tausend Zuhörern; nach dem Vortrag kam es zu einer erregten Diskussion. Der Herr Botschafter habe gut gesprochen, seinen Auftrag erfüllt, aber man erwarte von ihm, daß er jetzt den Auftrag beiseite lasse und die verwerfliche Politik seiner Regierung weniger hart verteidige. In den Augen der großen Hansestadt versündigte de Gaulle sich schwer, indem er aus der amerikanisch-englischen Linie ausscherte. Ich sah keinen Anlaß, nachzugeben. Ich bemühte mich, zu erklären. Die Deutschen hatten, wo immer man ihnen begegnete, einen Drang, die anderen zu verstehen, den die tragische Finsternis, in der man sie von 1933 bis 1945 gehalten hatte, nur noch gesteigert hatte.

Die Malaise war politischer Natur. Es wäre unvernünftig gewesen, sie fortdauern zu lassen. Die französischen und sowjetischen Führer liebäugelten miteinander. Die Amerikaner hatten sich in Vietnam verrannt. Die Chinesen standen im Begriff, ihre zweite Atombombe zu zünden. Der Bundeskanzler konnte nicht umhin, über die veränderte Welt hellhörig zu werden. In seiner eigenen Partei regte sich zunehmend die Unzufriedenheit: die

Bundesrepublik tue nicht gut daran, sich von Frankreich zu entfernen. Franz-Josef Strauß trug nicht am wenigsten dazu bei, den Kanzler in Verlegenheit zu setzen, als er erklärte, Deutschland sollte vom Ansehen des Generals de Gaulle profitieren, um mit ihm zusammen eine gemeinsame Aktionslinie zu bestimmen. Wenige Tage nach seiner Rückkehr aus dem Urlaub am Tegernsee, bat mich Ludwig Erhard zu sich. Er wollte den Präsidenten der Republik wiedersehen. Am nächsten Tag, dem 5. Mai, lud er de Gaulle nach Bonn ein. Dieser antwortete sofort, schriftlich, eigenhändig, mit einem liebenswürdig formulierten Ja. Es wurde unverzüglich ein Termin ausgemacht: der 11. und 12. Juni.

In der Zwischenzeit kam die Königin von England an den Rhein zu Besuch. Sie zeigte sich lächelnd und liebenswert, was augenblicklich das vorgefaßte, freudlose Bild richtigstellte, das man sich von einer Herrscherin machte, die, man würde einst gesagt haben: »mit männlicher Kraft« (heute ist das Wort für eine Frau kein Kompliment mehr), die Last der Krone trägt, in einer Zeit, in der die Krone im selben Maße schwerer wiegt, wie Größe und Glanz des Empire schrumpfen.

In einer ihrer Ansprachen erwähnte sie Waterloo, Wellington und Blücher, was uns nicht übermäßig fair vorkam. Dafür aber schickte uns Bundespräsident Lübke einige Stunden im voraus eine Stelle aus seiner Erwiderung zu, die umso verdienstvoller war, als sie nicht unmittelbar mit dem Anlaß in Beziehung stand. Er sprach darin von seiner Freude über die Versöhnung und die Zusammenarbeit zwischen Deutschland und Frankreich. Der Besuch der Königin war sehr wirkungsvoll. In Bonn wurde das Vereinigte Königreich von Großbritannien und Nordirland von Sir Frank Roberts vertreten, einem Diplomaten aus der klassischen Tradition des Foreign Office, wo er ungemein geschätzt wurde. Wendig, behend und pfiffig wie ein Romane, wäre er ein guter Europäer gewesen, wenn er nicht einzig und allein im Dienst seines Landes gestanden hätte.

In derselben Zwischenzeit kam nach Bonn auch Couve de Murville nebst Gefolge – mit seinem Führungsstab aus dem Quai d'Orsay. Zwischen ihm und Gerhard Schröder wollte das

Eis partout nicht schmelzen. Trotz allen, wie ich hoffe, von ihm wohl registrierten Warnungen, gestand er mir, daß er überaus befremdet war. Sein Gesprächspartner hatte über Polen Ausdrücke gebraucht, die Potentaten aus vergangenen Zeiten gutgeheißen hätten. Der Bundesverteidigungsminister Kai-Uwe von Hassel sprach von den Sowjets mit einer Vehemenz wie in den schönsten Tagen des Kalten Krieges. Wir waren voneinander himmelweit entfernt.

Bei der Besprechung im Elysée-Palast am 28. Mai sprach man nur über konkrete Themen. Die Tafelrunde bestand aus Georges Pompidou, Maurice Couve de Murville, Valéry Giscard d'Estaing, Edgard Pisani und einigen hohen Beamten. Es ging ausschließlich um den Gemeinsamen Markt und genauer um die finanzielle Regelung. Wenn diese in Brüssel am 30. Juni durchfiel, stand man vor dem Nichts. De Gaulle ließ sich eine Menge Einzelpunkte erläutern. Er wollte wissen, welchen praktischen Zweck die ganze Operation haben konnte. Einige Tage später sagte Staatsminister Ludger Westrick zu mir: »Der General ist nicht nur Staatsmann, er ist auch Geschäftsmann.« Ja, wenn es um Frankreichs Staatsgeschäfte ging.

Es gab Augenblicke, in denen de Gaulle sich amüsierte. So zum Beispiel, als er überrascht die hohen Kosten der Montanunion insbesondere und der drei Gemeinschaften im allgemeinen feststellen mußte. Er fragte mich darüber aus. »Die Deutschen sind der Meinung«, antwortete ich, »daß sie uns entgegengekommen sind, indem sie im Dezember 1964 der Regelung für die Agrarfinanzierung zugestimmt haben. Jetzt erwarten sie unsere Gegenleistung in Form der politischen Konferenz der sechs Staats- und Regierungschefs.«

Meine Antwort mißfiel ihm. Anschließend fragte er: »Sind die Deutschen mit dem Gemeinsamen Markt zufrieden? Würden sie ihm nachtrauern, wenn es ihn nicht mehr gäbe?« »Zweifellos ja.«

»Ich dachte es mir, aber ich wollte es bestätigt hören.« Klar: wofür sollte er sich also noch bedanken?

In Deutschland blieb sein Mitkämpfer, der historische Gesprächspartner, auch sein großer Verteidiger. Ich besuchte Adenauer in seiner Villa in Rhöndorf, um ihm die Kopie von Dokumenten zu überreichen, um die er für einen Landsmann gebeten hatte. Sie betrafen das Ende des passiven Widerstandes im Ruhrgebiet im September 1923. Er hätte es sich gewünscht, erzählte Adenauer, daß damals der Großindustrielle Hugo Stinnes sofort nach Paris gefahren wäre, um dort Gespräche zu eröffnen, die ungeheuer wichtig gewesen wären.

In seinem Buch »Les années d'illusion [»Jahre der Selbsttäuschung«] schreibt Jacques Chastenet, daß Stinnes tatsächlich versucht habe, Paul Reynaud zu treffen, der vorgeschlagen hatte, Deutschland solle die Reparationen an Frankreich in Form von Lieferungen leisten. Die Begegnung fand nicht statt. Noch eine verpaßte Chance. Ich erinnere mich recht gut an diese Zeit, da ich in engem Kontakt zu meinem Vater stand, dem hohen Beamten in verantwortlicher Stellung beim Quai d'Orsay, dessen Geistesgaben, Einsicht und Autorität Jacques Bariéty in seinem Werk »Les relations franco-allemandes après la première guerre mondiale« [»Die französisch-deutschen Beziehungen nach dem Ersten Weltkrieg«] immer wieder erwähnt. Die Besetzung des Ruhrgebiets, zu der sich die französische Regierung aufgrund der »Verstöße« des Reiches gegen den Versailler Vertrag am 10. Januar 1923 entschlossen hatte, wäre zu einem positiven Ergebnis zu führen gewesen, wenn man auf Alexandre Millerand und Jacques Seydoux gehört hätte. »Dies ist das bedeutendste Ereignis seit dem Waffenstillstand«, sagte der Präsident der Republik damals, als er erfuhr, daß die Berliner Regierung beschlossen hatte, den passiven Widerstand aufzugeben. Die Eisen- und Stahlmagnaten waren in großer Angst wegen des Zusammenbruchs der deutschen Versorgung und hatten es selbst gefordert, nachdem sie zu den aktivsten

Gegnern der Erfüllung des Versailler Vertrags gezählt hatten. Man mußte ihre Niederlage dazu benutzen, um die Wirtschaftsunion der beiden Länder zu schaffen. »Diese hätte aufgrund der Interessengemeinsamkeit eine dauerhafte deutsch-französische Annäherung herbeigeführt und außerdem einen Wirtschaftsblock geschaffen, der für die Nachbarländer ein unwiderstehlicher Anziehungspunkt gewesen wäre.«

Raymond Poincaré widersetzte sich dieser Begegnung, schreibt Jacques Chastenet. Nach dem, was mir Adenauer erzählte, hatte man es in Berlin geschafft, den deutschen Industriellen auszuschalten, bevor er zu einem Gespräch ermächtigt worden wäre; damit verlor die Begegnung jeden Sinn. Adenauer spielte auf Gustav Stresemann an, an den man sich angesichts der Gefahr am 12. August 1923 zum Zweck der Bildung einer Koalitionsregierung gewendet hatte.

Adenauers Stirn umwölkte sich, als ich mich veranlaßt sah, daran zu erinnern, daß Aristide Briand Stresemann für den Deutschen hielt, der am besten geeignet war, mit ihm zusammen Europa eine Zukunft zu bereiten, in der es keine Tränen von Kriegswitwen und -waisen mehr geben würde.

Adenauers Gedächtnis belieferte ihn stets mit den nötigen Fakten; trotzdem war er kein Greis, der in der Vergangenheit lebt. Die Politik ließ ihn nicht los. Er fieberte den Wahlen entgegen, die demnächst, am 19. September, stattfinden sollten. Der Dorn in seinem Auge war kein französisches, sondern ein deutsches Erzeugnis. Mit Gerhard Schröder ging er noch weniger sanft um als mit Ludwig Erhard, doch zu diesem war er auch nicht alles andere als barmherzig. Manche schlugen ihm vor, nach den Wahlen erneut für den Kanzlerposten zu kandidieren. Schweren Herzens winkte er ab. Für einen Mann seines Alters, den überdies die politische Leidenschaft beherrschte, hielt er sich gut unter Kontrolle. Über das Abgleiten Frankreichs in Richtung Moskau hüllte er sich in großartiges, vielsagendes Schweigen. Er wünschte, er hätte ein Gleiches getan, wenn die Russen nur mitgespielt hätten. Die Angelsachsen fielen ihm auf die Nerven. Er klagte über deren Einfluß auf die deutsche Presse. Am Tage, als ich ihn mit den

Dokumenten besuchte, schonte er auch die Amerikaner nicht: zwei Jahre zuvor habe er McGeorge Bundy gesagt, daß sich Westeuropa unter der Führung Frankreichs einigen müsse. Die Antwort sei wie ein Peitschenhieb gewesen: »Für die nächsten fünfzehn Jahre obliegt die Führung Europas den Vereinigten Staaten.«

Deutschlandbesuch, 11. und 12. Juni: de Gaulle läßt mit Überzeugung seinen Charme spielen. Nach dem Abendessen im Kanzleramt, vor dem Mittagessen in Ernich erläutert er seine Absichten, gibt sich ungezwungen, spricht nüchtern. Er ist zuvorkommend, ansprechbar, richtet sich nach seinen deutschen Gesprächspartnern und zeigt sich um so konzilianter in der Form, als er inhaltlich fest entschlossen ist: Man müsse Europa schaffen, zwar nicht ein Europa gegen die Vereinigten Staaten, aber ein Europa der Europäer. Dessen Grundfesten heißen: deutsch-französische Zusammenarbeit. De Gaulle unterhielt sich abwechselnd mit jedem, scheute sich nicht vor Wiederholungen. Man müsse wissen, daß er sich zu den Anhängern Europas zähle, und zwar unter den allerersten. Trotz den angehäuften Irrtümern, die die politische Union gebremst und den Vertrag vom 22. Januar 1963 ausgehöhlt haben, wolle er gern weitermachen, man könne auf ihn zählen. Im Salon der Botschafterresidenz, wo die Gäste dichtgedrängt um ihn stehen, formuliert de Gaulle seine Gedanken auf eine so gewinnende Art, setzt sich so freundlich durch, daß auch die Störrischsten keinen Widerspruch anmelden. Außerdem wartet er die Antwort erst gar nicht ab. Er bearbeitet bereits den nächsten Gast. Es wird zu Tisch gebeten. Das Menü ist nach Wunsch: weisungsgemäß habe ich dem Elysée-Palast eine Auswahl unterbreitet, und »man« hat seine Wahl getroffen.

Doch die Stimmung könnte bald versauern, wenn nicht jeder seinen Beitrag leistete. Der heikelste Punkt ist die Agrarfinanzierung im Rahmen des Gemeinsamen Marktes. Es scheint alles vollkommen geregelt zu sein, und man setzt sich zum Mittagessen in gehobener Stimmung. Plötzlich munkelt man:

Fehlanzeige! Die Berater des Kanzlers haben eine Mitteilung des Staatssekretärs im Wirtschaftsministerium Rolf Lahr mißverstanden, die ihnen dieser am Vormittag über seine laufenden Verhandlungen mit Olivier Wormser zukommen ließ. Die Gesichter werden länger. Die Minister ziehen sich mit ihren Experten zurück, um die Diskussion weiterzuführen. De Gaulle und Erhard kommen etwas später nach.

Couve de Murville trägt vor: man könne sich nicht einigen, die Deutschen wollen den von den Franzosen geforderten Finanzierungsbeitrag nicht zahlen. Als Folge davon sollte monatelang in Brüssel der Stuhl der französischen Vertreter leer bleiben. Die Krise, eine der schwersten, die die EWG erschüttert haben, entstand aus einer deutsch-französischen Divergenz. Mit Verspätung gegenüber dem Zeitplan steigt der Staatspräsident in den Wagen, der ihn zum Flughafen bringen wird. Ich stürze mich ins Zimmer meiner Frau: »Er geht!« Sie eilt hinunter, kommt noch rechtzeitig an. De Gaulle will sich nicht sitzend verabschieden und zwängt seinen Riesenkörper aus dem Wagen heraus. Die Motoren brummen. Wir fahren los. Achtundvierzig Stunden lang glich Ernich einem befestigten Lager.

Die Franzosen sind über die Deutschen ebenso ungehalten, wie die Deutschen über die Franzosen. Im Elysée und am Quai d'Orsay fragt man sich mit ernsten Gesichtern, wie die kernigen Reden zu verstehen seien, die auf dem christdemokratischen Parteitag in Dortmund geführt werden. Wohin sie tendieren, zeigt am besten die des Bundestagspräsidenten – immer noch Eugen Gerstenmaier. Er stellt die Frage, und für ihn ist die Antwort selbstverständlich: wenn seine Landsleute auf die Gebiete jenseits der Oder-Neisse-Linie und auf die Atombombe nicht verzichten wollen – heißt das denn schon, daß sie wieder in den Nationalismus verfallen?

Die Schuld an dieser fatalen Verwirrung geben wir Franzosen den Vereinigten Staaten. Sie haben die Bundesrepublik mit Illusionen gespeist, in einer Sache, in der sie nur gegen eine Wand anrennen würde. Der Bundeskanzler bildete sich ein, bei de Gaulle Pluspunkte gesammelt zu haben. Das war kaum der Fall.

Adenauer gab es mir als erster zu verstehen, mit einem Mienenspiel, das ich zu deuten nicht wagte. Unser Außenminister machte mir gegenüber keinen Hehl daraus, daß ihn die ausweglose Lage, in die die EWG geraten war, in höchstem Maße beunruhigte. Es fiel ihm schwer, zu glauben, daß Erhard und Schröder aufrichtige Anhänger einer supranationalen Lösung seien. So etwas sei gut für den Präsidenten der EWG-Kommission, Walter Hallstein, der versucht habe, die Krise dazu auszunützen, um Reformen vorzuschlagen, die nicht nur die Franzosen als unangebracht betrachten. De Gaulle werde es ihm nie verzeihen.

Fazit: Negative Bilanz. Außerdem erwarte man in Paris den Besuch des polnischen Premierministers Cyrankiewicz und im Oktober werde Couve de Murville Gromyko in Moskau seinen Gegenbesuch abstatten.

In der Bundesrepublik spitzten sich die parteipolitischen Gegensätze vor den unmittelbar bevorstehenden Wahlen zu. Christdemokraten und CSU stellen mit Angst die allmählich entstehende Komplizenschaft zwischen den Vereinigten Staaten und der Sowjetunion fest, die sich vorläufig in deren gemeinsamer Absicht zeigte, einen atomaren Nichtverbreitungs-Vertrag abzuschließen und die anderen Staaten aufzufordern, diesem beizutreten. In Washington wie in Moskau will man vor allem den deutschen Beitritt erreichen. Die Diskriminierung Deutschlands, das sehen die Christdemokraten und Christsozialen sehr klar, soll jetzt auch durch ein internationales Abkommen festgeschrieben werden. Nicht nur wird man der Bundesrepublik die Bombe vorenthalten, sondern die Zusatzklauseln werden ihre wirtschaftliche und technologische Entwicklung beeinträchtigen. Hinter Erhard, der sich seiner Verantwortung bewußt ist und den Vereinigten Staaten entgegenkommen will, grollt Konrad Adenauer: Der amerikanische Plan sei so ungeheuerlich, daß er letzten Endes Europa den Russen wehrlos ausliefern wird. Adenauer bittet mich zu sich.

Ich finde ihn außer sich vor Zorn. Sein Haus, vollgestopft mit Hinweisen auf das Jenseits – Bildern, Statuen, Andachtsbüchern, Devotionalien – scheint vom selben Zorn mitzubeben. Für dieses eine Mal zürnt er de Gaulle. Der Altbundeskanzler hat soeben auf Umwegen aus Washington erfahren, daß sich der Staatspräsident in einem Gespräch mit dem amerikanischen Unterstaatssekretär George Ball über den Nichtverbreitungspakt zu Deutschland viel negativer geäußert habe als bei ihrem vorigen Treffen in Paris im November. Damals hatte de Gaulle die Tür einen Spalt weit geöffnet, indem er sagte, daß sich die Frage der Atomwaffe für Deutschland vielleicht später im Rahmen eines geeinten Europa stellen könnte. Jetzt habe er die Tür zugeschlagen. Er habe zu George Ball von der »Sondersituation« Deutschlands gesprochen. Es sei klar: für Deutschland gebe es keine Gleichberechtigung. »Seit Kennedy«, fuhr Adenauer fort, »habe ich kein Vertrauen mehr zu den Vereinigten Staaten. Ich glaube, daß sie von nun an mit den Russen zusammenarbeiten. Wir haben ein Beispiel an der Entwicklung der Dinge in Vietnam. Aber wie soll ich mein Mißtrauen ihnen und mein Vertrauen Frankreich gegenüber begründen, wenn Schröder Unterlagen in der Hand hat, die beweisen, daß in der Atomfrage, die ich als grundlegend ansehe, die Amerikaner uns näher stehen als die Franzosen? Man wird mir antworten, daß seine Politik eben richtig und meine falsch sei.«

Er sagte mir noch vieles andere, das seine tiefe Verärgerung verriet. Die nahe bevorstehenden Wahlen elektrisierten ihn. Er war ein geborener Kämpfer, er wollte siegen. Und der Besiegte sollte nicht nur, wie immer, die Sozialdemokratie, sondern auch Gerhard Schröder heißen.

Die Pressekonferenz des Generals am 9. September war nicht geeignet, die Dinge leichter zu gestalten. Es hagelte scharfe Formulierungen. Sowohl die EWG-Kommission wie auch die NATO bekamen ihren Teil ab. Die Deutschen waren zwar längst gewarnt; trotzdem versetzte sie die Pressekonferenz in Zorn. Der Gipfel war für sie de Gaulles Vorschlag, die internationale Politik solle von den fünf Mächten geleitet werden, die einen permanenten Sitz im Sicherheitsrat der UNO innehatten.

Die Bundesregierung empfand die Diskriminierung, die ihr dadurch widerfahren konnte, als Kränkung. Es war jedoch ein Vorschlag, nichts weiter, und dazu einer, dem keine Folge gegeben wurde.

Die Bundestagswahl vom 19. September wurde dann zu einem Triumph für Ludwig Erhard. Besiegt, verzichtete Willy Brandt auf seinen Abgeordnetensitz für einen nordrhein-westfälischen Wahlkreis und kehrte nach Berlin zurück. Was sollte aus Gerhard Schröder werden? Bundespräsident Lübke und Altbundeskanzler Adenauer hoffen, daß der Kanzler ihm das Außenministerium nicht mehr anvertrauen wird. Zwischen ihnen besteht nur eine Höflichkeitsfreundschaft, politisch aber sind sie stets einmütig und arbeiten eng zusammen. Was sie dem Chef der deutschen Diplomatie vor allem vorwerfen, ist, daß er Frankreich nicht freundlich gesinnt sei. In dieser Hinsicht ist der Bundespräsident ebenso deutlich wie der Altbundeskanzler. Seine politischen Überzeugungen werden durch persönliche Bindungen verstärkt: sein Bruder lebt schon lange in Paris, Frau Lübke liebt und versteht die Schönheit der Stadt, wo eine bescheidene französische Familie sie oft im häuslichen Kreis empfängt. Der Altbundeskanzler kann nicht begreifen, wieso Gerhard Schröder eine solche Kehrtwendung machen konnte. »Als ich ihn zum Außenminister ausgesucht habe, war er ganz, ganz anders!« wiederholt er oft.

Ich bezweifelte, daß Lübkes und Adenauers Wünsche in Erfüllung gehen würden. Außerdem mußte ich mich fragen, ob man den Abgang Schröders nicht uns anlasten und später vorwerfen würde. Der Außenminister hatte aber auf den Kanzler einen wachsenden Einfluß. Seine herzliche Ergebenheit war vom Gefühl der eigenen Überlegenheit begleitet. Im Kabinett galt er durch seine Kaltblütigkeit, sein Äußeres und seine Anzüge als der Minister nach der feinen englischen Art. Das beeindruckte Erhard ungemein. Wir hatten es mit einem Kabinett Erhard-Schröder zu tun.

Das Wahlergebnis erhielt dadurch eine uns nicht sehr angenehme Nuance. Präsident Lyndon B. Johnson schickte an Bundeskanzler Erhard ein Glückwunschtelegramm. Aus Paris kam nichts. Wahlen waren ja eine innere Angelegenheit . . . Man würde später telegraphieren. Die Deutschen, sentimental wie sie sind, verstanden das nicht.

Die Regierungsbildung brauchte ihre Zeit. Wie unbeteiligt sich Paris auch gab, was übrigens gar nicht gespielt war, fragten sich doch manche der siegreichen Christdemokraten, ob wir nicht sauer reagieren würden, wenn sie diese Gelegenheit nicht ergreifen würden, um uns eine kleine Freundlichkeit zu erweisen. Aus Liebe zu Frankreich neigten viele Gegner Gerhard Schröders dazu, ihn wegen des antifranzösischen Etiketts, das sie ihm aufgeklebt hatten, ganz von der Regierung oder mindestens vom Außenministerium fernzuhalten. Die Frage, was man mit ihm machen solle, ließ sie nicht los. Einer von ihnen ehrte mich so weit mit seinem Vertrauen – das ich hoffentlich hiermit nicht verrate, jedenfalls schien es mir, daß er nicht auf Geheimhaltung bestand –, daß er mich zu sich bat, um mich über die wahrscheinliche Zusammensetzung des neuen Kabinetts zu unterrichten. Es waren fast nur die alten Namen – aber es stand keiner für das Außenministerium auf der Liste, die ich einsehen durfte. Mein Gesprächspartner nannte drei Kandidaten, darunter Gerhard Schröder. Ich äußerte mich nicht. Man wollte mich offenbar sowohl informieren als auch sondieren. Es war freundschaftlich und ehrlich gemeint.

Am 1. Oktober wurde ich zum Bundeskanzler gebeten. Er empfing mich in Begleitung von Ludger Westrick und Horst Osterheld. Die drei Männer waren mir sehr sympathisch. Ich fühlte mich mit ihnen unter Freunden, und wenn ich zufällig in meinem Vortrag in Goethes Sprache über ein Wort stolperte, half mir sofort der eine oder der andere der beiden Getreuen, die unsere Sprache perfekt beherrschten, aus der Verlegenheit. Erhard griff an, auf seine Art und Weise, die niemals unfreundlich war: Agenturmeldungen zufolge habe Frankreich einen Plan ausgearbeitet, nach dem die ganze Organisationsstruktur der NATO von

Grund auf geändert werden sollte und Deutschland sowohl hinsichtlich der militärischen Integration als auch bei den kollektiven Entscheidungen auf nuklearem Gebiet diskriminiert würde. Mein Dementi klang sehr maßvoll. Der Bundeskanzler hatte verstanden. Meistens waren meine Erwiderungen kraftvoller. Seinerseits antwortete er mir, daß ich versichert sein konnte, im Kanzleramt stets willkommen zu sein. Jetzt hatte *ich* verstanden: er behielt als Chef der deutschen Diplomatie den Mann, von dem man in Paris in den Gazetten schrieb, sein Wahlspruch laute: »Amerika, Amerika über alles.«

Sehr bald nach seiner Bestätigung im Amt, empfing mich Gerhard Schröder – sehr freundschaftlich. Er wünschte vor jedem anderen fremden Außenminister Maurice Couve de Murville als ersten wiederzusehen. Trotzdem gab es einen leisen Mißklang: Er befragte mich über meine Vortragsreisen mit einem Nachdruck, der mich nachdenklich stimmte. Dank den Deutschland- und Deutschkenntnissen eines meiner Mitarbeiter, Jean-Michel Bing, hatte ich viele Vorträge gehalten, seitdem ich wieder in Bonn war. Das kraftvolle Eintreten für die Zusammenarbeit der beiden Länder störte wohl jene, die der deutsch-französischen Annäherung keine besondere Priorität beimaßen. Mehr noch: drei Tage zuvor hatte sich die Landesregierung des Freistaats Bayern versammelt, um mit Ministerpräsident Alfons Goppel an der Spitze meinen Ausführungen zuzuhören. Er ließ es sich anschließend nicht nehmen, mir sagen zu lassen, daß die Sonne bald die Wolken vertreiben würde, wenn es nur von ihm und von mir abhinge. Ich hätte befürchten können, eine Taktlosigkeit begangen zu haben, wenn mein amerikanischer Kollege nicht vor mir aufgefordert worden wäre, im selben Kreis zu reden, was mich übrigens, als ich es erfuhr, ehrlich gesagt, nicht erfreute. In München nicht der Erste gewesen zu sein! Gerhard Schröder machte Couve de Murville auf meine Vorträge aufmerksam. Dieser, für den solche rhetorische Leistungen keine Rolle spielten, legte es mir nahe, zumindest eine zeitlang schweigsamer zu sein. Es war mir unmöglich, seinem Wink Folge zu leisten, denn ich hatte eine Reihe von festen Verpflichtungen. Mehr noch, der Bundeskanzler hatte mir selber gesagt, daß es ihm unlieb und peinlich wäre, wenn ich auffallend schweigen würde. Ich wäre dann der einzige, der den Mund hielte.

Das Treffen der beiden Außenminister fand am 12. und 13. November in Paris statt. Wir waren unzertrennlich! Der General verlangte mich zu sehen und unterhielt sich mit mir fast eine geschlagene Stunde lang. Als ob er das Bedürfnis verspürte, sich auszusprechen, zählte er seine verschiedenen Einstellungen zu Deutschland auf, wobei er gern zugab, daß sie stark voneinander abgewichen waren. Er war in Hochform und sprach mit seinen bekannten Mienenspielen, zu denen ich ihn durch mein angespanntes Zuhören ermunterte. Er fing mit dem Kriegsende an. Damals hatte er sich mit Rußland dahingehend einigen wollen, daß das besiegte Deutschland auch im Westen außerstande gesetzt würde, neues Unheil anzurichten. Stalin hatte sich ein großes Stück vom Reich einverleibt, aber unsere ungleich bescheideneren Ansprüche abgelehnt. In der Zeit als er, de Gaulle, nicht mehr an der Macht war, war eine total unvorhersehbare Wende eingetreten. Man hatte der Bundesrepublik beträchtliche Zugeständnisse gemacht. Sie hatte die Verfügungsgewalt über ihre Stahlindustrie wiedererlangt. Sie hatte wieder aufgerüstet. Dank der EWG hatte sie wesentliche Vergünstigungen für ihre Wirtschaft erhalten. All dies ohne Gegenleistung an Frankreich.

Angesichts einer vollkommen neuen Lage hatte er sich darum bemüht, die beiden Länder näherzubringen. In Adenauer war ihm ein Partner von großem Format zuteil geworden. Der Altbundeskanzler verdiente nur hohes Lob. Der Vertrag vom 22. Januar 1963 krönte das Werk. Aber Deutschland hatte nicht versucht, von den Vereinigten Staaten loszukommen. Es war eine gefährliche Sache, diese beiden immer enger miteinander verbunden zu sehen – die größte Macht der Welt, die nirgends zurückstecken wollte, und eine geteilte Nation, die die verlorenen Gebiete zurückforderte. Er glaubte nicht an die Wahrscheinlichkeit einer sowjetischen Aggression. Im Rahmen des Möglichen wolle er auf die Russen einwirken, um sie zu mäßigen, sie dazu zu bringen, sich auf dem Kontinent zu einem Gleichgewichtsfaktor zu entwickeln. Dann kam er wieder auf Deutschland zu sprechen, das ihm nicht aus dem Sinn kam. Was konnte man denn Besseres machen, als in Zusammenarbeit mit Deutschland einen Gemeinsamen Markt aufzubauen, der einer Freihandelszone wie ein Zwilling dem anderen gleichen und die Landwirtschaft mit einbeziehen würde? Ich riskierte den Versuch, ihm seine Verzweiflung an Deutschland auszutreiben und konnte ihn nicht überzeugen.

Der wenige Tage zuvor aus Moskau heimgekehrte Couve de Murville unterhielt sich währenddessen ausgiebig mit Gerhard Schröder. »Das Gespräch war sehr herzlich«, sagte er mir, »wir sind über nichts einig geworden.« Ich begleitete den Bundesaußenminister auf seinen Visiten bei Renault und beim ORTF, dem französischen Staatsrundfunk und -fernsehen. Er zeigte ein vordringliches Interesse, sich ein Bild über Frankreich an der Arbeit, über das wiedererstandene Frankreich zu machen. Aber die Wunde war zu tief, um sie mit solchen Sälbchen heilen zu können. Beim Quai d'Orsay erzählte man mir, daß man auf die Bonner Begegnung vom Juli 1964 zurückgehen mußte, um die Tiefe des Mißverständnisses auszuloten. Vor den beiden Delegationen hatte der Staatspräsident die Wandlung der Welt während der nächsten Jahre geschildert – ein Gemälde, dem er Leben einzuhauchen verstand. Mit meisterhaft in die Zukunft dringender Geste hatte er prophezeit, daß sich eines Tages die Vereinigten Staaten aus Europa zurückziehen würden. Frankreich und Deutschland schuldeten es sich selbst, sich eng aneinander zu schmiegen. Es war ein Appell, beinahe eine Beschwörung. Erhard antwortete nicht. Schröder brach die Stille mit der Bitte an den Dolmetscher, Christian Fouchets Vortrag zu übersetzen.

Meine Streifzüge durch Deutschland führten mich wieder nach Hannover, selbstverständlich als Vortragsredner.

Beim Bankett, vor dem Vortrag, saß ich zwischen der Herzogin von Braunschweig, der einzigen Tochter Wilhelms II., und der Prinzessin von Hannover, also zwischen einer sehr liebenswürdigen Schwiegermutter und einer ebenso liebenswürdigen Schwiegertochter, die einander nicht gerade heiß liebten, so daß ich befürchten mußte, die Worte der einen könnten an die Ohren der anderen kommen. Ich fungierte als Pufferstaat. Die Herzogin von Braunschweig, die ihre Memoiren kürzlich veröffentlicht hatte, erzählte mir von ihrer Hochzeit in Berlin Anno 1913, der letzten Versammlung der europäischen Höfe, die Georg V. und Nikolaus II. mit ihrer Anwesenheit beehrten. Sie sprach liebevoll von ihrem Vater. Er sei ein lieber Mensch gewesen!

Unser Gespräch war sehr angeregt. Das Berlin, wo sie als junges Mädchen gelebt hatte, war dasselbe, wo mein Vater am Anfang dieses Jahrhunderts als Diplomat gewirkt hatte und wo ich geboren war. Das triumphierende Deutschland kannte keine Rivalen, England und Rußland ausgenommen. Eine geschlossene Adelsgesellschaft diktierte ihre Gesetze in einer streng geordneten Hauptstadt, wo jede Protokollübertretung für den schuldigen Diplomaten verhängnisvoll gewesen wäre. Die kaiserliche Armee hatte Österreich und Frankreich besiegt, sie führte das große Wort und beunruhigte durch ihre Macht Frankreich und ganz Europa. Ihre Generäle nahmen in der Staatshierarchie und in den Salons einen beneidenswerten Platz ein. Deutschlands Name hatte einen militärischen Klang, man fürchtete und respektierte es.

Meinen Zuhörern erklärte ich, daß jetzt, fünfzig Jahre später, die Bundesrepublik keine Atomwaffen brauchte, um sich den Respekt der gesamten Welt zu verschaffen. Sie sei besser beraten, wenn sie den Weg verfolgte, der sie seit 1949 von Erfolg zu Erfolg geführt hatte.

Während andere Mächte sich in die Herstellung eines Arsenals des Schreckens stürzten, könne sie auf ihre besondere Art und Weise vorbildlich sein, ohne dafür die eigene Sicherheit zu vernachlässigen. Eines Tages würde man sie wegen ihrer Klugheit loben, die die Umstände ihr übrigens nahelegten. Der Gedanke, Autorität gründe sich ausschließlich auf die Fähigkeit zu zerstören, werde immer unannehmbarer.

Ich überzeugte nicht alle meine Zuhörer. Man sprach lange aneinander vorbei. Ich höre noch einen führenden Christdemokraten, wie er mit Schmerz in der Stimme sagte: »Kein Zweifel, Frankreich und Deutschland werden nie mehr gegeneinander Krieg führen. Aber sie werden wieder zu Rivalen. Was bedeutet denn anderes Ihre Force de frappe?« In solchen Überlegungen mischten sich Neid, Bewunderung und enttäuschte Liebe.

Urplötzlich wurde die Bundesrepublik an die Realitäten erinnert. In der Bundestagsdebatte zum Regierungsprogramm greifen die Sozialdemokraten den Bundeskanzler auf seinem ureigensten Gebiet an. Dem Vater des Wirtschaftswunders werfen Fritz Erler und Karl Schiller die Preissteigerungen, das Ungleichgewicht des Haushalts, seinen Widerstand gegen die Mitbestimmung beredt vor. Bundesbankpräsident Karl Blessing und Gewerkschaftschef Heinz Kluncker schildern mir, jeder aus seiner Sicht, ihre Besorgnisse. Erhard hatte in wenigen Wochen viel an politischem Gewicht verloren.

Aber auch de Gaulle hat etwas von seinem Charisma eingebüßt. Am 5. Dezember keine Mehrheit! Er ging zwei Wochen später in die Stichwahl: das Volk sollte entscheiden. Die wohlmeinenden Deutschen dachten mit Bangen an einen Sieg François Mitterands. Aber bequemer als der General, und folglich lieber, wäre ihnen Jean Lecanuet gewesen, Robert Schumans Nachfolger, ein Europäer. Das Kanzleramt rief mich an, um entrüstet die Gerüchte zu verwerfen, denen zufolge Deutschland die Gegner des Staatspräsidenten finanziell unterstützt hätte. Andere wiederum beeilten sich, die Vermutung aufzustellen, daß ihn sein halber Sieg biegsamer gemacht habe. Ich hatte keine Mühe, ihnen diese Illusion auszutreiben. Sobald es um Frankreich ging, lag das nicht in seiner Natur.

De Gaulle hatte zu nachdrücklich auf die Endgültigkeit der Ostgrenzen hingewiesen, zu viel von den Hindernissen gesprochen, die er im Weg einer atomaren Bewaffnung der Bundesrepublik sah: es war unvermeidlich, daß die Deutschen es ihm nachtrugen. Doch hieße es ihn mißzuverstehen, wenn man ihn verdächtigen würde, dem deutschen Volk schaden zu wollen, dem er aus Instinkt und aus Vernunft zugeneigt war. Er suchte eben für Europa eine Gesamtregelung, und diese schien ihm unerreichbar, solange Deutschland auf einige seiner Ziele nicht verzichtet hatte. Er war es, der die Entspannung mit Moskau einleitete, wobei er sie den Vereinigten Staaten vorexerzierte, die sie gern als erste praktiziert hätten. Jetzt betrieb auch Washington Entspannungspolitik und raubte dabei Bonn einige Illusionen, die man in Amerika unvorsichtigerweise immer am Leben erhalten hatte. Die Amerikaner bereiteten Erhard und Schröder eine herbe Enttäuschung. Aber beide trugen es nicht den Amerikanern, sondern de Gaulle nach.

5

Wir verlassen die NATO
1966

In der deutsch-französischen Ehe war 1965 ein schlechtes Jahr. 1966 war noch schlimmer. Es hätte leicht das Jahr der Ehescheidung sein können.

Als er Frankreich aus der integrierten militärischen Organisation des atlantischen Bündnisses zurückzog, führte der General in die deutsch-französischen Beziehungen einen Störfaktor ersten Ranges ein. Allerdings hätte ihn kein Argument von seinem Vorhaben abgelenkt. Wenn er einmal nicht mehr am Leben war, wer hätte die unnatürliche Lage, Folge des Krieges, beenden können, unser Staatsgebiet der fremden Besatzung entledigt, in der Bevölkerung das Nationalgefühl wiedergeweckt, indem er der Nation auf dem lebenswichtigen Gebiet der Verteidigung ihre volle Verantwortung wiedergab? Die Unabhängigkeit stand nicht zur Disposition, sie war kein Verhandlungsobjekt. Sie war ein Gut, dessen Zurückerorberung keine Rücksicht kannte und kein Feilschen gestattete. In dieser Sache gab es nur eines, woran er zu denken hatte: das Interesse und die Zukunft des Vaterlandes.

Am 4. Februar bereitete man im Elysée die bevorstehenden Verhandlungen zwischen dem Staatspräsidenten und dem Bundeskanzler vor. Die Tafelrunde umfaßte zwölf Personen, darunter den an der Spitze eines großen Wirtschafts-, Finanz- und Sozialressorts wiederaufgetauchten Michel Debré – Valéry Giscard d'Estaing hatte seinen Hut nehmen müssen. Der General wünscht, daß Erhard Paris, wo er den 7. und 8. verbringen wird, nicht mit leeren Händen verlasse. Um ein etwas wärmeres politisches Klima zu schaffen, scheint er bereit, sich einer politischen Union der sechs EWG-Länder nicht mehr zu widersetzen. Andererseits besteht er darauf, daß auf den verschiedenen Sachgebieten der Vertrag vom 22. Januar 1963 voll zur Anwendung komme. Michel Debré schränkt ein (es ist mir, als hörte ich ihn sprechen): »Die amerikanischen und deutschen Firmen sind so eng und vielfach miteinander verflochten, daß für eine Zusammenarbeit zwischen Franzosen und Deutschen auf diesem Gebiet kaum noch Raum bleibt.« Seiner Ansicht nach hatten Washington und Bonn durch ihre übermäßig enge Zusammenarbeit das Europa von morgen gefährdet.

De Gaulle erinnerte an die Gutwilligkeit, mit der er sich der Sache der Annäherung gewidmet hatte. In einer bilderreichen und – etwas bemüht – humorvollen Sprache stellte er fest, daß in allen wichtigen Punkten die Deutschen und wir uneins waren. Zum Thema USA, zum Thema Rußland, zum Thema Dritte Welt hatten sie eine andere Einstellung als wir. Weite Horizonte, Einsicht in die Entwicklungsprozesse unserer Zeit kennzeichneten unsere Politik. Zum Glück hatten sich die beiden Völker ausgesöhnt. Der Haß war verschwunden. Aber das Mißtrauen? Der General schloß mit einer beschwingten Rede über den Frieden. Zweifellos brauchten die Menschen mehrere Generationen, um sich vom Krieg endgültig abzuwenden. Aber dies war das Ziel, auf das es hinzusteuern galt.

Ich war beeindruckt. Der Staatspräsident kam dem Tode näher und ermaß den Wert des Lebens. Mehr noch: er hatte ein festes Konzept. Die Teilung Europas hatte lange genug gedauert. Er würde nunmehr nach Kräften auf Moskau einwirken.

Dem Bundeskanzler und den Delegationen beider Länder gegenüber führte er die gleiche Sprache. Zu Erhard sagte er unter vier Augen, daß die atomaren Wünsche der Bundesrepublik unvernünftig seien und daß für ihn, de Gaulle, Deutschland, in welcher Gestalt auch immer, nur bis zu Oder und Neisse reichen dürfe. »Und keinen Schritt weiter.« Der General zeigte eine großartige Sicherheit und Kraft. Er würde sein eigenes Bild von

Europa und der Welt nie ändern. Europa würde nie europäisch, wenn die amerikanischen Soldaten den Ozean nicht heimwärts überquerten und die Sowjetunion nicht auf ihre Satelliten verzichtete. Dieses edle Ziel verdiente, daß er sich ihm widme.

Ich begleitete Ludwig Erhard zum Musée des Arts Modernes, wohin ich am Tage zuvor Gerhard Schröder geführt hatte, und wo man die französischen Fauvisten und die deutschen Expressionisten Seite an Seite bewundern konnte. Dann fand ich ihn am Gare de l'Est wieder. Er wirkte angespannt. Vielleicht konnten jetzt die »Dämonen«, auf die de Gaulle in seiner abschließenden Ansprache angespielt hatte – er meinte alle jene, die nur daran dachten, aufs Feuer Öl zu gießen –, behaupten, daß, auch wenn es nicht so aussah, die Verhandlungen für die Bonner Regierung ein purer Reinfall gewesen seien?

Der Bundesaußenminister gab sich betont distanziert. Die ungeschminkten Ausdrücke des Generals über die Vereinigten Staaten in Zusammenhang mit Vietnam versetzten den Kanzler in Verlegenheit, denn die Amerikaner fanden ihn bereits sowieso zu wenig überzeugt und hilfsbereit, wenn es um ihre dortigen Operationen ging. Was würde der Präsident der Französischen Republik demnächst, bei seiner Pressekonferenz am 21. Februar, schon wieder zum Atlantikpakt noch sagen? Erhard mußte tief seufzen, als er daran nur dachte. Würde die von ihm so heiß ersehnte politische Union der Sechs jemals Wirklichkeit werden?

Trotz allen Schwierigkeiten, die ihn bedrängten, wurde er bald danach zum Parteivorsitzenden der CDU gegen Adenauers Kandidaten Rainer Barzel gewählt. Der Alte wollte nicht, daß sein Nachfolger im Amt des Bundeskanzlers seine Nachfolge auch als Parteichef antrete, und wie er selber die beiden Ämter in Personalunion innehabe. Adenauer gab es mir persönlich gegenüber mit seiner unbarmherzigen Offenheit zu. Er hätte es sich selbst nicht verziehen, wenn er nicht bewiesen hätte, daß er politisch weiter sah als jedermann sonst in Bonn. Er wünschte eine Verbesserung der deutsch-russischen Beziehungen und hatte es auch bewiesen, als er sich im Jahre 1955 nach Moskau begab. De Gaulle lag richtig, wenn er die Spaltung Europas zu mildern suchte, denn sie verhinderte auch die Normalisierung der Beziehungen zwischen der Bundesrepublik und dem anderen Teil Deutschlands.

Ich hätte den Empfang in verschiedenen Städten der Bundesrepublik, namentlich in Kiel, fern von Frankreich, wo die Festlichkeiten deutlich zeigten, daß die Partnerschaft mit der Stadt Brest und der Universität Rennes höchst lebensfähig war, leichteren Herzens genossen, wenn mich die bevorstehende Pressekonferenz nicht so nervös gemacht hätte. In den Tagen nach der Pressekonferenz meldete ich mich am Quai d'Orsay bei Couve de Murville, um von ihm zu erfahren, unter welchen Bedingungen der Abzug der amerikanischen Truppen vonstatten gehen sollte, den de Gaulle auf der Pressekonferenz angekündigt hatte. »Sie werden ohne Schonung vor die Tür gesetzt«, antwortete er. »In der Zwischenkriegszeit pflegte Frankreich in London um Weisungen zu bitten. Von nun an wird nicht mehr in Washington nach Weisungen gefragt. Die Franzosen unter Dreißig müssen es sich abgewöhnen, in einem von fremden Truppen besetzten Land zu leben, und Frankreich muß sich wieder an die Unabhängigkeit gewöhnen.«

In Bonn erhob sich einmütig der Schrei: »Wir wollen nicht schon wieder diskriminiert werden!« Was sollte aus den beiden auf dem Gebiet der Bundesrepublik stationierten französischen Divisionen werden? Wenn sie nicht mehr zum Atlantikpakt gehörten, wie war es dann um die rechtliche Grundlage ihrer Anwesenheit bestellt? Frankreich konnte die Anwesenheit einer fremden Armee auf seinem Gebiet nicht länger dulden. Weshalb sollte die Bundesrepublik Deutschland die Anwesenheit der französischen Armee auf ihrem Gebiet dulden? Sie mußten das Gefühl haben, in der Rangordnung der Mächte noch tiefer abgesunken zu sein. Ohne sich direkt auf das Ereignis zu beziehen und mehr als Anklage an der deutschen Diplomatie denn an die französische Initiative, donnerte Adenauer: »Die gegenwärtige Lage der Bundesrepublik ist die schlimmste seit 1945!« Man setzte ihm von allen Seiten zu: wie fand er denn jetzt seinen Freund de Gaulle?

Am Vorabend in Baden-Baden angekommen, meldete sich am 7. März der neue Oberkommandierende, der Nachfolger von General de Brébisson, bei mir zu Besuch. Sein Name lautete General Massu. Er bewunderte de Gaulle ebenso restlos, wie er ihm ergeben war. »Ich bin nicht, wie man oft von mir behauptet, ein Putschgeneral. Man richtet sich eben nach den Gegebenheiten. Mein Verhalten in Algerien gehört einer anderen Zeit an.« Ich mochte diese unbedingte Treue, sein Äußeres, das an einen Renaissance-Feldherrn erinnerte, seine Adlernase nach Art des großen Condé. Wir verstanden uns ausgezeichnet. Von Madame Massu unterstützt, widmete er sich der deutsch-französischen Annäherung mit einer Sorgfalt, die ihm Achtung und Zuneigung einbrachte. Ebenso wie de Gaulle in Colombey-les-deux-Eglises Adenauer durch die liebenswürdige Biederkeit seines Empfangs überrascht hatte, überraschte Massu die Deutschen durch seine kompromißlose Liberalität. Der Kriegsmann entpuppte sich als Friedensengel. Während der Krise, die bald ausbrechen sollte, blieb er unerschütterlich ruhig. Die Überzeugung, daß trotz allen diplomatischen Manövern unsere Truppen in Deutschland bleiben würden, trug zu seiner Festigkeit bei.

Ebenfalls am 7. März ging ein Schreiben des französischen Staatspräsidenten an Präsident Johnson heraus, in dem de Gaulle ihn von seinem Entschluß, aus der NATO auszutreten, in Kenntnis setzte. Sofort darauf unterrichtete er Bundeskanzler Erhard, Premierminister Wilson und Premierminister Aldo Moro. Seinem Schreiben an den Bundeskanzler folgte in kürzester Frist ein Memorandum, in dem wir an das bilaterale deutsch-französische Abkommen vom 25. Oktober 1960 erinnerten, das die Übungsplätze und sonstige militärische Einrichtungen betraf, die auf unserem Staatsgebiet der deutschen Armee zur Verfügung standen. Es war zugleich eine Warnung und eine Aufforderung zur Mäßigung. Erhard antwortete unbestimmt und vorsichtig. Unerschütterlich empfing de Gaulle den Botschafter der Sowjetunion,

Walerian Sorin. Im Laufe desselben Jahres besuchte er Rußland und auch Polen. Der Umgangston wurde schärfer. An ihrem Amtssitz an der Porte Dauphine arbeiteten unsere vierzehn Partner vom Atlantikrat eine Resolution aus, die von Bedauern und Mißbilligung geprägt war. Im Bundestag wetterten die Abgeordneten. Die Debatten ließen immer wieder Mißtrauen gegenüber Frankreich verspüren. Ich telegraphierte nach Paris: »Frankreich und die Bundesrepublik Deutschland befinden sich nicht mehr auf derselben Wellenlänge. Schröder hat gesiegt, ohne kämpfen zu müssen.« Doch ließ ich abschließend einen Hoffnungsschimmer durchblicken: Deutschland werde vielleicht doch befürchten, sich in Washingtons Gefolge zu weit vorwagen zu müssen. Im Elysée-Palast und am Quai d'Orsay lautete die Sprachregelung wie folgt: die »Affäre« ginge nur Frankreich und die Vereinigten Staaten etwas an, da die NATO eine rein amerikanische Unternehmung sei. Man verstehe nicht, weshalb sich die Deutschen so beunruhigten, fügte man forsch hinzu. Mir schien diese Forschheit mehr gespielt als echt.

Franz-Josef Strauß, Rainer Barzel, Bruno Heck waren sich der Notwendigkeit zu handeln, gegen die widrige Entwicklung anzukämpfen, bewußt. Sie appellierten an die deutsch-französische Solidarität. So weit war es gekommen! Konrad Adenauer kam uns kühn entgegen. In Zusammenhang mit de Gaulles Rußland-Reise rief er auf dem Parteitag der CDU seinen Zuhörern zu: »Sie können den Mann lieben oder hassen, doch Sie wären schlecht beraten, ihn zu hassen, und töricht, ihn nicht ernst zu nehmen. Glauben Sie mir: Deutschland und Frankreich haben ein und dasselbe Schicksal. Ich vergesse nicht, was Dulles zu mir sagte: In Europa betreiben wir keine französische und keine deutsche, sondern amerikanische Politik!«

Erhard war dabei und machte kein Hehl aus seiner Verärgerung über diese Standpredigt. Bestürzung herrschte im Kanzleramt und im Bundesaußenministerium. Frankreichs Botschafter behandelte man mit melancholischem Mitleid. Bei einem Abendessen bei General Speidel stellte mir General de Maizière, Generalinspekteur der Bundeswehr. die Frage, die alle Geister beherrschte und die mir viele stellten: »Angenommen, Ihre Truppen bleiben, wie wir alle wünschen, in Deutschland: können wir denn sicher sein, daß sie im Falle eines sowjetischen Angriffs an der Seite unserer Verbündeten kämpfen würden?«

Gewisse Leute gaben sich ängstlicher, als sie in Wirklichkeit waren. In Paris gab mir der Außenminister den Entwurf zu den diplomatischen Noten zu lesen, die den Regierungen in Washington und Bonn zugestellt werden sollten, und die als Termine für den Abzug der amerikanischen Truppen den 1. Juli 1966 und den 1. April 1967 festsetzten. Die Kenntnis dieses Zeitplans half nicht gerade, den allgemeinen Zorn zu beschwichtigen.

Am 23. April trafen sich in Bonn die beiden Außenminister in einer winterlichen Atmosphäre. Maurice Couve de Murville war mit wenigen Getreuen spät am Vorabend in Ernich eingetroffen, entzückt, das Haus wiederzusehen, wo er als Botschafter vor mir gewohnt und das er für unseren Staat erworben hatte. Er war sehr zufrieden, daß er mit seinem deutschen Kollegen über eine sehr schwierige Angelegenheit zu verhandeln hatte. Sie unterhielten sich darüber unter vier Augen, in einem Gespräch, das, wie mir schien, nicht mehr enden wollte. Couve de Murville erzählte es mir dann mit der ihm eigenen Meisterschaft der Kurzfassung: Gerhard Schröder hatte ihm die Bedingungen dargelegt, unter denen die Bundesrepublik Deutschland die Fortdauer der Anwesenheit französischen Militärs auf ihrem Boden akzeptieren würde, worauf er geantwortet hätte: »Sie haben mich nicht verstanden. Wir verlangen gar nicht, zu bleiben. Sie sind es, die sich entscheiden müssen, ob Sie uns hier haben wollen oder nicht.« Jeder wollte dem anderen den Schwarzen Peter zuspielen: er sollte bitten. Der General war entschlossen, nicht nachzugeben. Bei ihm mußte man auf alles gefaßt sein. Er deutete bereits an, daß der Rückzug unserer Truppen auf französisches Territorium auch seine positiven Seiten habe. Gerhard Schröder blieb weiterhin selbstbewußt und kokettierte mit dem früheren Hohen Kommissar John J. McCloy, der eigens aus den Vereinigten Staaten entsandt worden war, und mit dem englischen Botschafter Sir Frank Roberts. Die deutschen Veranstaltungen, denen ich in Saarbrükken, Hamburg und Berlin beiwohnte, ließen keinen Zweifel darüber zu, daß die Herzen nicht mehr so hoch schlugen. Madame Dominique Auclères sagte sehr richtig zu unserem Staatssekretär für Außenhandel Charles de Chambrun, der sich über die herzliche Stimmung in der großen Hansestadt freute: »Unter anderen Umständen wäre hier die französische Woche ein Triumph gewesen.« Nein, wir feierten fürwahr keine Triumphe mehr.

Der Beweggrund de Gaulles sei es gewesen, den Vereinigten Staaten den Rücken zu kehren, ihnen zu trotzen! Seine Undankbarkeit sei grenzenlos! Diese Version wurde sowohl in Frankreich als auch in der Bundesrepublik so begierig aufgenommen, daß meine üblichen Gesprächspartner am Quai d'Orsay über die Einstellung der Botschaft hierzu in Besorgnis gerieten. Sie konnten beruhigt sein. Wir hatten nur eines im Sinn: die Deutschen aufzuklären, die aus Sorge, aus Enttäuschung, aus Berechnung und aus Mißtrauen dazu neigten, das Bild schwarz in schwarz zu malen. Denn sollten sie falsch reagieren und unter Schockwirkung sich selbst angesprochen fühlen, mit der Folge, daß sie ihre Interessen mit denen der Amerikaner verquickten und wir unsere Soldaten zurückzögen, würden sie es später nur bereuen.

In Berlin empfing ich den Besuch des Sowjetbotschafters in der DDR, Pjotr Abrassimow, ein Anzeichen mehr für die Befriedigung, mit der man in Moskau de Gaulles neue Außenpolitik verfolgte. Sehr gewinnend, wenn es ihm paßte, mit listigem, rotem Pausbackengesicht unter dem weißen Lockenkranz, entfaltete mein Kollege, der mir gegenüber stets unermüdlich freundlich war, seinen ganzen Charme. Aber er blieb unabänderlich feindselig, wenn es um die Deutschen ging: er leierte die alten Verleumdungen ab. Darin konnten wir nicht einig sein. Frankreich und Deutschland hatten sich selbst und die böse Vergangenheit überwunden, der Rußland hartnäckig verhaftet blieb.

Die »Affäre« stagnierte immer noch, aber unsere Minister kamen dennoch weiterhin nach Bonn wie zuvor, darunter der Verteidigungsminister Pierre Messmer, von General Ailleret begleitet. Auch die Noten wurden weiter wie zuvor zugestellt, aber nichts rührte sich. Am 3. Mai wurde ich von Staatssekretär Karl Carstens ins Außenministerium bestellt, der mir die Antwort seiner Regierung auf eine Mitteilung von unserer Seite, datiert vom 29. März, überreichte. Sie sah aus wie ein Protokoll bei einem Notar. Der Wunsch der Deutschen, unsere Truppen bei sich zu behalten, war daraus nicht ersichtlich. Ich gab meiner Enttäuschung freien Lauf: hatte man sich das in Bonn gut überlegt? fragte ich. Einige Tage später stellte ich fest, daß auch im Elysée die Verhärtung zunahm.

Am 25. Mai sprach vor dem Bundestag der Kanzler, dem Franz-Josef Strauß und einige uns gewogene Kabinettsmitglieder zusetzten, einen meines Erachtens unmißverständlichen Satz aus: es war das von mir ersehnte »Ja«. Ich frohlockte zu früh: in Paris sah man darin ein »Ja, aber.«

Die beiden Politischen Direktoren in den Außenministerien Jacques de Beaumarchais und Hermann Meyer-Lindenberg, fingen allerdings an »davon« zu reden, aber ihre Weisungen waren noch so vorsichtig, daß wir uns fragten: ist es immer noch nur Fassade? Der Bundespräsident und der Bundeskanzler überschütteten mich mit Anzeichen ihrer Gutwilligkeit und machten kein Hehl aus ihrem lebhaften Wunsch, die französischen Truppen im Lande zu behalten. Auf einem Empfang der Universität Bonn, bei dem die Darbietungen unserer Kavallerieschule von Saumur Aufsehen erregten, machte mir Bundespräsident Lübke vertrauliche Mitteilungen, die erstaunlich weit gingen. Erhard ließ mich ebenfalls nicht los und empfing mich im Kanzlerbungalow mit der biederen Freundlichkeit, die seiner rundlichen Figur entsprach. Der General de Gaulle war im Begriff, nach Moskau abzureisen. Wäre es nicht klug gewesen, ihn vorher zu besänftigen? Es fehlte also nicht an beschwichtigenden Worten. Doch der Außenminister verhielt sich ausweichend und manövrierte auf eigene Faust.

De Gaulles Rußland-Reise wurde mit einem Gemisch aus Bewunderung, Neid und Furcht verfolgt. Die Furcht war unbegreiflich. Es hieße de Gaulle schlecht zu kennen, wenn man ihn verdächtigte, gegenüber den Russen irgendwelche Schwächen zu zeigen, die den Deutschen geschadet hätten. Allerdings sprach er über die Grenzfrage und die Frage der atomaren Bewaffnung so, wie sie es selbst nicht gewünscht hätten. Aber er hatte ihnen seine Einstellung zu diesen zwei Fragen nie verhehlt. Unsere Freunde von jenseits des Rheins zeigten durch ihre wiederholten Anfragen bei der Botschaft offen, wie eilig sie es hatten, de Gaulles Dialog mit den Russen beendet zu sehen. Der Staatspräsident zeigte sich übrigens in Hochform. Er durchdrang den Schleier der Zukunft. »Es ist ein großartiges Schauspiel gewesen«, schrieb man aus Moskau. »Der General ist zwar physisch angegriffen, aber dennoch glänzender als je zuvor. Die beiden frappierendsten Beobachtungen sind zum einen die Volksbegeisterung und zum anderen die Art und Weise, wie der General im Verlauf der Gespräche das sowjetische Dreigespann Leonid Breschnew, Nikolai Podgorny und Alexej Kossygin in seinen Bann geschlagen hat. Diese Männer, denen man einen gewissen robust-gesunden Menschenverstand nicht absprechen kann, haben eine erstaunliche Lektion in Gewandtheit erhalten. Es hat einen psychologischen Schock gegeben ...«

Charles de Gaulle verließ die höheren Regionen nicht mehr. Die Ärgernisse verließen nicht mehr Ludwig Erhard. Am 10. Juli, bei den Landtagswahlen in Nordrhein-Westfalen, gewannen die Sozialdemokraten. Er war der Verlierer. Er hatte nur einen Gedanken: de Gaulle sobald wie möglich und für so lange wie möglich zu empfangen. De Gaulle hatte keine Eile. Schließlich wurde ein Termin vereinbart, doch durfte die Begegnung nicht mehr als einen Tag in Anspruch nehmen.

Der General ließ sich zwar bitten, wollte aber dem Bundeskanzler, der Frankreich nicht nur aus Schwäche liebte, auf keinen Fall Kummer bereiten. Seit er Regierungschef war, hatte Ludwig Erhard viel hinzugelernt. Und in Wirklichkeit wußten beide Männer, daß ihre Länder ein gemeinsames Schicksal hatten. Zwischen Frankreich und Deutschland bestand in dieser durch das Entstehen zahlloser neuer Staaten veränderten und von zwei

Supermächten beherrschten Welt – die eine rigoros eingekapselt, die andere durch die Fortdauer des Krieges in Südostasien verbittert und gereizt – eine Solidarität, die in der Stunde der Gefahr beide Länder zueinander führen würde. Dies war ihnen von ihrer schmerzlichen gemeinsamen Geschichte vorgeschrieben, die sie so erfolgreich zusammen überwunden hatten.

Nichts brachte mir den erreichten Fortschritt deutlicher vor Augen als die Wiederbegegnung mit Franz von Papen, nach dreißig Jahren in Mettlach im Saarland, bei Luitwin von Boch-Galhau, einem befreundeten Industriellen, der seinen sechzigsten Geburtstag mit einem Musikabend feierte. Der frühere Reichskanzler aus der Zeit kurz vor dem Ende der Weimarer Republik, der frühere Höfling Hitlers, der ihm verschiedene Aufträge erteilt hatte, gehörte für mich längst dem Schattenreich an. Am 14. Juli dagegen drängten sich zweitausend Gäste der französischen Botschaft in Ernich, unter denen die Bundesregierung glanzvoll vertreten war, dazu Konrad Adenauer, dessen Auftritt dem eines umschwärmten großen alten Schauspielers glich.

Im Elysée-Palast fand am 19. Juli die Besprechung statt, bei der de Gaulles Besuch in Bonn vorbereitet werden sollte. Außer dem Premierminister, den zuständigen Kabinettsmitgliedern und den hohen Beamten des Quai d'Orsay waren auch die Generale Ailleret und de Brébisson beteiligt. De Gaulle eröffnete die Sitzung, indem er sich über die Deutschen recht strenge ausließ. Er denke vor allem nicht daran, eine Deutung des Abkommens vom 23. Oktober 1954, mit anderen Worten, der Rechtsgrundlage für die Anwesenheit unserer Truppen auf bundesdeutschem Boden, hinzunehmen, die deren Verbleiben ins Ermessen der Bundesregierung stelle. Daraufhin erinnerte ihn Couve de Murville an den Buchstaben des Abkommens und legte ihm den Text vor. Enttäuscht machte der General eine besonders gravitätische Miene. Nächstes Thema: der Gemeinsame Markt. Wir würden uns mit unseren deutschen Partnern über die eventuelle Aufnahme Englands unterhalten müssen. Der Staatspräsident flüstert Georges Pompidou zu: »Das wird ein Thema für Sie sein. Aber lassen Sie sich nicht aus dem Konzept bringen!« Der Premierminister raunt mir ins Ohr: »Wieso sagt er mir das?« Das Programm sieht einen Besuch Charles de Gaulles bei Konrad Adenauer vor. Der Außenminister murmelt, er halte ihn nicht für unbedingt notwendig. »Es könnte den General aufregen.« Unsere Stars gelten offenbar als höchst empfindsam.

Am 21. Juli ist in Bonn alles Jubel, Trubel, Heiterkeit. Dazu strahlendes Wetter. Erhard ist die Versöhnlichkeit in Person, de Gaulle lächelt übers ganze Gesicht. Nichtsdestoweniger geniert er sich nicht, bei der abschließenden Plenarsitzung der beiden Delegationen zu sagen, da er eben aus Moskau zurück sei, daß die Russen vor Deutschland, vor dessen hochgesteckten Zielen, vor seiner möglichen atomaren Bewaffnung Angst haben. »Selbstverständlich pokern sie und sind ihre Befürchtungen zum Teil übertrieben.« Immerhin hat er gesagt, was er sagen wollte und was Erhard und Schröder hören mußten. Die Angelegenheit der Truppenstationierung spielt er beinahe bis zur Ironie herunter, fegt die Verärgerung, die sie hervorgerufen hat, vom Tisch und weist darauf hin, daß Frankreich die Souveränität der Bundesrepublik Deutschland respektiert und sein Stationierungsrecht ohne deren Einverständnis gar nicht ausüben könne.

Was das atlantische Bündnis angeht, so müsse es ein Bündnis wie jedes andere sein, nicht weniger, aber nicht mehr. Im Konfliktfall stehe Frankreich seinen Verbündeten zur Seite. »Frankreich sagt es; Frankreichs Wort genügt.« Franzosen und Deutsche erklärten sich für hochzufrieden, letztere etwas überschwenglicher als die Gäste. Man durfte hoffen, daß die Gespräche der politischen Abteilungsleiter der beiden Außenministerien zu einem baldigen Ergebnis führen würden. Nichts dergleichen geschah. Die deutsche Malaise verschlimmerte sich. Der Bundeskanzler war immer weniger Herr im eigenen Haus.

Die Bundesrepublik hatte wirtschaftliche Schwierigkeiten, die man jedem anderen eher als Ludwig Erhard verziehen hätte. Fünfzehn Jahre war der Aufstieg ununterbrochen gewesen; jetzt wirkte die kleinste Konjunkturflaute erschreckend. Die Wirtschaft war der Trumpf, der Motor, die Hoffnung. In der Generalität herrschte Unzufriedenheit. Der ranghöchste Soldat der Bundeswehr, General Heinz Trettner, nahm geräuschvoll seinen Abschied aus Unmut über seinen Minister, Kai-Uwe von Hassel, auf dessen Haupt es von Kritik nur so hagelte. Unter diesen Umständen richtete sich der ganze Zorn gegen de Gaulle, der, wenn man seinen Gegnern Glauben schenken sollte, die atlantische Allianz durcheinandergebracht hatte und dessen Haß gegen Amerika überall Verwirrung stiftete. Vielen widerstrebte sein sicheres Urteil, seine Mißachtung des Etablierten, seine Ausstrahlung; er flößte Angst ein. Seine Rede vom 1. September in Pnom-Penh setzte viele in Verlegenheit; unsere Diplomatie in Mittel- und Osteuropa fiel ebensovielen auf die Nerven. Frankreichs Außenpolitik hatte etwas unerbittlich Logisches, im krassen Unterschied zur politischen und moralischen Unsicherheit, an der die Bundesrepublik Deutschland in diesem Herbstanfang 1966 kränkelte. Ein befreundeter Bundesminister äußerte sich kummervoll über diesen Kontrast. »Warum sind Sie denn de Gaulle nicht gefolgt?« erwiderte ich.

Der Atomversuch von Mururoa steigerte die Erregung. Ende September reiste der Kanzler nach Washington. Es war ein letzter Versuch, sich zu profilieren. Er hoffte immer noch, daß die Bundesrepublik zu irgendeiner nuklearen Kombination Zutritt haben könnte. Nach vielen Anläufen, die nie zu einem Ergebnis geführt hatten, wäre das für ihn ein Erfolg gewesen, zumindest in den Augen derer, die die Frage der atomaren Partnerschaft für Deutschland als lebenswichtig ansahen. Präsident Johnson stellte sich taub, wie es scheint. Er dachte nicht daran, die Sowjets zu verstimmen, die man in seiner Umgebung zunehmend kulanter behandelte. Und doch lag die Zeit nicht weit zurück, in der John F. Kennedy einem Vertrauten Konrad Adenauers eine amerikanisch-deutsche nukleare Kooperation anbot. Damals war der deutsch-französische Vertrag gerade unterzeichnet worden. Der Abgesandte hatte dem Kanzler nachdrücklich empfohlen zuzugreifen: man müsse den Vereinigten Staaten, die wegen des Vertrages höchst aufgebracht waren, eine Kompensation bieten, die Versicherung geben, Washington sei für Bonn wichtiger als Paris. Im Herbst 1966 hatten die Amerikaner ganz andere Sorgen im

Kopf. Die Bundesrepublik sollte von ihnen Waffen kaufen; das war der größte Dienst, den sie ihnen erweisen konnte. Diese streng finanziellen Gesichtspunkte wirkten wie eine kalte Dusche. Die Deutschen, allen voran Erhard, fühlten sich plötzlich alleingelassen. »Jedermann herrscht uns an«, sagte zu mir einmal ein Bundesminister, »und jedermann will Geld von uns: die Araber, die Israelis, die Amerikaner, die Engländer – alle!«

Das Schiff krachte aus allen Fugen. Wenige Tage vor der Amerikareise war Staatssekretär Ludger Westrick, der Getreue, aus der Regierung ausgeschieden. Zur Zielscheibe nicht nur der Sozialdemokraten, sondern auch eines Flügels der eigenen Fraktion geworden, war er zur Ansicht gekommen, er schade dem Kanzler mehr, als er ihm diene. Ich meldete mich sofort bei ihm. Er hatte mir stets mit wachem Auge und warmem Herzen geholfen. Jetzt bangten wir beide, er aus mehr persönlichen Gründen, um die Zukunft des Kanzlers, der schwer angeschlagen schien. Das Glück und die allgemeine Sympathie hatten ihn im Stich gelassen. Er empfing mich am 6. Oktober, am Tage nach einer Bundestagsdebatte, in der die Sozialdemokraten den von ihnen bis dahin geschonten Gerhard Schröder attackiert hatten. Das erste, was er zu mir sagte, war, ich könne mich nicht mehr beklagen, man spreche zu wenig von Frankreich: Frankreich sei im Gegenteil ein Hauptthema aller Reden gewesen. Ich war leider gezwungen, ihn zu enttäuschen. Ich fand allerdings, daß die Parlamentarier in der Tat über Frankreich viel geredet hatten – aber wie? Die Worte des Bundeskanzlers machten mir wenig Hoffnung, daß die Bonner Regierung bereit sei, die Diskussion über den Verbleib unserer Truppen zu beenden. Das Abkommen vom 22. Januar 1963 schien außer Kraft zu sein.

Der Verfall setzte sich mit dem Austritt der vier Liberalen aus dem Kabinett, mit Erich Mende an der Spitze, am 27. Oktober 1966 fort. Kurz vor den hessischen und bayerischen Landtagswahlen waren sie nicht gewillt, einer Steuererhöhung zuzustimmen und weitaus weniger interessiert als die Christdemokraten, die Bundesrepublik an einer multilateralen Atommacht zu beteiligen. Man glaubte nicht an die Fähigkeit Erhards, die scheidenden Minister zu ersetzen. Die Krise war da.

Die Deutschen wußten nicht mehr, woran sie waren. Ihre Hauptsorge war der amerikanisch-russische Dialog über die Nichtverbreitung von Kernwaffen: nachdem die Amerikaner der Bundesrepublik die Tür zur atomaren Bewaffnung stets halb geöffnet hatten, würden sie sie damit zuschlagen. Ein ganzer Flügel des Luftschlosses fiel in sich zusammen, und es war nicht der einzige. Deutschland akzeptierte die Grenzen nicht als endgültig. Indem es mit Moskau eine neue Ära einleitete, vereitelte Washington die Hoffnung auf Wiedererlangung der verlorenen Ostgebiete, die in weite Ferne rückte. Der Tag schien nahe zu sein, an dem ein Abkommen ihren Verlust festschreiben würde. Viele Deutsche gestanden uns – vorsichtig – ihre Besorgnis.

Von Frankreich wurde dagegen ganz ungeniert geredet. Es habe lauter Unheil angestiftet. De Gaulle sei mit dem schlechten Beispiel vorangegangen, Lyndon B. Johnson folge ihm nur nach. Wir hätten eine Entwicklung in Gang gesetzt, die nicht mehr aufzuhalten sei. Der Besitz der Atomwaffe sei eine Sünde, wenn Frankreich der Besitzer sei. Der wachsende Abstand zwischen den beiden Ländern werde die Aussöhnung zunichte machen. Den Erhard, der nur das Beste wollte, habe sich der General vom Leibe gehalten. De Gaulles Methoden seien der deutschen Öffentlichkeit auf die Nerven gefallen.

Die Klagen ließen bei den meisten das schmerzliche Gefühl durchblicken, unverstanden und ungeliebt zu sein. Ein Intimus des Franz-Josef Strauß sagte einmal zu einem meiner Mitarbeiter: »Wir erwarten von euch, daß ihr uns sanft anfaßt. Es ist nicht gleich, wie man uns anfaßt. Wir sind nämlich ein Volk von Rekonvaleszenten.« Einige übten Selbstkritik und gaben zu, daß die Bonner Regierung mitschuldig war, weil sie uns in der Auseinandersetzung über die Truppenstationierung hingehalten hatte. Der eine oder andere, der den Wind in seinen Segeln fühlte, erregte sich über die Uninteressiertheit des Generals: wenn er im richtigen Augenblick im Elysée-Palast empfangen würde, stiegen seine Chancen als Kanzlerkandidat. Dem General schien der Augenblick gar nicht so geeignet. »Es liegt nicht an uns«, erklärte er in seiner Pressekonferenz vom 28. Oktober, »wenn die Bindungen Bonns zu Washington, die es unter Übergehung Frankreichs bevorzugt und immer enger knüpft, dem deutsch-französischen Abkommen jede Inspiration und Substanz geraubt haben.« Dagegen ließ sich schwerlich etwas sagen.

6

Kurt Georg Kiesinger, Willy Brandt und de Gaulle

Herbst 1966 – Frühjahr 1968

Ludwig Erhard war nur noch ein Schatten. Er bekam es zu fühlen. Die CDU-CSU-Bundestags-Fraktion, die ihn als politisch nicht mehr tragbar ansah, versammelte sich am 10. November, um ihren Kanzlerkandidaten zu nominieren. Kurt Georg Kiesinger erhielt die Stimmenmehrheit gegen Gerhard Schröder und wurde am 1. Dezember zum Bundeskanzler gewählt. Ohne seinen Rücktritt erklärt oder im Bundestag eine Niederlage erlitten zu haben, verschwand Erhard wie durch eine Falltür. Ein Opfer seiner Trägheit und Unschlüssigkeit, hatte er die Kontrolle über seine Partei verloren, die jetzt meinte, drei Jahre zuvor die falsche Wahl getroffen zu haben. Die Ebbe war ebenso reißend wie die Flut, die ihn an die Macht getragen hatte. Schwelende persönliche Ambitionen und das politische Urteil Konrad Adenauers taten ein übriges.

Dieser hatte dauernd auf der Lauer gelegen. Er lehnte es beharrlich ab, seinen Nachfolger als Fortsetzer seines Werkes zu betrachten. Nicht fern unter dem Turm der Dorfkirche zurückgezogen und in souveränes Schweigen gehüllt wie de Gaulle, sondern an Ort und Stelle, ein schwungvoller Redner, machte er durch seine Herausforderungen, seine Mahnungen, seine Legende Erhard unsicher: Dieser stand vor einem Monument, das plötzlich lebendig wurde und mit erhobenem Zeigefinger streng mit ihm ins Gericht ging. Späterhin erlangte Erhard seine gerechtfertigte Beliebtheit wieder zurück.

Kurt Georg Kiesingers Sieg hatte einen französischen Unterton, denn er machte kein Hehl aus seinen Gefühlen. Wir hatten ihn am Werk gesehen, als man ihn im Rahmen des Abkommens vom 22. Januar 1963 berufen hatte, die deutsche Kultur gegenüber unserem Kultusminister, der in Bonn keinen Widerpart hatte, zu vertreten. Im Herbst 1966 holte man ihn herbei aus Baden-Württemberg, dessen Ministerpräsident er war und das unter seiner Landesvaterschaft vortrefflich gedieh. Ein eleganter, stattlicher Mann, betont und mühelos liebenswürdig, mit einer Spur von Koketterie, genoß er den Ruf eines erfolgreichen Schiedsrichters und Friedensstifters. Seine Begabung und sein Ansehen verliehen ihm Bundesformat, als er sich noch auf Landesebene bewegte. In Stuttgart, wo ich ihn oft erlebt habe, gab er mir unumwunden zu, daß ihm das Amt eines Bundespräsidenten durchaus konveniert hätte. Er hätte sich großartig gemacht. Jetzt vertraute man ihm anstatt der Repräsentation die Verantwortung an. Er stand Konrad Adenauer näher, als Erhard gestanden hatte, doch blieb er auf Distanz gegenüber dem Altbundeskanzler, der sich sieben Jahre zuvor keine Mühe gegeben hatte, ihn an der Spitze des Außenpolitischen Ausschusses des Bundestages zu behalten. Er nahm sich vor, er selber zu sein und nicht dem – seiner Ansicht nach unvollkommenen – Vorbild Adenauers nachzueifern.

In diplomatischen Kreisen waren die fanatischen »Atlantisten« unter meinen Kollegen starr vor Bestürzung und Schreck. Kiesinger Sieger! Schröder Besiegter! Nach allem, was er der NATO angetan hatte, verdiente doch der böse de Gaulle – böse, weil er der »Feind« der Vereinigten Staaten war – nicht auch diese doppelte Freude! In Paris, Bonn und anderswo konnten es die amerikanisch-europäischen Salons kaum fassen.

Kurt Georg Kiesinger unternahm ein Experiment, für das es keinen Präzedenzfall gab. Zum erstenmal seit Bestehen der Bundesrepublik Deutschland wurden die Sozialdemokraten an der Regierungsbildung beteiligt. Der Großen Koalition konnte zweierlei beschieden sein: entweder durch ihre inneren Gegensätze aktionsunfähig zu werden, oder aber entschlossen und imstande zu sein, an die Lösung der in der Schwebe gebliebenen großen Probleme, darunter der Wiedervereinigung, heranzugehen. Keiner von beiden Koalitionspartnern konnte dem anderen die jetzt notwendigen Opfer später zum Vorwurf machen. Entscheidend würden die Beziehungen zwischen dem Bundeskanzler und seinem Vizekanzler, Außenminister Willy Brandt, sein. Ihr gutes Einvernehmen war reine Glückssache. Sie unterstützten sich gegenseitig von Anfang an und schmunzelten über die allgemeine Überraschung. Finanzminister Franz-Josef Strauß erhöhte die Leistungsstärke der Mannschaft durch politisches Gewicht und persönliche Dynamik.

Die Bundesregierung hatte es umso eiliger, ihre Sympathien für Frankreich zu bekunden, als Alexej Kossygin gerade zu jener Zeit in Paris auf Staatsbesuch war. Wenn Kurt Georg Kiesinger die Stunde der deutsch-französischen Wiederbegegnung, in deren Zeichen er angetreten war, verstreichen ließ, verlor er viel von seinem Interesse als Bundeskanzler. Auch wir hatten es uns vorgenommen, das Engerknüpfen der Bindungen zwischen Paris und Moskau mit dem Wiederaufleben der deutsch-französischen Freundschaft zu verquicken – anders gesagt: Feuer und Wasser zusammenzubringen, wie mir Hervé Alphand einmal gestand, wobei er hinzufügte, anders sei die Befriedung Europas eben nicht zu erreichen.

Was würde aus Gerhard Schröder werden? In den Bonner Salons und Büros stellte man sich die Frage bis zum Übelwerden. Er erhielt das Verteidigungsministerium. Doch seine neue Aufgabe werde ihn nicht davon abhalten, vertraute er mir an, die Außenpolitik aufmerksam zu verfolgen. Er ließ nicht locker: seine Politik sei die einzig vernünftige.

Am 13. Dezember hielt ein sehr entspannt wirkender Bundeskanzler die Regierungserklärung vor dem Bundestag. Ich genoß ganz besonders die Frankreich gewidmete Stelle. Die Kehrtwendung sprang in die Augen. Die Verhandlungen über das Verbleiben unserer Truppen wurden durch einen zufriedenstellenden Briefwechsel abgeschlossen. Das Hindernis war weg. Willy Brandt führte in Paris Gespräche mit Georges Pompidou und Maurice Couve de Murville. Kurt Georg Kiesinger bereitete sich auf die Reise vor. Alain Peyrefitte als Gast an den Ufern des Rheins und sein Gesprächspartner Gerhard Stoltenberg beglückwünschten sich zum gemeinschaftlichen Bau eines Hochleistungsreaktors bei Grenoble und eines deutsch-französischen kommerziellen Telekommunikations-Satelliten.

Am 21. Dezember empfing mich der Bundeskanzler. Er bereitete sich gewissenhaft auf die Gespräche mit de Gaulle vor, die am 13. und 14. Januar stattfinden sollten, und die er der Friedenssicherung und dem Ost-West-Verhältnis widmen wollte. Man durfte hoffen, daß dieses Treffen durch seine Herzlichkeit und die beiderseitige Geistesverwandtschaft an die Begegnung von Colombey-les-deux-Eglises acht Jahre zuvor erinnern würde.

Der Kanzler war noch nicht abgereist, als ich zum Hauptthema, zur Entspannung, bei seinen Vertrauten, Staatssekretär Werner Knieper und Horst Osterheld, ein Zögern wahrnahm, das ich aus der Regierungserklärung nicht herausgehört hatte. Entspannung – warum nicht? Doch fragte sich, ob sie zur Wiedervereinigung führen würde. Willy Brandt wollte bereits mit kühnen Ideen vorpreschen. Seine engeren Mitarbeiter vom Auswärtigen Amt, die noch unter Gerhard Schröder gedient hatten und die als Diplomaten von berufswegen zur Vorsicht neigten, hielten ihn von *seiner* natürlichen Neigung zurück. Die Zurückhaltung des Kreml gegenüber der neuen Regierung lieferte ihnen ein willkommenes Argument. »Ich bin gezwungen, die Ostpolitik meines Ministers allein und beinahe hinter dem Rücken des Ministeriums zu betreiben«, sagte mir ein intimer Mitarbeiter Willy Brandts. Die deutsch-französische Annäherung war wieder Mode, so daß man über de Gaulle besser zu sprechen war. Indessen, während er Moskau gegenüber als Friedensstifter fungierte, sah man ihn in Bonn immer noch als den Mann des Widerstandes gegen den Osten an.

Der General war auf der Hut. Er eröffnete die Besprechung zur Vorbereitung des Treffens mit dem neuen Bundeskanzler mit der Bemerkung, er werde zu seinen Gesprächspartnern sehr nett, aber unverbindlich sein. Er habe genug getan, jetzt seien die Partner dran, ihre Karten offenzulegen. Ich hätte mir von ihm mehr gewünscht, vielleicht zu Unrecht. Drei Tage später erklärte unser Staatspräsident vor beiden Delegationen, er habe in keinem wesentlichen Punkt einen Meinungsunterschied festgestellt. »Wir haben mehr denn je die Einsicht gewonnen, daß unsere Solidarität, das heißt unsere Zusammenarbeit, unverzichtbar ist.« Der neue Kanzler konnte zufrieden sein. Er zeigte sich – und das wurde natürlich als ein Pluspunkt vermerkt – europäischer als seine Vorgänger. »Wie könne man daran noch zweifeln, daß Washington in Europa eine amerikanische Politik betreibe?« Dazu ist freilich anzumerken, daß der Entwurf eines atomaren Nichtverbreitungspaktes, an dem damals die Vereinigten Staaten und Rußland als verschmitzte Komplizen arbeiteten, den Deutschen schwer auf die Nerven fiel. Kurt Georg Kiesinger erwies de Gaulle seine Reverenz: dieser behandle souverän die Probleme der Politik. Er selber sei dagegen nur ein Anfänger! Der General machte eine witzige und vielversprechende Zwischenbemerkung: »Wenn Sie so gut anfangen –, wo werden Sie in vierzehn Jahren sein!« – eine Anspielung auf die Dauer der Ära Adenauer. Seiner Umgebung sagte allerdings der General, er habe den Eindruck, daß sich Kanzler und Außenminister zwar gut verständen, doch die Entspannung oder vielmehr deren Tempo nicht im selben Lichte sähen: Kiesinger wünsche sie sich langsamer, Brandt schneller. Hierin läge wahrscheinlich eine Quelle zukünftiger Konflikte. Dieser schlummernde Gegensatz rate zur Vorsicht. Trotzdem verkündete man auf beiden Seiten, die schönen Tage seien wiedergekommen.

Um die schönen Tage wieder herbeizuführen, wäre einiges mehr nötig gewesen, so zum Beispiel hätte Rußland von seiner Härte gegenüber der Bundesrepublik ablassen müssen. Das war aber nicht der Fall. In diplomatischen Noten erhob es immer wieder Protest gegen Bonns Nationalismus, Militarismus und Alleinvertretungsanspruch. Auch wir hätten für Westdeutschlands Ratlosigkeit angesichts des Drucks aus Washington und Moskau mehr Verständnis zeigen müssen. Beide wollten es zwingen, den Atomsperrvertrag zu unterzeichnen. Trat es dem Pakt bei, waren ihm bald die andern wirtschaftlich und technologisch voraus. Verweigerte es seine Unterschrift, machte man es zum Sündenbock für alles. Wir gaben uns unbeteiligt. Jede Äußerung zugunsten der einen oder anderen Lösung hätte uns später in ernste Schwierigkeiten gebracht. Was noch weiter nötig gewesen wäre, um die alten Tage wieder aufleben zu lassen, war, daß sich de Gaulle nicht mehr gegen den englischen Beitritt sperrte. Davon war aber keine Rede. Auch Harold Wilsons und George Browns Besuch in Paris vermochte nicht, ihn umzustimmen.

De Gaulles Weitblick trug kaum dazu bei, ihn bei unseren Nachbarn als Fürsprecher Europas beliebter zu machen. Sie warfen ihm vor, er bringe die Gans mit den goldenen Eiern um, und zwar erstens, weil er die Erweiterung der Gemeinschaft ablehnte, und zweitens, weil er deren Integration ebenfalls ablehnte. Daß die beiden Forderungen einander ausschlossen, störte die Kritiker nicht. Sie meinten, wenn die Engländer einmal »drin« wären, würden sie sich gutwillig anpassen. Denn das Dogma der Supranationalität stand nicht zur Debatte. Und doch war der erste Präsident unserer Fünften Republik europäischer als die anderen; nur wollte er, daß Europa europäisch sei.

In Aachen, aus Anlaß der festlichen Gründung einer Partnerschaft zwischen der Stadt Karls des Großen und Reims, der Stadt der Kathedrale, bemühte sich Oberbürgermeister Jean Taittinger, zugleich Abgeordneter seiner Stadt, begleitet von Erzbischof Monseigneur Marty, den hochanständigen, respektwürdigen »Europäer« Oberbürgermeister Heusch von de Gaulles europäischem Auftrag zu überzeugen. Heusch empfing uns zu Hause, in einem Familienkreis, dessen tiefe christliche Frömmigkeit den Fremden in ihren Bann schlug, sobald er die Schwelle überschritt. De Gaulle leide, sagte Taittinger, unter der Unterlegenheit und Botmäßigkeit Europas. Er respektiere die Staaten, aus denen der Kontinent besteht, und mit denen ihn der eigene Lebensweg verbunden habe. Seine Inspiration werde sie einigen. Wenn man sich de Gaulles nicht bediene, könne man zwar den Glauben an das

Ideal Europa noch retten, aber wem würde es noch nützen? Die Sternstunde wäre unwiederbringlich vorüber.

Auch Konrad Adenauer sprach mit mir über die europäische Sendung seines Freundes. Es war am 7. Februar, in seinem Arbeitszimmer als Mitglied des Bundestages. Man müsse Europa schaffen. Nur de Gaulle sei imstande, die Führung zu übernehmen. Der Altbundeskanzler stand kurz vor dem Antritt einer Spanienreise. Auf der Rückreise war ein Zwischenaufenthalt in Paris und ein Mittagessen im Elysée vorgesehen. Dieser Zwischenaufenthalt in Paris sei für ihn das Wesentliche an der ganzen Reise. Er äußerte sich, allerdings vorsichtig, zufrieden über die Verbesserung der deutsch-französischen Beziehungen, die jetzt so ganz anders waren als in der Ära Erhard-Schröder – nein: Schröder-Erhard! verbesserte er sich.

Plötzlich machte er einen Exkurs in die Vergangenheit. Er habe Adolf Hitler nie erlebt. Wie jammerschade, daß Frankreich und Großbritannien dessen Aufstieg nicht aufgehalten hatten! Ganz im Gegenteil, sie hatten ihn hofiert. Hitlers Bestätigung durch die Olympischen Spiele in Berlin im Sommer 1936 wühlte den Alten immer noch auf. Der Gedanke an das Unglück seines Vaterlandes ließ ihn für langanhaltende Momente mit dem Temperament eines Jünglings Blitze schleudern. Ansonsten überwog bei ihm die Gutmütigkeit, mit der er nicht knauserig war.

Wir trafen uns beim Essen im Haus des spanischen Botschafters wieder. Beim Abschied warf er mir vor, daß ich ihn nicht angesprochen hätte. Ich antwortete, ich hätte mich aus Taktgefühl so verhalten: in den letzten Tagen habe er mich wiederholt zu langen Gesprächen empfangen, jetzt müsse ich auch anderen ein Gespräch mit ihm gönnen. Er lächelte mich herzlich an. Es war das letzte Mal, daß ich ihn lebend sehen sollte.

Als Bundeskanzler ließ Adenauer oft die brutale Härte des Staatsmannes verspüren. Kiesinger manövrierte hingegen mit der freundlichen Glätte des Diplomaten. Er vermied es sorgfältig, Erhards Fehler zu wiederholen, die trotz bester Absichten die deutsch-französischen Beziehungen so oft verbittert hatten. Kiesinger war entschlossen, de Gaulle rücksichtsvoll zu behandeln, geschehe, was wolle; eine löbliche Absicht, die ihn mehr Mühe kosten sollte, als er sich vorgestellt hatte. Zu diesem Zwecke setzte er seine ganze Klugheit und Verbindlichkeit ein. Aber sein Charakter gestattete ihm nicht, unsere Gegner in Schach zu halten, um mit Frankreich politisch zusammenzugehen. Nach seiner Rückkehr aus Paris bestellte er mich zweimal zu sich. London und unsere vier EWG-Partner drangsalierten ihn wegen des Beitritts Englands. Er lege Wert darauf, uns zu unterrichten, welches Ungemach ihm aus dieser Beharrlichkeit entstehe, die wiederum unserer Hartnäckigkeit angelastet werde.

Bald setzte sich aber die Bundesregierung einem Ungemach ganz anderer Sorte aus. Die Entspannungspolitik betrieb sie auf eine Art und Weise, die dem Kreml höchst mißfiel. Dieser verfolgte mit Mißtrauen Bonns Annäherungsversuche in Bukarest und Prag. Botschafter Zarapkin hielt es für angebracht, den Bundeskanzler an die Bedingungen zu erinnern, die Moskau für eine Änderung des politischen Klimas stellte: Anerkennung der Oder-Neisse-Grenze, Verzicht auf den Alleinvertretungsanspruch, unmißverständlicher Verzicht auf die atomare Bewaffnung. Von einem Verzicht auf die Wiedervereinigung sprach er dagegen nicht.

Selbst wenn ich blind gewesen wäre, hätte mir ein Mittagessen, das der Sowjetbotschafter in Ostberlin, Pjotr Abrassimow, am 2. März in seiner Berliner Residenz mir zu Ehren gab, die Augen geöffnet. Einen eifrigeren Fürsprecher der DDR und einen wütigeren Gegner der Bundesrepublik konnte man sich nicht vorstellen. Die Bundesrepublik tue alles in ihrer Macht Stehende, um das andere Deutschland zu isolieren und es dann zu schlucken. Wenn es dazu komme, gäbe es Krieg. Die Inkonsequenz der französischen Regierung versetze ihn in höchstes Erstaunen. Warum bestehe sie darauf, Ostberlin die Anerkennung zu verweigern? Menschlich war Zarapkin nicht ohne Reiz. Als Beamter blieb er eisern. Während des Essens schrieben sein Botschaftsrat und ein Dolmetscher mit Bleistift und Notizbuch in der Hand jedes Wort mit. Jedesmal, wenn die Sowjets über die Bundesrepublik zeterten, gaben wir Kontra und verteidigten sie. Auch Alexej Kossygin, im Elysée-Palast einige Monate zuvor auf Staatsbesuch, hatte zu diesem Thema kein williges Ohr vorgefunden. Konrad Adenauer, der de Gaulle nachher traf, freute sich darüber, ohne überrascht zu sein: »Der General hat mich nie hintergangen.« Ein befreundeter protestantischer Pastor, der aus Paris auf Besuch kam, gestand mir sein Erstaunen über die Gleichgültigkeit seiner jungen deutschen Gastgeber in Sachen Wiedervereinigung. Ich hätte mich gehütet, zu verallgemeinern. Außerdem stand es uns nicht zu, sie den Deutschen auszureden.

Es wurde bald allen sichtbar, daß die Bundesregierung so gegensätzliche Richtungen in sich zusammenfaßte, daß sie außerstande war, die Entscheidung zu treffen, die man von ihr erwartete. Ich erhielt die Bestätigung durch Gespräche, die ich binnen weniger Tage mit zwei einflußreichen Kabinettsmitgliedern hatte: Herbert Wehner und Franz-Josef Strauß, die miteinander nichts gemein hatten, außer merkwürdigerweise ihre Bewunderung für de Gaulle. Der erste, Bundesminister für innerdeutsche Beziehungen, war der Denker der Sozialdemokratie. Ein rauher Idealist, pries er Frankreich für dessen Mut zur Entkolonisierung und für den scharfsinnigen Entschluß, China anzuerkennen. Er blickte zwar nicht ohne Sehnsucht nach jenseits von Oder und Neisse, sprach sich jedoch vorbehaltlos für die Entspannung aus. Ulbrichts Hartnäckigkeit erleichtere diese nicht, und ebensowenig die Bedenken, die man in vielen Bonner Kreisen gegen sie erhob.

Franz-Josef Strauß war intellektuell attraktiv und persönlich sympathisch, mit seinen kleinen Augen, die wie Lichtknöpfe aus dem sie umgebenden Fleisch herausblickten. Als Bundesfinanzminister wetterte er gegen die Amerikaner und die Engländer. Er war außer sich über ihre Härte bei den Verhandlungen über die Stationierungskosten und noch ungehaltener über ihren geplanten Atomsperrvertrag. Es ging ihm weit mehr um die Zukunft der deutschen Wirtschaft als um die Fortschritte der Entspannungspolitik.

Man blickte unausgesetzt nach Frankreich. De Gaulle wirkte wie ein Magnet. Die Parlamentswahlen vom März 1967 erhöhten zusätzlich das Interesse. Maurice Couve de Murvilles Wahlniederlage – um etwa zweihundertfünfzig Stimmen – bereitete mir Kummer. Sobald ich davon Wind bekam, überlegte ich, ob es angebracht wäre, ihm in der widrigen Stunde auch persönlich beizustehen. Meine Frau half mir, mich über etwaige Bedenken hinwegzusetzen. Ich nahm das allerfrüheste Flugzeug und konnte bei Tagesanbruch in der Privatwohnung des Ministers am Quai d'Orsay vorsprechen. Seine äußere Ruhe täuschte mich nicht. Er bezweifelte, daß der General ihn behalten wollte. Sehr niedergeschlagen flog ich nach Bonn zurück. Durch sein Ausscheiden hätte Frankreich das allgemeine Ansehen Couve de Murvilles eingebüßt, namentlich in Washington und in Bonn. In diesen Hauptstädten hatte er mit Festigkeit und Eleganz die hohe Kunst der Diplomatie ausgeübt. Erst einige Tage später erfuhr ich, daß sich de Gaulle von ihm nicht getrennt hatte. War ihm der Gedanke überhaupt gekommen?

Auf der Kabinettsliste fand ich unter den Staatssekretären den Namen Jacques Chirac. Vor einigen Jahren hatten ihn die jüngeren Seydoux bei uns zu Hause eingeführt. Seine Dynamik ließ bereits ahnen, daß er nicht beim Rechnungshof, der seinem Ehrgeiz Schranken setzte, bleiben mochte, sondern in die Politik gehen würde. Schwungvoll, herzlich, sonnig, unermüdlich fröhlich und ein stets bereiter Partner für jung und alt, war er, damals jungverheiratet, während meiner ersten Mission in Bonn Gast bei uns in Ernich gewesen und hatte sich sogar auf meine Anregung hin dazu hergegeben, sich als Nikolaus zu verkleiden. Einmal ist keinmal, und auch er war einst dem Zauber der Märchengestalt erlegen. Seine Frau war uns ebenso lieb wie er. Ihr Urgroßonkel, Baron de Courcel, Frankreichs Botschafter in London gegen Ende des vorigen Jahrhunderts, war Großvater meines Freundes Geoffroy, nachmals ebenfalls Baron de Courcel und ebenfalls Botschafter in London und später Generalsekretär des Quai d'Orsay. Sie war Enkelin eines anderen Diplomaten, Robert de Courcel, und ihre Familie war mit meinen Eltern sehr befreundet. Ehrerbietig, doch seiner Zukunft entgegenlebend, hörte sich Jacques Chirac mit angespanntem Interesse und gelegentlich einem Lächeln für die Begeisterung eines alten Diplomaten, meine Erinnerungen über de Gaulle an. Er blieb uns ein treuer Freund und, selbst unermüdlich fleißig, interessierte sich sehr aktiv für das Studium meiner Nachkommenschaft.

Am 19. April starb Konrad Adenauer. Die Trauerfeierlichkeiten brachten den Präsidenten der Französischen Republik nach Bonn. Kaum hatte der Altbundeskanzler den Geist aufgegeben, hörte man schon überall die Frage: »Wird er denn kommen?«

Wir von der Botschaft sorgten dafür, daß ihm bei jedem Anlaß der ihm gebührende Platz – der erste – zugewiesen werde. Präsident Lyndon B. Johnson wurde auch erwartet. Die Bundesregierung hätte dem Gast aus dem Weißen Haus – de Gaulle war als Staatschef dienstälter als er – nur zu gern eine Artigkeit erwiesen. Die Maschine des Präsidenten war schon in Sicht, als man mich noch mit einer ausgeklügelten Idee zu umgarnen versuchte, die bei einer der vorgesehenen Zeremonien die Rangordnung verändert hätte. Ich lehnte ab. Die protokollarische Rangordnung entsprach auch der Berühmtheit des Generals und seiner Freundschaft zu Adenauer. Sowohl Lyndon B. Johnson als auch der britische Premierminister Harold Wilson blieben ziemlich unbeachtet. Charles de Gaulle ließ nur der Majestät des Todes den Vortritt.

In seiner Trauerrede vor dem Bundestag, vor dem leeren Sitz, den ein Trauerkranz schmückte, würdigte Kurt Georg Kiesinger den Verstorbenen und erinnerte daran, daß die Wiedervereinigung Deutschlands noch zu verwirklichen war. Ein Schatten lief über das ruhmvolle Andenken des ersten Bundeskanzlers. Er zog vorüber. An diesem Tag huldigten alle den unermeßlichen Verdiensten, die sich der Parlamentarier, der Patriot, der Deutsche, der Europäer Adenauer um Deutschland erworben hatte.

Otto von Bismarck hatte ein Stück Frankreich an sich gerissen und Frankreichs Herz zum Bluten gebracht. Adolf Hitler hatte die ganze Menschheit in Schrecken versetzt. Konrad Adenauer hatte über die beiden befreundeten Vaterländer Deutschland und Frankreich ein Licht glänzen lassen, das nie mehr erlöschen wird. An jenem Tag hätte er sich bestimmt in seiner frommen Demut gewünscht, daß der Glaube, der in seiner Seele lebendig war, verherrlicht werde. Die Menge fühlte es instinktiv. Sie versammelte sich in Massen vor dem düster-großartigen Kölner Dom, um den Mann zu ehren, der nicht daran zweifelte, daß er die irdischen Schlachten verließ, nur um in den himmlischen Frieden einzugehen. Die Delegationschefs kamen nacheinander an. Man wartete auf Lyndon B. Johnson und Charles de Gaulle, die nebeneinander Platz nehmen sollten.

De Gaulle kam protokollgemäß als letzter an. An einem solchen Ort und bei einem solchen Anlaß verhielt er sich charakteristisch unauffällig. Er wollte unbeachtet bleiben, um sich ganz dem Toten zu widmen, so wie dieser ganz seinem Gott angehörte. Ich saß nicht weit von der Bahre, in einem Querschiff, zwischen Couve de Murville und Etienne Burin des Roziers, und betrachtete sein schmerzlich verzerrtes, wie versteinertes Gesicht, auf dem man den Gedanken an den verstorbenen Kampfgefährten ablesen konnte. Fünf Jahre zuvor, in der Kathedrale von Reims, hatten sie nebeneinander zu Gott gebetet, daß er Frankreichs und Deutschlands gemeinsames Schicksal in seine Hand nehme. Der, der als erster gehen mußte, hinterließ dem anderen die gemeinsame Aufgabe, die beide auf sich genommen hatten. In Köln gehörte de Gaulle zur Familie. Die sieben Kinder, drei Töchter und vier Söhne, und die Enkel Adenauers hätten es nicht verstanden, wenn er gefehlt hätte. Die Leere wäre noch größer gewesen.

Gegen Abend brachte ein Trauergeleit von Schiffen auf dem Rhein den Sarg mit der sterblichen Hülle zum Friedhof, der in der Nähe des Hauses lag, wo Adenauer seinen Lebensabend verbracht hatte. Meine Mitarbeiter und ich schauten aus den Fenstern des Botschaftsgebäudes zu, wie die Trauerflottille vorbeifuhr. Es war alles sehr still. Nebel stieg aus dem Strom. Ein Großer war gestorben.

Die Politik ging weiter. Ein Kollege, Diplomat aus einem der Benelux-Länder, gestand mir am selben Abend, daß er vom Unterschied zwischen Charles de Gaulle und Lyndon B. Johnson stark beeindruckt war – kein Wunder, jedermann hatte denselben Eindruck gehabt. Majestätisch der eine, verkrampft der andere: wie konnten sich zwei so verschiedene Männer verstehen? Zeuge der sehr unterschiedlichen Wirkung der beiden auf die Anwesenden, fragte er sich besorgt, ob die Bundesrepublik unter Kiesinger nicht noch gefügiger gegenüber Frankreich sein und sich von den Vereinigten Staaten nicht noch mehr entfernen würde, die bereits mit ihr recht unzufrieden waren: sie beklagte sich zu viel über den Atomsperrvertrag. Unsere europäischen Partner reagierten auf diese Situation mit einer Besorgnis, die sich aus ihrem Atlantismus gut erklären ließ.

Zwischen Bonn und Paris hatte sich das Klima verbessert. Die Sachdifferenzen blieben bestehen. Die wichtigste betraf den Beitritt Englands. Willy Brandt hatte sich zum Befürworter und Vorkämpfer des Beitritts gemacht, was niemanden wunderte. Er fand die Sechsergemeinschaft zu eng, die Einschränkungen des Gemeinsamen Marktes zu unbequem für eine exportabhängige und dem Freihandel zugeneigte deutsche Wirtschaft. Er war kein frommer Anhänger der Integration, die sich später als zunehmend schwieriger entpuppte. Sie gefiel den Christdemokraten zu sehr, um ihm willkommen zu sein. Was ihn interessierte, das war Englands Beitritt. Nicht etwa, weil er, wie manche andere, vom Gedanken beherrscht gewesen wäre, man müsse ein Gegengewicht zu Frankreich schaffen. England zog ihn durch das an, was es darstellte; er war zur Hälfte Skandinavier. Während des Krieges hatte er sich für Englands Heldentum begeistert. Wie René Dabernat in »Messieurs les Anglais« schreiben sollte, hatte die heldenhafte Insel von Anno 1940 »der Welt noch etwas zu sagen«. Europa würde sich selbst schaden, wenn es sich Englands Beitritt vorenthielte.

Mehr noch: Sozialdemokraten und Labour verstanden sich optimal. Die intime Freundschaft der beiden Parteien machte aus Willy Brandt den idealen Spielpartner für Harold Wilson bei dessen Feldzug, de Gaulle umzustimmen. In Bonn setzte der Bundesaußenminister seine ganze Begabung und seine ganze Fähigkeit ein, Emotionen zu erwecken, um Maurice Couve de Murville zu überreden. Die britische Öffentlichkeit habe einen Reifeprozeß durchgemacht. Die Regierung in London resigniere und beginne einzusehen, daß die Zeit der bevorzugten Beziehungen zu den Vereinigten Staaten vorüber sei. Es zeigte sich eine Gefahr anderer Größenordnung: die Engländer würden sich am Ende in die Arme der Sowjets stürzen! Der französische Außenminister blieb eiskalt: England sei nicht soweit. Durch seine Aufnahme würde sich die EG zugrunde richten. Am 2. Mai erklärte Harold Wilson im Unterhaus, daß England sich um die Mitgliedschaft in der EWG bewerbe.

Am Tag danach erhielt Joseph Luns in Aachen den Karlspreis. Es war die höchste Ehrung. Vor ihm hatte man Winston Churchill, Konrad Adenauer, Alcide de Gasperi, Jean Monnet und Robert Schuman für würdig befunden, den Karlspreis zu erhalten. Jährlich ehrte die Bundesrepublik Deutschland im Rahmen einer grandiosen Feier den Deutschen oder Ausländer, der die Annäherung der europäischen Völker am wirkungsvollsten gefördert hatte. Im Fall, daß die Jury uneins war, wurde der Preis für das betreffende Jahr nicht vergeben.

Am Himmelfahrtstag versammelte sich also eine Menge, in der jeder einzelne ein Prominenter war und aus der Kabinettminister, ausländische Botschafter, Industrie- und Finanzmagnaten, ausgesuchte Gäste aus dem befreundeten Ausland und die mit ihren Insignien geschmückten Preisträger der vergangenen Jahre herausragten. Für einige Stunden wurde das Rathaus der alten karolingischen Hauptstadt zur imponierenden Bühne, auf der in einem prachtvollen Rahmen die Redner den Auserwählten priesen. Daß dessen Name 1967 Joseph Luns lautete, überraschte niemanden. Die Verdienste des brillanten Chefs der niederländischen Diplomatie waren unbestritten. Nichtsdestoweniger galt er als leidenschaftlicher Verfechter des englischen Beitritts zur EWG, als lautstarker »Atlantist« – und als Gegner des Generals de Gaulle. Daß man ausgerechnet ihn gewählt hatte, ließ also gewisse Rückschlüsse zu. Die Bundesregierung war durch Gerhard Schröder vertreten. In Aachen war alles eitel Freude, was niemanden verärgern konnte, da größte Höflichkeit und Liebenswürdigkeit mit von der Partie waren.

Die Bemühungen der Bundesrepublik um die Vereinigten Staaten ernteten wieder einmal Undank. Kurz darauf bat mich nämlich der Verteidigungsminister um eine Unterredung unter vier Augen. Wir unterhielten uns freundschaftlich über alle anstehenden Themen. Er bereitete seine Reise nach Paris zum Atlantikrat vor; ihm und seinen Kollegen stand eine wichtige Sitzung bevor. Sie wurde für ihn zu einer Enttäuschung und für die Bundesrepublik Deutschland Anlaß zur Beunruhigung. Massive Vergeltung im Aggressionsfall wurde durch eine flexible Verteidigungsstrategie ersetzt. Die ganze Strategie des Westens war völlig verändert worden. Der militärische Einsatz der Vereinigten Staaten zur Unterstützung ihrer Verbündeten sollte nun nicht mehr unverzüglich geschehen und nicht mehr totaler Natur sein. Damit verlor er an Glaubwürdigkeit. Washington hatte seine Entscheidung gefällt, Bonn beugte sich. Der Vorsitzende des zuständigen Bundestagsausschusses, Friedrich Zimmermann, äußerte sich mir gegenüber entrüstet über die Rücksichtslosigkeit der Amerikaner. Dies umso mehr, als der Kurswechsel in der militärischen Strategie, dessen Ursache in der steigenden nuklearen Schlagkraft der Sowjets lag, von einer Wende in der Außenpolitik begleitet war. Amerika und Rußland machten ziemlich auffällig einander den Hof.

Kiesinger und Brandt waren zufrieden, daß sie am Steuer saßen, und ließen sich nicht irritieren. »Wäre es doch nur von Dauer!« murmelten – nicht ganz aufrichtig – Christ- und Sozialdemokraten. Sie waren vor allem darauf bedacht, in einer Partnerschaft, die sie zwang, die Krallen einzuziehen, nicht als Geprellte dazustehen. Ihr Verhältnis zueinander sah weniger nach Zusammenarbeit als nach gegenseitiger Überwachung aus. »Nur keine Schwierigkeiten!« schien die Maxime zu lauten, die sich der Bundeskanzler – dessen Würde und Ruhe man übrigens sehr lobte – als Verhaltensregel gesetzt hatte. Er wollte innenpolitisch keine Schwierigkeiten mit Willy Brandt und außenpolitisch keine mit Frankreich haben. Deutschland tappte unentschlossen dahin. Anstatt die großen Vorhaben ausführen zu helfen, verwandelte sich die Große Koalition bald in eine vergängliche Verbindung. Um so profilierter wirkte im Gegensatz zu ihr de Gaulle und um so hochmütiger wurde er auch. Der Ministerpräsident eines der bedeutendsten Bundesländer gab nach seiner Rückkehr aus Paris seiner Verärgerung Ausdruck: die Unterredung im Elysée-Palast habe nur eine Viertelstunde gedauert.

Bald wurden wir wiederum vom Sturm geschüttelt. In seiner Pressekonferenz vom 16. Mai lehnte der Präsident der Republik Englands Beitrittsgesuch erneut ab. Es sei nicht in der Lage, der EWG beizutreten. Diese sei ein »Wunder«, das es zu bewahren gelte. Vor allem in Bonn gab es einen schönen Krach: »Davon versteht euer General überhaupt nichts! Er begreift den geradezu revolutionären politischen Charakter des englischen Beitrittsgesuchs nicht. Um einen Fortschritt zu erleben, bleibt uns jetzt nur noch übrig, seinen Tod abzuwarten.« Der Kanzler mahnte zur Ruhe und ließ mich wissen, er halte die Analyse des Generals für völlig zutreffend. Vorsichtig fügte er hinzu, bei Adenauers Totenfeier habe ihn Harold Wilsons Beharrlichkeit beeindruckt. »Meine Beweggründe sind nicht wirtschaftlicher Art«, habe der Engländer gesagt, »sonst würde ich die Angelegenheit dem zuständigen Minister überlassen.« Der Teil der Pressekonferenz, in dem der französische Staatspräsident seine Kritik an dem militärischen Einsatz der Vereinigten Staaten in Vietnam und seine Voraussagen wiederholte, erregte in der Bundesrepublik den Unwillen jener Leute, die de Gaulle als Amerikas selbsternannten Schulmeister nicht hinnehmen wollten.

Europa und der Friede. Über diese beiden Themen

redete er unaufhörlich. Mit herannahendem Alter hätte er sich gern als Versöhnungs- und Friedensstifter gesehen. Er predigte aber in einer amerikanisch-europäischen Wüste. Sein Europa schloß ein mehr dem Atlantik als dem Kontinent zugewandtes England aus. Aber von überallher ertönte der Schrei nach Englands Beitritt. Der Friede sollte die ganze Welt umfassen. Dies bedeutete die Beendigung der Kämpfe in Südostasien, vor allem aber den militärischen Rückzug der Vereinigten Staaten aus Vietnam. Doch von überall her erschallte der Ruf nach ihrem Verbleiben. Glücklicherweise gab es trotzdem immer wieder Zuhörer, die seinem Namen Beifall spendeten, wie ich es auf der Universität Würzburg feststellen konnte. Und es gab vor allem den Kanzler. Auf dem Treffen der Staats- und Regierungschefs, das Erhard so lange vergebens gefordert hatte und das endlich im Rom am 29. Mai stattfand, stand Kiesinger uns näher als die anderen. Was den General angeht, sagte man mir im Auswärtigen Amt, wo man ihn nicht sonderlich liebte, die Ewige Stadt habe in ihm die edelsten Ideale wachgerufen. Er sei über sich selbst hinausgewachsen. In seiner Unterredung mit dem Papst habe er das Bild einer besseren Welt, einer befriedeten und vereinten Erde geschildert, die sich zu einem Teil des Himmelreiches entwickeln werde.

Und dann brach der Krieg aus. Im Nahen Osten sechs Tage lang. Sechs Tage genügten dem Staate Israel, Teile Ägyptens, Syriens und Jordaniens zu besetzen und diese Länder total zu demütigen. Aber anstatt zu verhandeln, wurde Israel nur härter. Damit rief es bei den besiegten und verstörten Arabern den Geist der Revanche wach. Im Konflikt zwischen Juden und Arabern war der Sechs-Tage-Krieg nichts weiter als eine Episode. Sein Nettoergebnis war lediglich, daß er die Aussöhnung – wie lange? – hinausschob. Die Araber hatten eine Schlacht verloren, nicht aber den Krieg. Später sollten sie an die Reihe kommen und zu den Waffen greifen. Das Erdöl sollte sie den Mächtigsten gleichstellen. Die Palästinenser sollten aus dem Dunkel auftauchen und einen Platz an der Sonne des Orients fordern. In die Defensive gezwungen, sollte sich Israel fragen, wie zuverlässig wohl Amerikas Treue sei.

Im Juni 1967 aber waren der Sieg, die Weltöffentlichkeit und die Vereinigten Staaten auf Israels Seite. Die Deutschen auch. Als Sachkenner bewunderten sie den blitzartigen Sinaifeldzug. Sie zeigten aufrichtige Reue gegenüber dem Volk, das Hitlers Hauptopfer gewesen war. Sie standen auf der guten Seite, auf der Seite Amerikas. Zwischen Moskau und Tel-Aviv fehlte es dagegen nicht an Konfliktstoff. Außerdem verstand es Israels Botschafter in Bonn, Asher ben Nathan, ein kluger Mann, bestimmt im Ton, unermüdlich und unbeirrbar, aus der bemerkenswerten Position, die er sich erworben hatte, den optimalen Nutzen zu ziehen. Er beschaffte für sein Land Waffen und Geldmittel. Rund tausend Freiwillige meldeten sich bei der Vertretung Israels. Beim Büro der Arabischen Liga dagegen etwa zehn.

De Gaulle hatte richtig gesehen. Er warnte die Israelis. Ihr Sieg, an dem er nicht zweifelte, würde sich als ein Pyrrhussieg entpuppen. Der Krieg würde die Friedensaussichten in weite Ferne rücken lassen – die Aussichten auf einen Frieden, an den man die Menschen erst gewöhnen mußte. Um diesen Frieden dem Nahen Osten so bald wie möglich wiederzugeben, schlug er eine Konferenz der drei Westmächte und Rußlands vor. Er konnte sich nicht vorstellen, daß man Frankreich und England von der Regelung des Konfliktes fernhalten wolle; es ging um einen Weltteil, der zu Frankreichs und Englands Geschichte gehörte. Ich redete mir ein, daß sein Vorschlag, der mir vernünftig erschien, akzeptiert werden würde. Meine Hoffnungen waren von kurzer Dauer. Dem General Massu gestand ich meine Enttäuschung. Er antwortete: »Ich schätze und bewundere de Gaulle zu sehr, um annehmen zu können, daß er unter den gegenwärtigen Umständen dieser oder jener Lösung den Vorzug gibt. Was er will, ist lediglich, daß der Friede gerettet, oder, wo es keinen gibt, daß Friede geschlossen wird, und zwar überall auf dieser Erde. Als ich in Algerien stand, war ich nicht immer mit seiner Politik einverstanden. Seitdem bejahe ich ihn voll und ganz.«

In Bonn ging man nicht sanft mit de Gaulle um: Er bilde sich ein, Frankreich habe in einer Angelegenheit, die es nichts angehe, irgendeine Rolle zu spielen. Es wurde ihm antisemitische und antiamerikanische Einstellung nachgesagt. Man warf ihm vor, die Bundesrepublik vernachlässigt, sie nicht für würdig befunden zu haben, weltpolitische Verantwortung mitzutragen.

Das Treffen mit dem General stand bevor. Die führenden Männer der Bundesrepublik Deutschland behielten ihre Ruhe. Willy Brandt führte in Brüssel mit Couve de Murville Gespräche über die Arbeit der Gemeinschaft und über die Entspannung. Er äußerte sich befriedigt über das Vertrauen, das ihm sein französischer Kollege bezeigt hatte.

Bei seiner Ankunft in Bonn war de Gaulle ganz vom Gedanken an ein europäisches Europa erfüllt. Selten hat England eine so unangenehme Viertelstunde erlebt. De Gaulle faßte kurz und unbarmherzig zusammen, was alles geändert werden mußte, welche Bindungen gelöst werden mußten, bevor sich England in die EG einordnen könnte. Anschließend wandte er sich der Bundesrepublik Deutschland zu. Der strenge Richter wurde zum Ratgeber: »Wenn Deutschland, wie die Vernunft es nahelegt, seine Zusammenarbeit mit Frankreich ausbauen und sich von den angelsächsischen Mächten distanzieren würde, hätte es am Ende dieses Weges Aussichten auf einen Abbau seiner Teilung.« Man munkelte in der Bundeshauptstadt, der General habe im Privatgespräch hinsichtlich der Ostgebiete einen Wunsch geäußert, den der Kanzler als unerfüllbar abgewiesen habe. Die Gespräche seien im Geist der Aufrichtigkeit geführt worden. Jeder Gesprächspartner habe dem anderen offen gesagt, was er auf dem Herzen hatte.

Mit de Gaulle konnte man stets auf Spannung gefaßt sein. Von der Poesie der Erinnerungen, der Begeisterung der Bevölkerung, der Diskriminierung der Französisch-Kanadier elektrisiert, führte er in Kanada Reden, die manche, auch unter seinen Getreuen, als nicht ganz angebracht fanden.

Nach einigen herben Anmerkungen der kanadischen Regierung brach er die Reise kurzerhand ab und kehrte wie aus der Kanone geschossen nach Frankreich zurück. Wenn das Ausland unangenehm sein wollte, brauchte es nur die Pariser Kritiker des Generals nachzuahmen, die sich betont nach seinem Befinden erkundigten. Die deutschen Stimmen in Politik und Presse, die zur Mäßigung rieten, waren zwangsläufig spärlich. Die meisten waren naiv genug, dem Kanzler vorzuwerfen, er kompromittiere sich mit de Gaulle. Maurice Couve de Murville, den ich einige Tage später traf und der sich nie aus der Ruhe bringen ließ, begnügte sich damit, mir ganz nebenbei zuzuflüstern, daß die in der ganzen Welt ausgestreuten Gerüchte über de Gaulles Gesundheitszustand stark nach Dollar und Pfund röchen. Der Präsident der Republik fühle sich ausgezeichnet, und es sei ihm gar nicht unlieb, in Kanada den Gedanken an die Freiheit wachgerufen zu haben. Freilich habe die Idee eines Freien Québec nicht erst auf ihn gewartet. Das Feuer glimme dort schon lange unter der Asche. Aber de Gaulle habe das Streben einer Nation wahrgenommen, die sich nach Unabhängigkeit sehne. Er sehe ganz deutlich große politische und geistige Bewegungen, die unter den Begriffen Entkolonisierung, Unabhängigkeit, Frankophonie zusammenzufassen sind. Die nahe Zukunft werde ihn bestätigen!

In seiner dem Frieden, der Unabhängigkeit und dem Fortschritt gewidmeten Ansprache vom 10. August sagte der General von unserem deutschen Nachbarn: »Das ist der Grund, weshalb wir, nicht ohne Verdienst, unsere Konflikte mit Deutschland in die geschichtliche Vergangenheit verweisen und mit ihm eine freundschaftliche Zusammenarbeit praktizieren.« Die Worte »nicht ohne Verdienst« ließen Abschätzigkeit, vielleicht auch Bedauern verspüren. Die Deutschen vermerkten sie übel.

Obwohl sie den Ärger und die Verblüffung feststellten, die de Gaulles »Extratouren« bei uns hervorriefen, und obwohl ihnen seine unverhohlene Enttäuschung über die Bundesrepublik langsam auf die Nerven fiel, hatten Kiesinger und Brandt durchaus vor, weiter mit ihm zusammenzuarbeiten. Die Vereinigten Staaten und Rußland legten in Genf den Entwurf zum Atomsperrvertrag vor. Die Große Koalition fühlte sich gekränkt. Es wäre unklug gewesen, sich gerade jetzt mit Paris nutzlos zu überwerfen. Die Bundesregierung schuldete es sich, Ruhe und Außenmaß zu bewahren. Dies umso mehr, als auf der Tagesordnung des Elysée die Reise des Generals nach Polen stand.

Der Staatspräsident reiste nach Polen im September. Der Außenminister und der Kultusminister Alain Peyrefitte begleiteten ihn. Letzterer, einst ein sehr aufgeweckter junger Konsul in Krakau, schrieb Berichte, »die im Ministerium mit Interesse gelesen wurden«. Kein geringes Verdienst, denn mancher ausgewachsene Botschafter hatte dieses Glück nicht. Die Wahl Peyrefittes zum französischen Konsul in Krakau überraschte viele französische Diplomaten, mich einbegriffen. Wenige Jahre nach seiner Abschlußprüfung auf der Ecole Nationale d'Administration hatte er unter meiner Leitung gearbeitet. Doch das Experiment lohnte sich. Peyrefitte bewies, daß man recht gehabt hatte, auf ihn zu setzen. Durch den jungen Konsul glänzte bereits die außergewöhnliche politische Persönlichkeit hindurch. Ich darf vielleicht hinzufügen, daß sein steiler Aufstieg unsere Freundschaft nicht beeinträchtigt hat, und daß ich mit immer wachsamerem Auge den Weg des um zwanzig Jahre älteren Freundes verfolgte.

Vor der Abreise des Generals konsultierte ich die Auguren. Niemand hatte bislang den Text der Reden gelesen, die de Gaulle in Polen zu halten beabsichtigte. Würde er auf die Frage der deutschen Ostgrenze zu sprechen kommen? Bei diesem Thema waren die Deutschen besonders empfindlich. Ich nahm an, de Gaulle habe es mit Kiesinger besprochen, um ihn im voraus zu informieren, daß er mit der polnischen Führung auch davon reden würde, Indem er der sowjetischen Besatzungszone die Anerkennung verweigerte, sich für den Abbau der Ost-West-Bruchlinie quer durch Europa einsetzte und sich schließlich für Kiesinger und Brandt ebenfalls als Anhänger der Entspannungspolitik verbürgte, handelte er zur vollen Zufriedenheit der Bundesregierung. Sie konnte sich wahrlich nicht beklagen! Nur: was wollte er zur Oder-Neisse-Grenze sagen?

De Gaulle setzte Manfred Klaiber von seinen Absichten in Kenntnis. Staatssekretär Klaus Schütz bestellte mich zu sich, um mir den Dank der Bundesregierung auszusprechen. Er äußerte trotzdem den Wunsch, der General möge zur Oder-Neisse-Frage nicht »zu überschwenglich« sein. Ich leitete diesen Wunsch weiter und fragte mich, wie der Adressat wohl reagieren werde. Hatte er doch alles gesagt, was er zu sagen hatte!

In Bonn verfolgte man die Reise mit außerordentlicher Spannung. Die Öffentlichkeit war anfangs mißtrauisch. Sie wurde von den deutschen Presse- und Medienkorrespondenten gut informiert. Auch sie erlagen dem Charme de Gaulles. Die Öffentlichkeit heiterte sich auf und bewunderte in de Gaulle den Franzosen, der sie zu faszinieren verstand.

Der General spielte eine Partie von entscheidender Bedeutung, und spielte sie großartig. Vor Ort, in einem Land, dem man seine Unabhängigkeit und seine Freiheit vorenthielt, sprach er über die Ideale, für die er kämpfte. Dieses Land Polen, seine von Unglück, Heldentum, Untergang und Wiederauferstehung geprägte Vergangenheit, versetzten ihn in schwärmerische Begeisterung. Schon in Moskau 1944 hatte er sich für Polen eingesetzt und versucht, dem Land die Prüfung zu ersparen, die ihm bevorstand. Es war umsonst gewesen. Am 23. August 1939 unter Hitler und Stalin geteilt, tauchte es aus der Zerstückelung wieder auf, nur um verstümmelt und entstellt unter Stalins Fuchtel zu geraten.

Es war de Gaulle nicht gelungen, Polen zu retten, die Grenzen des Kontinents und der freien Welt nach Osten zurückzuverlegen und für ein Europa vorzuarbeiten, so wie er es sich vorstellte: ausgeglichen und vereint. Aber er verzichtete nicht auf sein Vorhaben. Fast ein Vierteljahrhundert später sprach er zu den Polen selbst, die ihm bewegt und begeistert in Massen zuhörten. Er sprach ihnen Hoffnung zu und verurteilte implizite die fremde Vormundschaft. Die Schlußakte von Helsinki lag noch in ferner Zukunft, als de Gaulle ihren Geist vorwegnahm. Da er als Urheber der Entspannungspolitik gelten durfte, wußte er sehr wohl, wie man sie auffassen muß, wenn sie zur Verbesserung der Beziehungen zwischen Menschen und zwischen Völkern führen soll. Als

Demokraten und Liberale ließen sich die Deutschen bezaubern. De Gaulle hob sie zu sich empor. Er besaß die Macht, die ein glanzvoller Lebensweg, Prinzipientreue und die Gabe, in die Zukunft zu sehen, verleihen.

Leider, leider! gab es dennoch eine Panne. Ich hatte mich zu früh wieder beruhigt. In Bielefeld erreichte mich ein Anruf unseres Pressechefs Raoul Delaye: die Bundesregierung war für dies eine Mal über ein Thema, das sie oft entzweit hatte, einstimmig derselben Meinung und hatte gegen de Gaulles Äußerungen in Zabrze (Hindenburg/Schlesien) und Danzig in einer öffentlichen Erklärung scharf Einspruch eingelegt. Der General hatte auf die rein polnische geschichtliche Vergangenheit der Gebiete jenseits von Oder und Neisse hingewiesen. Willy Brandt wollte beweisen, daß die Friedensliebe seiner Vaterlandsliebe keinen Abbruch tat. Er tadelte: »Eigentlich ist das ein starkes Stück. Man kann doch die Geschichte nicht einfach umkrempeln. . . . Am einfachsten ist es, seine Deutung der Zukunft zu verstehen, in der Gegenwart ist es schon schwieriger, aber seine Beurteilung der Vergangenheit ist selbst für einen Wohlwollenden nicht mehr verständlich.«

Auch diese Wolke zog vorüber. Wir gaben den Deutschen alle denkbaren Erklärungen, die geeignet waren, sie zu beschwichtigen. Der Präsident der Republik habe nicht beabsichtigt, Geschichtsklitterung zu betreiben. Seine Worte bezögen sich auf die gegenwärtige Lage der beiden Städte. Ich erfuhr bald, daß Couve de Murville verärgert gewesen war und daß de Gaulle Manfred Klaiber gesagt hatte, es täte ihm leid, den Kanzler in Verlegenheit gebracht zu haben. Für seine Verhältnisse war das beinahe eine Entschuldigung. Die Deutschen waren in ihrem Nationalstolz verletzt worden. Es war allerdings schwer zu sagen, inwieweit die Bevölkerung den verlorenen Gebieten nachträumte.

Per Saldo war die Bundesrepublik eher zufrieden. Ihr halbamtlicher Vertreter in Warschau, Heinrich Böx, wurde nach Bonn zum Vortrag bestellt und konnte es dem Kanzler bestätigen: die Bilanz war positiv. Er selber, der Leiter der Handelsvertretung in Warschau, war vor der versammelten polnischen Führung als

»der Vertreter Deutschlands« apostrophiert worden. Auch dort, jenseits der Trennungslinie zwischen zwei Welten, hatte de Gaulle nicht gezögert, die DDR einfach zu ignorieren. Welche Fortschritte sie auch gemacht haben mochte, er wollte sie nicht zur Kenntnis nehmen. Für ihn war sie die Nachfolgerin des preußischen Deutschland, das er nicht geliebt hatte. Diese als Staat anerkannt zu sehen, hätte ihm wenig Freude bereitet. Für ihn blieb sie die sowjetische Besatzungszone, die ihren Aufstieg nur der Mauer verdankte – und die Mauer empörte ihn. Der 13. August 1961 rangierte unter den häßlichsten Daten des Kalten Krieges. Das Schicksal dieses Teils von Deutschland konnte nur innerhalb einer Gesamtregelung der Europafrage, im Rahmen eines ausgesöhnten Europas, bestimmt werden. Ohne allzusehr nach seinen Beweggründen zu fragen, waren ihm die Westdeutschen damals dankbar dafür, daß er der Bundesrepublik so ausschließlich den Vorzug gab.

Der beherrschende Gedanke der französischen Außenpolitik war der Friede. Der Außenminister widmete ihm den wesentlichsten Teil seiner Rede vor der Generalversammlung der Vereinten Nationen in New York am 28. September. Er vergaß nicht, die Bundesrepublik zu erwähnen. In Bonn stutzte man jedoch bei einem kurzen Satz, in dem er auf »die Dämonen« anspielte. »Zweifellos ist Deutschland von ihnen befreit. Aber sie haben es – und ganz Europa – ins Unglück gestürzt.« Im Zusammenhang gelesen, klang das verklausuliert genug, um viele zu der Frage zu veranlassen, ob der sonst immer so klar formulierende Couve de Murville ausschließlich auf die Vergangenheit angespielt hatte.

Damals las ich gerade aus der Feder eines begabten Publizisten: »Die Botschafter führen ein glückliches Leben. Sie genießen es, und verlieren den Kontakt zur Wirklichkeit. Daher das Zögern, in ihren Berichten der Wirklichkeit einen Platz zu geben. Sie könnte stören.« Ich war pessimistisch und machte daraus Couve de Murville gegenüber keinen Hehl: die Beliebtheit des Generals nahm ab, der Neid auf uns nahm zu. Der Neid war größtenteils der Grund, warum man sich für den Beitritt Englands so einsetzte, obwohl England, wie die Brüsseler Kommission zugab, sich als ein Störfaktor erweisen würde. De Gaulle erinnerte den Botschafter Ihrer Majestät daran, daß er, der französische Staatschef, gegen den Beitritt war. Einer unserer britischen Kollegen war über die Unterredung informiert und bedeutete mir, daß »der General auf seine Vorurteile nicht verzichten wollte«. Ich bedauerte dagegen sehr, daß es de Gaulle nicht gelang, seinen Standpunkt durchzusetzen. Wenn nicht ihm, wem denn sonst? In die Große Koalition war über dieses Thema Unruhe gekommen. Die Sozialdemokraten bewerteten die Koalition nach den Landtagswahlen, namentlich in Bremen, als ihrer Partei abträglich. »Von dieser Koalition«, sagte mir Maurice Couve de Murville, »hätte man wichtige Entscheidungen erwarten dürfen. Sie war nicht imstande, sie zu treffen. Es ist alles beim alten geblieben, und solange es sie gibt, bleibt es auch weiter so.«

Vielleicht ein Anzeichen dafür: die Wahl des Staatssekretärs im Auswärtigen Amt, Klaus Schütz, zum Regierenden Bürgermeister von Berlin: ein junger, sympathischer, dynamischer Mann, einer von Willy Brandts Leuten, auf den sich dieser stützte, um den Geist der deutschen Diplomatie zu erneuern, deren Vorstellungen Brandt störte, und die ihm nur widerwillig folgte. Schütz verließ seine »fesselnde Aufgabe« nicht gern. Sein Chef überließ ihm übrigens die Entscheidung. Konnte aber ein Deutscher das Amt eines Regierenden Oberbürgermeisters von Berlin ablehnen – und dazu ausgerechnet Willy Brandt eine Absage erteilen, der es jahrelang so glänzend ausgeübt hatte? Der Staatssekretär schilderte mir unter vier Augen seine Bedenken. Es war freilich klar, daß er sie bereits überwunden hatte. In der politisch wie eingemauerten Stadt würde er freier atmen, nicht mehr in einer schwer lastenden Hierarchie eingeordnet sein.

Die Entspannung hätte nicht ein leeres Wort bleiben müssen, wenn die Bundesrepublik bereit gewesen wäre, in ihre Ostpolitik auch die DDR einzubauen, wenn sie bei den Sowjets, die durch unnütze Diskussionen über den Gewaltverzicht nur Verwirrung stifteten, irgendwelche ermunternden Anzeichen festgestellt hätte, und wenn sich schließlich die Bundesregierung durch Festigkeit und Einigkeit ausgezeichnet hätte.

Keine dieser Vorbedingungen war gegeben. In der Bundestagsdebatte vom 13. Oktober stimmten die Redner über die DDR überein. In einem unserer Gespräche äußerte sich Bundespräsident Lübke wie in den Zeiten des Kalten Krieges: die sowjetische Gefahr nehme zu, die Sowjetunion erringe enorme Erfolge im westlichen Mittelmeer, Europa drohe die Einkreisung, der Kreml strebe als einziges Ziel die Weltherrschaft an. In einem Vortrag in Düsseldorf schilderte der Staatssekretär im Kanzleramt, Freiherr von Guttenberg, verwirrende Aussichten: China würde aus seiner Isolierung herauskommen und Deutschland größere Chancen bieten, sich nach Osten auszudehnen. Meine Freundschaft zu ihm machte es mir möglich, ihm zu sagen, wie sehr mich seine Ausführungen überrascht hatten. Selten war Moskaus Mißtrauen größer gewesen. Es genügte, Pjotr Abrassimow zuzuhören, dem Sowjetbotschafter in Ostberlin, um festzustellen, daß Moskau von der Entspannungspolitik, so wie sie die Bundesrepublik praktizierte, wenig erbaut war. Zwischen Kurt Georg Kiesinger und Willy Brandt verschärfte sich die Rivalität. Daher eine Schwäche der Regierung, die man in Paris nur allzusehr empfand. Dort gab man sich über die Handlungsfähigkeit Bonns gegenüber Rußland keinen Illusionen hin.

Auch in der Sache des englischen Beitritts zur EWG befanden sich unsere beiden Länder nicht auf derselben Wellenlänge. Den deutschen Politikern und Journalisten raubte er den Schlaf. Sie dachten nur noch an England. Ohne England keine Rettung. Wenn England den Europäern die Freundlichkeit erwies, um Aufnahme zu bitten, so war jedes Zögern ein Anzeichen von schlechten Manieren. Man fand es ungehörig, über die Modalitäten des Beitritts und seine eventuellen Auswirkungen lange zu diskutieren. Die Abwertung des Pfund Sterling versetzte alle in Erregung. Viele meinten, damit sei die letzte Barriere gefallen.

In Bonn vor der Europa-Union, in Mainz als Gast des Herausgebers der Allgemeinen Zeitung, hatte ich regelrechte Prüfungen zu bestehen. Sie waren mir nicht unwillkommen. Es gab übrigens Schwierigkeiten nicht nur für mich. Der Rektor der Universität Hannover erklärte mir, daß mein amerikanischer Kollege, den er in Kürze erwartete, seinen Vortrag nicht in dem gleichen Hörsaal halten würde, in dem ich meinen gerade absolviert hatte. Um Zwischenfälle zu vermeiden, werde man die Zuschauer sorgfältig auswählen müssen. Die Jugend litt unter Vietnams Schicksal.

Ich machte mir indessen von der Rolle eines Botschafters, ob Amerikaner oder Franzose, keine übertriebenen Vorstellungen. Die Partie wurde anderswo gespielt, nämlich in Brüssel, wo Maurice Couve de Murville Frankreichs Standpunkt mit der gewohnten Festigkeit darlegte. Von den fünf anderen Außenministern hob sich Willy Brandt durch seine ausgewogene Beurteilung unserer Stellungnahme ab – wem seine eigene Neigung auch immer galt.

Dies war eine der Situationen, in denen Kurt Georg Kiesinger seine Autorität in die Waagschale warf, um eine Spannung zwischen der Bundesrepublik und Frankreich zu vermeiden und einen Bruch zu verhindern, der für die Sechs verhängnisvoll gewesen wäre. Er gab dem Druck nicht nach, den man auf ihn ausübte, um sein »atlantisches Gewissen« wachzurufen und ihn dem ketzerischen Einfluß de Gaulles zu entziehen. Britische Parlamentarier, der italienische Minister Emilio Colombo vereinten ihre Anstrengungen mit denen der Deutschen und Franzosen, die gegen de Gaulle Wühlarbeit leisteten.

Einige Tage vor Weihnachten schloß man auch diese Episode ab. Frankreich hatte sich durchgesetzt. Die britische Kandidatur war abgelehnt worden. Mancher unserer Partner sah ein, wie richtig unsere Argumente waren. Aber die Verschwörer ließen nicht nach. Aus London kamen Vorschläge, zwischen Großbritannien, der Bundesrepublik Deutschland, Italien und den Beneluxländern eine Kooperation zuwege zu bringen. Damit hätte die Sechsergemeinschaft ihre Substanz verloren. Es war jedoch nötig, für die Revanche gegen Frankreich auch Deutschland zu gewinnen. Vor Ort ließ Englands Botschafter seinen Charme und seine Verführungsmittel spielen. Sir Frank Roberts hatte mehr hinter sich als nur den Vorzug, ein Land zu vertreten, das immer noch als Wirtschaftsmacht galt, ohne dafür Neid zu erregen. Er hatte es verstanden, sich vor allem in Industrie- und Finanzkreisen einen Anhang zu schaffen. Bemerkenswert begabt und tätig, verstand er sein Metier. Klein von Wuchs, mit verschmitztem Blick, äußerlich gemütlich rundlich, verkörperte er Englands traditionellen Hochmut. Niemand hätte ihm angesehen, daß sich sein Land im Niedergang befand. Er war nicht der erste britische Botschafter, der sich in Deutschland durch außerordentliche Autorität auszeichnete. Ohne ihm ähnlich zu sein, hätte er sich auf Lord d'Abernon berufen können, den berühmten Hünen, der uns vor vierzig Jahren so wenig geliebt und geschont hat. Sir Frank liebte uns – aber er liebte die Engländer noch mehr. Wie es in einer solchen Situation zu geschehen pflegt, gab man sich Mühe, uns nicht zusammen einzuladen, soweit es nicht unumgänglich war. Eine überflüssige Vorsichtsmaßnahme, denn jeder von uns spielte sein Spiel, ohne daß der andere daran Anstoß nahm. Wir bekämpften einander, ohne aneinander zu geraten: keine Entente, aber immer noch herzlich genug! Was hätte nicht alles noch passieren können, wenn andere als Kurt Georg Kiesinger und Willy Brandt am Steuer gewesen wären! Im Wirrwarr hörte man wenigstens eine Stimme, die sich als prophetisch erweisen sollte – die Stimme von Helmut Schmidt: »Die Engländer sind geduldig. Sie werden 1971 oder 1972 oder 1973 beitreten. Bis dahin merken die Franzosen, wie stark die deutsche Wirtschaft ist, und kommen dazu, sich zu wünschen, daß England auch zur EWG gehört.«

Anfang Februar 1968 kamen der Bundespräsident und Frau Lübke nach Paris, um den General und Madame de Gaulle im Palais Beauharnais zu empfangen. Dieses Gebäude war den Deutschen zurückgegeben worden und diente nun als prächtiger und mit vollendetem Geschmack eingerichteter Wohnsitz des Botschafters der Bundesrepublik Deutschland. Das Ehepaar Lübke war glücklich, seinen offiziellen Besuch vom Juni 1961 erneuern zu können. Von der Bundesverfassung nicht verwöhnt, die ihn auf Repräsentationspflichten beschränkte, freute sich Heinrich Lübke, einen Hauch von Weltpolitik einzuatmen. Der Empfang am Abend des 3. Februar war glanzvoll. Nach dem Abendessen, im engeren Kreise, wies der General seinen Gast darauf hin, daß hastiges Handeln in der heutigen Welt nicht ratsam sei. Sein Ton war bestimmt und selbstsicher und ermunterte nicht gerade zur Widerrede. Er verfolgte das Ziel, Lübke davon abzubringen, sich zum Verfechter des englischen Beitritts zu machen. Die Amerikaner, die Engländer seien zu hastig. »Weder Sie Deutsche noch wir Franzosen haben Anlaß zur Eile. Warum auch? Noch nie zuvor waren sowohl Sie als auch wir in einer günstigeren Lage als gerade jetzt.«

Zur Stunde ließ alles erwarten, daß der Besuch einen angenehmen Verlauf nehmen würde. Am nächsten Tag bestellte mich Maurice Couve de Murville zum Quai d'Orsay, wohin er auch Manfred Klaiber gebeten hatte. Einer Depesche der Deutschen Presseagentur zufolge hatte Willy Brandt öffentlich erklärt, daß die deutsch-französische Freundschaft. vor allem innerhalb der Jugend, so gefestigt war, daß sie die starren und antieuropäischen Vorstellungen eines »machthungrigen Staatschefs« überwinden konnte. Dieser Ausfall eines – und welch eines – Bundesministers in einem Moment, als er selber so viel Liebenswürdigkeit entfaltete, brachte de Gaulle außer sich. Er hatte beschlossen, die Gästeliste für das Abendessen zu reduzieren. Herbert Wehner und Kurt Schmücker, die beiden Kabinettsmitglieder, die Lübke begleiteten, sollten nicht eingeladen werden. Auf diese Art und Weise würde das gesamte Bundeskabinett zurechtgewiesen werden. Der Botschafter wehrte sich mit Händen und Füßen und schwor hoch und heilig, daß der für die deutsche Diplomatie verantwortliche Vizekanzler die ihm zugeschriebenen Worte nicht ausgesprochen haben konnte. Alles vergebens. Der Außenminister erweiterte das Diskussionsfeld und beklagte, daß in Bonn, in Brüssel, in Den Haag, Frankreich stets die Zielscheibe aller Anklagen sei. »Wir erlauben uns nicht, andere auf diese Art und Weise zu kritisieren«. Willy Brandt habe sich nicht nur über den Staatspräsidenten in unzulässiger Form ausgedrückt, sondern auch unsere Politik attackiert, auch unsere Strategie, genauer: die unlängst von General Ailleret abgegebenen Erklärungen über die »Rund-um-Verteidigung« [la défense tous azimuts].

Vor dem Mittagessen kamen der Bundespräsident und Manfred Klaiber auf Willy Brandts Äußerungen zurück, um sie herunterzuspielen. Der Botschafter verlas ein neues Dementi. »Eine Menge Dementis«, murrte der General. Er hatte sich seine Meinung gebildet und wünschte, von der Sache nichts mehr zu hören, gleichviel, ob die Entgleisung begangen worden war oder nicht. Heinrich Lübke ließ sich nicht lange bitten und begab sich auf das Gebiet der großen Politik. Die deutsch-französische Aussöhnung sei die Grundlage des zukünftigen Europas. Paris würde darin eine vorherrschende Rolle spielen. Dieses Europa würde nicht nur die Sechs umfassen, sondern viel umfangreicher sein und namentlich auch die skandinavischen Länder mit einbeziehen. De Gaulle führte den Gedanken weiter: »Wie könnte man vom europäischen Gedanken nicht fasziniert sein? Doch müßte es um ein europäisches Europa gehen, was ihm übrigens durchaus erlauben würde, zu den Vereinigten Staaten in einem herzlichen und fruchtbaren Verhältnis zu stehen. Wenn die Vereinigten Staaten die Weltherrschaft erringen sollten, würden sie nicht die letzten sein, die es bereuen und darunter leiden würden. Es wäre ebenso schlecht für sie, wie für die anderen Staaten, deren Herren sie wären. Frankreich widersetze sich und fahre nicht schlecht dabei. Die anderen aber machten es ihm leider nicht nach. Man könne zwar nicht behaupten, es gebe überhaupt keine Anzeichen einer Loslösung von Rußland und Amerika; sie seien jedoch zu schwach, um Gewicht zu bekommen. Unter diesen Bedingungen ein Europa zu schaffen, sei ein schwerwiegender, vielleicht nie mehr gutzumachender Fehler.«

Der General und sein Außenminister reisten nach Grenoble zu den Olympischen Winterspielen ab. Ich blieb in Paris und sprach von meiner Besorgnis mit Bernard Tricot, dem Generalsekretär im Elysée und René de Saint-Légier, dem diplomatischen Berater des Staatspräsidenten: Frankreich und die Bundesrepublik, meinte ich, lebten sich auseinander, die Mißhelligkeiten folgten dicht aufeinander und schufen eine dauernde Krisenstimmung. Der Streit über Englands Beitritt war nur die Spitze eines Eisbergs von Mißverständnissen. Ich trat offene Türen ein. Meine Gesprächspartner waren gerade dabei, für die eventuellen Beitrittskandidaten eine Brücke zu bauen. Es ging um Zollbegünstigungen, die den Handel zwischen ihnen und den Sechs erleichtert hätten. Dies würde den ersten Schritt darstellen.

Unsere Initiative wirkte sich erfreulich aus. Das spürte man bereits beim deutsch-französischen Gipfel in Paris am 15. und 16. Februar. Anfangs schlug der Bundeskanzler einen sehr bestimmten Ton an. Er wollte sich ohne große Mühe mit seinem – angeblich verletzten – Außenminister solidarisch zeigen. Wie hätte denn Willy Brandt auch nur im Traum daran denken können, de Gaulle zu kränken? Er befleißigte sich bald einer viel liebenswürdigeren Tonart. Zum erstenmal seit ihrem Bestehen sah sich die Bundesrepublik mit ernsthaften Schwierigkeiten konfrontiert. Es gab Studentenunruhen. Die NPD gewann an Terrain. Außerdem war Kurt Georg Kiesinger von Natur aus entgegenkommend. De Gaulle wollte gefallen, und er gefiel – auch Willy Brandt, der unauffällig entzückt war, auch Gerhard Schröder, der kokett den Zerstreuten spielte: »Wie geht's?« fragte er mich, wartete aber nicht ab, daß ich ihm meine Reverenz erweise.

De Gaulle sprach sich über die Vereinigten Staaten schonungslos aus. Weit davon entfernt, aus seinem Herzen eine Mördergrube zu machen, bemühte er sich, den Kanzler aufzuklären, von dem er hoffte, er erliege weniger als andere vor ihm dem Prestige Amerikas. De Gaulles Europäerstolz, seine Einsamkeit, die Größe der Gefahr ermunterten ihn, wieder einmal einen jener Kämpfe durchzufechten, die zu bestehen ihm vom Schicksal beschieden war. Die westeuropäischen Länder hätten gegen Amerikas Übermacht anzukämpfen, Rußland mit Mißtrauen zu begegnen, die Komplizenschaft zwischen Moskau und Washington zu vereiteln. Die Formulierung vom Europa zwischen Atlantik und

Ural schien zur Zeit vergessen zu sein. Wenn die Russen mit den Amerikanern über den Ozean hinweg gemeinsame Sache machten, so wurden sie damit ihrer europäischen Sendung untreu und verewigten eine Spaltung, die der geographischen und historischen Wirklichkeit zuwiderlief. Man müsse sich mit Entschlossenheit und Geduld wappnen. Es lebe Europa! Die Deutschen verstanden die Festigkeit des Staatspräsidenten besser, da sie mehr Rußland, denn den Vereinigten Staaten galt. Er wußte es und zog daraus seine Konsequenzen.

Während desselben Gesprächs wies Willy Brandt seinen französischen Kollegen darauf hin, daß sich die Bundesregierung darauf vorbereite, bis zum Friedensvertrag die Oder-Neisse-Linie als Deutschlands Ostgrenze anzuerkennen. Wiewohl zeitlich begrenzt und völkerrechtlich nicht ganz eindeutig – aber wann würde, wenn überhaupt, ein Friedensvertrag geschlossen werden? – war das deutsche Zugeständnis nicht uninteressant. Couve de Murville sah es sofort ein und tat etwas, was bei ihm ungewöhnlich war: während der anschließenden Sitzung der beiden Delegationen ließ er mir einen Zettel zukommen, um mich von der Sache zu unterrichten.

Mitte Februar hatte es an der Seine einen Augenblick Sonnenschein gegeben. Bald umwölkten Nebel den Rhein. Auf beiden Seiten gab es zwar guten Willen, echten, nicht nur verbalen; doch nicht genug, um die grundlegenden Divergenzen zu überbrücken.

Die deutsch-französische Vereinbarung über die Frage des englischen Beitritts überlebte nicht einmal den Frühling. Im Auswärtigen Amt erhielt sie in einem bestimmten Dokument mehr technischer Art eine sehr erweiterte Auslegung. Willy Brandt übersah vielleicht gewisse Feinheiten dieses Papiers und Kiesinger hatte anscheinend nicht sofort von ihm Kenntnis. Wir erhoben gegen diese Auslegung Protest. Unsere vier Partner, vor allem die Niederländer, für die jede Sonderabsprache zwischen

Paris und Bonn unerträglich war, freuten sich über den Mißklang. Wir Franzosen trösteten uns bald, denn unsere Wirtschaft hatte die Initiative der Regierung sehr ungern gesehen. Diese hätte ihr nur weitere Zollsenkungen beschert, wenn sie ausgeführt worden wäre. England mäkelte an der Sache herum: so ärmliche Geschenke sagten ihm nicht viel. Brandt war enttäuscht, Kiesinger betroffen.

In der Oder-Neisse-Frage blieben die Deutschen geteilter Meinung. Vor dem Bundestag erklärte der Bundeskanzler am 14. März, er wolle in die Ost-West-Beziehungen Bewegung bringen und zur DDR Kontakte aufnehmen. Allerdings stach Helmut Schmidts kraftvolle Stellungnahme gegen Kiesingers Zaudern ab: »Wer die Lage unseres Volkes verändern will, der muß sie zunächst begreifen. Damit wir sie begreifen, ist es vielleicht nützlich, wenn wir sie von Zeit zu Zeit auch mit den Augen der anderen Völker sehen . . . In den Augen unserer Nachbarn sind wir nicht unverschuldet in die heutige Lage geraten. In den Augen unserer Nachbarn ist der von Hitler begonnene und total verlorene Krieg der Ausgangspunkt ihrer Betrachtungen . . . Seit Mitte der fünfziger Jahre, vor allem seit Chruschtschows Berlin-Ultimatum von 1958 hat die Sowjetunion eine Politik der Aufrechterhaltung der deutschen Spaltung betrieben. Diese Politik dauert an . . . Nehmen wir Frankreich. Frankreich hält die Wiedervereinigung der Deutschen sicherlich nicht für das wichtigste Problem Europas. Aber man denkt in Paris, wenn Europa als Ganzes wieder zusammenwüchse, dann würde es Kraft genug gewinnen, um auch das große Gewicht eines wiedervereinigten Deutschlands in seinem Zentrum ausbalancieren zu können . . . Frankreich fügt dann immer wieder sehr klar hinzu, natürlich setze das einen Verzicht auf jedwede Grenzrevision und auf jedwede nukleare militärische Qualität Deutschlands voraus . . . Die Franzosen verlangen die Anerkennung der Oder-Neiße-Linie als Grenze. Sie sind für die Normalisierung unserer Beziehungen zu den ost- und südosteuropäischen Staaten. Sie sind für die Annäherung zwischen Bonn und Pankow. Sie wünschen eine Unterstützung der NATO-Politik, wie Frankreich sie treibt. Es wäre ganz gut, wenn wir uns über diesen Gehalt der französischen Deutschlandpolitik keine Täuschungen machten . . . In England ist im Grunde die Haltung sehr ähnlich wie in Frankreich . . . Und in Amerika? Die Amerikaner treten in der Deutschlandfrage überaus klar auf. Man ist für die Wiedervereinigung unseres Landes. Man bekennt auch die Vorläufigkeit der Oder-Neiße-Linie. Aber im Grunde möchte man den Status quo Europas keiner Gefährdung aussetzen.« (Zitiert aus der Rede des Abg. Helmut Schmidt im Deutschen Bundestag, 14. März 1968.) Studentische, evangelische, katholische Verbände billigten diese Sprache.

Das Bundeskabinett war gespalten. Auf dem sozialdemokratischen Parteitag in Nürnberg, der für ihn persönlich ein Erfolg war, wiederholte Willy Brandt, was er am 15. Februar Couve de Murville gesagt hatte. Aber was dachte das Bundeskabinett als Ganzes? Der Bundesaußenminister, an den ich diese Frage richtete, antwortete mir, er habe einige seiner christdemokratischen Kabinettskollegen von seinen Absichten in Kenntnis gesetzt, freilich ohne genau anzugeben, wie er zu formulieren und bei welchem Anlaß er sie in die Tat umzusetzen gedachte. Eine Dienstreise von zwei Wochen nach Afrika kam ihm gelegen, um zwischen sich und seinen Kritikern eine gewisse Entfernung zu legen. Die Christdemokraten veröffentlichten ein Dokument, in dem sie ihren traditionellen Standpunkt zur Oder-Neisse-Frage wiederholten. Landsleute von mir wie Jules Moch, Alain Savary, Raymond Schmittlein, Pierre de Boisdeffre, die in Bonn an einer deutsch-französischen Konferenz teilnahmen, staunten darüber, daß, trotz Kiesingers und Brandts Erklärungen, ihre deutschen Gesprächspartner sehr empfindlich reagierten, sobald die Beratungen die Ostgrenze, die Wiedervereinigung und die Bindungen der Bundesrepublik zu den Vereinigten Staaten berührten.

Die Krise, die die Vereinigten Staaten durchmachten, überschattete die weltpolitische Lage. In Vietnam mußten sie fürchterliche Schläge hinnehmen. Lyndon B. Johnsons Entschluß, ein zweites Mal für die Präsidentschaftswahl zu kandidieren, Martin Luther Kings Ermordung erregten weltweites Aufsehen. Die Macht Amerikas, die amerikanische Demokratie, Amerikas Glück wurden angezweifelt und angegriffen. Die Bundesrepublik war traurig über Amerikas Ungemach, ohne jedoch an Amerika irre zu werden. Das war in Paris bekannt. »Der General ist enttäuscht«, sagte mir Maurice Couve de Murville, der am 21. April zu Gast in Bonn war. »Enttäuscht darüber, daß die Deutschen zögern, ihre Ostpolitik auszubauen. Und auch darüber, daß sich ihre Anhänglichkeit gegenüber den Vereinigten Staaten und England um nichts verringert hat.« Der Lichtstrahl vom Monat Februar war erloschen.

Male ich vielleicht aus übertriebener Aufrichtigkeit ein zu düsteres Bild? Denn in der Tat gab es nicht nur Schatten. Wie verschieden die beiden Außenminister auch waren, so verstanden sie sich dennoch ausgezeichnet. Willy Brandt kam aus Afrika zurück, wo er eine Konferenz der deutschen Botschafter abgehalten hatte, auf der sich diese über den Beistand ihrer französischen Kollegen zufrieden geäußert hatten. Frankreichs bleibender Einfluß in Dakar, in Abidjan, hatte ihn beeindruckt. Er wünschte sich, die Bundesrepublik möge den ihren »weder ohne Frankreich, noch gegen Frankreich, sondern mit Frankreich zusammen« ausbauen. Darin lag etwas Neues. Michel Debré kam nach Bonn, um mit Karl Schiller einen deutsch-französischen Wirtschaftsausschuß zu gründen, dem das Zusammengehen der beiden Industrien einzuleiten oblag. Vereint würden sie der amerikanischen Herausforderung besser entgegentreten. Auch Maurice Schumann kam, namentlich um in Zusammenarbeit mit Gerhard Stoltenberg den Bau des Satelliten »Symphonie« zu beschleunigen.

Es stimmt zwar, daß bei einer Tagung der Sechs in Bad Godesberg deutsche Parlamentarier, immer die gleichen, ihrer Feindseligkeit gegen de Gaulle Ausdruck gaben. Sie sangen im Chor mit Franzosen – ebenfalls immer den gleichen. Es stimmt jedoch auch, daß die begeisterte Bewunderung, die der General einst in deutschen Landen zu erwecken wußte, leicht wieder aufleben. So zum Beispiel, als man erfuhr, daß die ersten Kontakte zwischen Amerikanern und Vietnamesen in Paris stattfinden sollten. »Wie schade, daß er so oft um ein oder zwei Jahre zu früh recht hat!« sagte mir ein großer Diener des Staates, ein gewissenhafter Mann, der gerade deswegen dem General bei jedem neuen Wagnis nur nach sorgfältiger Prüfung der Sache und erst in einem gewissen Abstand folgte. Aber gerade diese Fähigkeit des Präsidenten der Republik hätte um so mehr überzeugen und mitreißen müssen, als man sie immer wieder bestätigt sah.

7

De Gaulles Abgang

Frühling 1968 – Frühling 1969

Ich ahnte nicht, daß meinem Land tragische Wochen bevorstanden. Meine Hauptsorge galt der Bundesrepublik, wo sich Ärgernisse und Schwierigkeiten häuften. Selbst Bundespräsident Heinrich Lübke blieb nicht von ihnen verschont. Gegen den Vorwurf, während der Nazi-Zeit Bauaufträge für KZ-Baracken unterzeichnet zu haben, wehrte er sich redlich und unbeholfen. Die Deutschen gingen böse, zuweilen unmenschlich mit dem ersten Mann ihres Staates um. Ich suchte Frau Lübke auf, um ihr die Gabe eines internationalen Clubs zu überreichen. Sie erklärte mir, ihr Mann würde nicht vor Ablauf seiner Amtszeit zurücktreten. Mit ergreifender Natürlichkeit und Entrüstung erklärte sie, er sei Opfer entsetzlicher Diffamierungen, die in Ostberlin ausgeheckt würden. Für das Ehepaar Lübke handelte es sich um einen Schicksalsschlag; für diejenigen, die für die Lübkes Hochachtung empfanden, um einen Anlaß zur Traurigkeit, für die anderen um eine Witzelei. Der Präsident der Bundesrepublik Deutschland zählte nicht allzuviel.

Schwerwiegender war der ansteigende Zorn der studentischen Jugend. Ihr Anführer Rudi Dutschke wurde am 11. April in Berlin angeschossen und schwer verletzt. Nervosität griff um sich. Der Bundeskanzler brach seinen Osterurlaub ab. Die DDR nützte die Situation aus, um die Reisen von Ministern und hohen Beamten aus Bonn in die alte Reichshauptstadt zu erschweren. Der Regierende Bürgermeister Klaus Schütz, zugleich Präsident des Bundesrates, wurde an der Grenze zurückgewiesen und mußte auf dem Luftweg nach Westdeutschland reisen.

Die Landtagswahlen in Baden-Württemberg am 2. April machten es für die Große Koalition nicht leichter. Die Sozialdemokraten erlitten eine Niederlage, die selbst die Christdemokraten als für das Gleichgewicht der Koalition abträglich empfanden. Die NPD erzielte Erfolge, die spektakulär genug waren, um Aufmerksamkeit zu erregen. Anfang Mai berief der geplagte Bundeskanzler die verantwortlichen Politiker zu einem Treffen in der Nähe von Bonn ein. Es sollte versucht werden, in dieser mißlichen innenpolitischen Lage die innere Harmonie der Koalition wiederherzustellen. Auch von der Außenwelt sollte gesprochen werden . . .

Alexander Dubčeks Experiment, in der Tschechoslowakei weniger herbe Bräuche einzuführen, wurde mit brennendem, wenn auch beherrschtem Interesse verfolgt. Im Auswärtigen Amt spürte man trotz aller Zurückhaltung Zuversicht. Spontaner und kühner erlaubte sich ein Vertrauter Willy Brandts zu gestehen, Dubček »manövriere ganz wunderbar«. Um sich selbst eine Enttäuschung zu ersparen, sagte Brandt selber zu mir: »Hoffentlich gibt es keinen Rückschlag!«

Am 11. Mai wurde auf Schloß Clos Vougeot Willy Brandt und Maurice Couve de Murville die höchste Auszeichnung der burgundischen Bruderschaft der Chevaliers du Tastevin verliehen. »In Strömen floß der Wein ins Glas des fremden Gastes« – und des französischen nicht minder. Ein glänzendes, funkelndes Fest! Jede Nektarsorte wurde von je einem Vortragenden gewürdigt, der sich bis zur Lyrik aufschwang. Die erlesenen Speisen, die originellen Gewänder, die Persönlichkeit und Anzahl der Gäste, der feudale Zauber des Ortes verwandelten dieses Fest des Gaumens in einen geistigen Genuß. Es wurde nicht gegessen, sondern ausgekostet; es wurde nicht getrunken, sondern bedacht genossen; selbst Trunkenheit wäre keine Sünde mehr gewesen. Ich beobachtete die zwei Außenminister, vor allem den meinen. Sie waren Tischnachbarn und bemühten sich, ihre Gedanken nicht zu verraten. Maurice Couve de Murville war erst nach einigem Zögern gekommen. »Er muß sich in der Provinz zeigen!« hatte man mir aus seiner Umgebung gesagt. Ich merkte auf. Mehrere Regierungsmitglieder, die ich als Besucher in Bonn gesprochen hatte, machten kein Hehl daraus, daß sich unser Außenminister immer größeren Ansehens, vor allem beim General erfreute. Dieser hätte ihn nicht ungern zu seinem Nachfolger erkoren. Couve de Murville sah die Angelegenheit nicht im Licht irgendeiner Pflicht, sich in der Provinz zu zeigen, sondern wollte einfach seinen deutschen Kollegen dort nicht im Stich lassen. Dann im Flugzeug zwischen Paris und Dijon spürte ich mehr noch aus seinem Schweigen als aus seinen Worten heraus, wie tief betroffen der Patriot in ihm war. Er fragte sich, welches Schicksal Frankreich unmittelbar bevorstand. Die Studentenrevolte, das Eingreifen der Gewerkschaften stellten bereits das Regime in Frage. Und es war nur der Anfang.

In Rumänien fühlte de Gaulle wenige Tage später die Seele eines ganzen Volkes erbeben. Auf die Reise zu verzichten, hätte bedeutet, auf seine Sendung zu verzichten. Er hatte die Aufgabe übernommen, für die Einheit Europas Vorarbeit zu leisten. In Rumänien sprach er offen von Unabhängigkeit und Freiheit, ohne auf irgend jemanden auf der Welt und schon gar nicht auf die Sowjets Rücksicht zu nehmen.

Nach verständlichem anfänglichem Zögern wurden sich die Deutschen darüber klar, daß Frankreich in Gefahr war, von dort eine revolutionäre Bewegung mit unabsehbaren Folgen um sich greifen zu sehen, und daß wegen der unmittelbaren Nachbarschaft Ansteckungsgefahr bestand. In Ulm, wo die Erinnerung an Napoleon überraschend lebendig war, in Stuttgart, wo Paul Claudels Werk und Persönlichkeit gewürdigt wurden, hörte ich kein Wort, an dem ich hätte Anstoß nehmen können. Hans Filbinger und Carlo Schmid erwiesen sich als bemerkenswert verständnisvolle Freunde. Ich lobte de Gaulles Entschlossenheit, seinen klaren Blick, seinen Mut. Bewunderungsvoll verfolgte man die Rumänien-Reise. Man interessierte sich nach wie vor für die Bemühungen der Tschechoslowakei um mehr Freiheit.

Auf der Botschaft hingen alle Gedanken an Frankreich, wo die Krankheit schnelle Fortschritte machte. Die Ansprache des Staatspräsidenten am Abend des 20. Mai war ein Mißerfolg. Es war, als ob de Gaulle seinen alten Schwung eingebüßt hätte. Man vermißte die Tatze des Löwen. In Kiel wurde ich von Heinrich Lemke, dem Ministerpräsidenten von Schleswig-Holstein, mit einer Sympathie empfangen, die mich zugleich mit Rührung erfüllte und irgendwie beunruhigte. In Bremen, wo sie mit Molières *Amphitryon* und *Don Juan* Triumphe feierten, mußte ich mit den Schauspielern der Comédie Française – meine große Liebe seit mehr als einem halben Jahrhundert – verhandeln, damit sie wenigstens am Abendessen teilnahmen, das von unserem Konsul, Damien Giordani, ihnen zu Ehren gegeben wurde. Sie ließen es über sich ergehen, und ich wußte ihnen großen Dank dafür. Trotzdem blieb die Art, wie sie reagierten, vielsagend. In der allgemeinen Verwirrung empfanden sie solidarisch mit ihren Pariser Kameraden, für die der Sturmwind, der durch die Hauptstadt fegte, Träger der Keime einer neuen, freieren und gerechteren Gesellschaft war. Plötzlich fühlten sich unsere Künstler in unserer, der Obrigkeit, Gesellschaft nicht mehr wohl Daraus konnte ich entnehmen, wie das Klima in Frankreich war.

»Es ist besser für Sie, hier zu sein, als in Paris«, sagte zu mir ein Kölner Bankier, der dem General nicht nachgetrauert hätte. Er kannte mich offenbar nicht so gut, wie ich gehofft hatte. Am 27. Mai rief ich die Mitarbeiter, die unter meiner Leitung tätig waren, zusammen und richtete an sie eine Ansprache, die wie ein Loblied auf de Gaulle klang.

Am Mittwoch, dem 29. Mai kam ich um halb vier Uhr nachmittags in der Botschaft an, nach einem Mittagessen in Ernich, bei dem die Gäste länger geblieben waren, als ich mir gewünscht hätte. Unterwegs erreichte mich ein Anruf aus der Botschaft: General Massu habe aus Baden-Baden einen Hubschrauber abkommandiert, der mich sobald wie möglich zu ihm bringen sollte. Von dieser Mitteilung im Befehlston etwas erstaunt, denn niemand achtete die Umgangsformen gewissenhafter als der Oberkommandierende, ließ ich unseren Militärattaché, General Vaillant, um Erläuterungen bitten. Was ging denn in Baden-Baden vor, um diesen sofortigen Abflug erforderlich zu machen? General Lalande vom persönlichen Militärstab des Präsidenten sei in Begleitung wichtiger Persönlichkeiten da. Ich stand im Begriff, in aller Eile nach Ernich zurückzufahren, wo der Hubschrauber landen sollte, als das Telefon erneut klingelte: der Hubschrauber hatte unterwegs Befehl erhalten, zurückzufliegen. Wenig später, im Laufe des Nachmittags, erfuhr General Vaillant, daß de Gaulle höchstpersönlich in Baden-Baden gewesen war. Ich rief sofort General Massu an, da ich jetzt wußte, daß ich ihn nicht mehr stören würde. Ich brauchte kein schlechtes Gewissen zu haben: ich wäre sowieso zu spät angekommen. Er teilte mir die Anweisung mit, die deutschen Behörden davon zu unterrichten, daß General de Gaulle »aus technischen Gründen« auf deutschem Boden einen kurzen Zwischenaufenthalt gemacht hatte. Weitere Erklärungen solle ich nicht abgeben.

Mir war bange ums Herz, als ich nach Bonn fuhr, wo ich den Staatssekretär im Kanzleramt, Karl Carstens, vertraulich unterrichtete. Er hörte mir zu, ohne, wie mir schien, an den angeblichen Grund der kurzen Anwesenheit de Gaulles so recht zu glauben. Ich fuhr weiter zum Rathaus, wo ich die Einladung zu einem eine Stunde später stattfindenden Abendessen absagen wollte, um für alle Eventualitäten verfügbar zu sein. Oberbürgermeister Hans Daniels, dessen Gesinnung mir bekannt und der meinen nicht unähnlich war, hatte verstanden, ehe ich zu Ende gesprochen hatte. Die Art, wie er mich empfing, war wohltuend.

Kurz vor Mitternacht überreichten mir Guy de Commines und General Vaillant ein Schreiben, das ein Kurier von General Massu überbracht hatte. Es war die schriftliche Bestätigung der von mir bereits befolgten mündlichen Anweisungen. Die Mitteilung besagte außerdem, daß man als erstes versucht hatte, General Karpinski zu erreichen, den Vertreter der Bundesregierung beim Oberkommandierenden. Dieser habe jedoch der Aufforderung, sich bei General de Gaulle zu melden, »wegen Abwesenheit nicht Folge leisten können«. Jedermann stellte Mutmaßungen über die Aktivitäten des Generals de Gaulle zwischen dem Verlassen des Elysée-Palastes und der Ankunft in Colombey-les-deux-Eglises an. Eine meiner Töchter, die ich spät abends in Paris anrief, unterbrach mich sofort mit der Frage: »Ist er bei euch?« Viele fingen an, zu behaupten, er habe sich mit den führenden Militärs in Verbindung gesetzt. Mit welchen denn?

Am 30. Mai erreichte die Erregung ihren Höhepunkt. Die Sitzung des Ministerrates ist eben geschlossen worden. Es ist vier Uhr zehn nachmittags. Was wird de Gaulle um halb fünf im Rundfunk und Fernsehen sagen? Beim Verlassen des Elysée-Palastes hat ein Minister ein Wort fallenlassen. Es lautet: »Energie.« Mehrere Mitarbeiter der Botschaft und von meinen Kindern alle, die bei uns waren, fahren nach Paris, um an der großen Demonstration am nächsten Tag teilzunehmen. Er hat gesprochen! Es ist wieder der de Gaulle vom 18. Juni 1940. Frankreich ist wieder einmal gerettet. Rasch wird eine neue Regierung gebildet. Neuer Außenminister ist Michel Debré. Nach auf den Tag genau zehn Jahren am Quai d'Orsay wird Maurice Couve de Murville Wirtschafts- und Finanzminister. Ich zweifle nicht daran, daß man ihn für noch höhere Aufgaben vorbereitet.

In der Bundesrepublik dauert die Besorgnis an. Man vollzieht den jähen Umschwung der Franzosen nicht nach. Diese Franzosen – immer die gleichen, immer unberechenbar! Ist der Bürgerkrieg in Frankreich nicht einfach nur aufgeschoben? Über einen bestimmten Punkt möchte Deutschland genauer Bescheid wissen, denn alle möglichen Gerüchte sind im Umlauf. Am 30. Mai ruft mich abends Staatssekretär Carstens an: es sei nicht länger möglich, den Zwischenaufenthalt des Generals in Baden-

Baden geheimzuhalten. Ich rufe Bernard Tricot an. Wir sind in Verlegenheit. Wie und warum sollten wir weiter verschweigen, was alle bereits ahnen?

Am 31. Mai berichtete mir nach dem Abendessen General Vaillant über seinen Besuch bei General Massu. Was er mir erzählt, veranlaßt mich, ebenfalls nach Baden-Baden zu fahren. Zusammen mit meiner Frau, die nur selten ausgeht, essen wir zu Mittag bei General und Madame Massu nebst Nachkommenschaft; es ist Pfingstmontag, der 3. Juni. Vor dem Essen wiederholt mir der General überaus offen und vertrauensvoll in seiner farbigen Sprache, was ich bereits größtenteils vom Militärattaché wußte. Erst drei Minuten bevor der Präsident der Republik aus dem Hubschrauber gestiegen sei, habe Major Flohic dem General Massu Meldung erstattet. De Gaulle habe den Eindruck eines vollkommen selbstbeherrschten Mannes gemacht. Er habe sofort verlangt, daß man die Deutschen informiere. General Karpinski sei nicht erreichbar gewesen. Da sei mein Name gefallen. Es sei der Wunsch geäußert worden, man solle mich kommen lassen. Ich hatte schon immer große Hochachtung für General Massu, aber was er mir erzählte, erhöhte sie von Minute zu Minute. Gleichviel, wie de Gaulles Gefühle während seines kurzen Aufenthalts in Deutschland gewesen sein mochten: der Waffenbruder hatte auf ihn richtig gewirkt, so wie es Massus gradlinigem, unbedingtem Wesen entsprach. »In welcher Geistesverfassung war er, als er Sie verließ?« »Die Antwort können Sie sich selber geben: Sie haben doch seine Ansprache am nächsten Tag gehört!« Über den Husarenstreich habe kein auch noch so hochgestellter Zivilist Bescheid gewußt. Der Oberkommandierende in Deutschland habe lediglich und im Nachhinein Bernard Tricot informiert.

Mein Gastgeber war über das Verhalten unserer deutschen Nachbarn hocherfreut. Gerhard Schröder habe ihm herzlich und verständnisvoll geschrieben. Er selber, Massu, sei bereit, sich in den Wahlkampf einzuschalten, um de Gaulles Sieg sichern zu helfen. Wenn sich die Wirrköpfe durchsetzten, sei es aus mit der Armee. Wenn er sich in die politische Schlacht stürze, so nur, um die Armee zu verteidigen. Er tue es aber ungern, weil ihm die Politik zuwider sei. Mein Gesprächspartner ist ein Patriot: sind denn dies die Gedanken, die ihn bedrücken, oder andere, die ich nicht zu erraten vermag? Er erzählte mir nämlich das Ereignis, das er selber als historisch bezeichnete, ohne den gewohnten Schwung.

In einer rheinischen Zeitung las ich aus der Feder Helmut Schmidts: »Die Geschichte wird uns lehren, welche die wichtigste Tat des Generals de Gaulle gewesen ist. Doch kann man schon jetzt sagen, daß er in den vergangenen Tagen große Dinge vollbracht hat. Ohne ihn wäre Frankreich in den Bürgerkrieg gestürzt. Diejenigen, die die Ära nach de Gaulle geduldig erwarteten, täten gut daran, es nicht zu vergessen.« Der künftige Bundeskanzler schien die Meinung zahlreicher Parteifreunde auszusprechen. Wir erfuhren in der Tat, daß sich in der SPD ein starker Trend der Sympathie für Frankreich abzeichnete, und daß die Sozialdemokraten das Bündnis der französischen Sozialisten mit den Kommunisten streng mißbilligten. Ihrerseits brachte die der CDU nahestehende »Bonner Rundschau« eine für ihre Verhältnisse beispiellos lobreiche Würdigung des Generals. Die Bundesrepublik hatte einen Schrecken durchgemacht. Zu diesem Junianfang begrüßte man in ihm den Retter. In einem Interview mit Michel Droit am Abend des 7. Juni zeichnete de Gaulle das Bild einer neuen Gesellschaft, die auf der Mitbestimmung der Arbeiter im Betrieb und der Studenten in der Universität gegründet sein sollte. Innerhalb dieser Stunde faßte er seine politische und historische Rolle zusammen. Was überwog, war sein Bild als sozialer Erneuerer. Er verriet innere Bewegtheit: ja, er habe an den Rücktritt gedacht. Doch die Aufgabe sei so gewaltig, so ungeheuer schwierig, daß er die Herausforderung wieder einmal aufgenommen habe. Würdevoll und temperamentvoll zugleich eröffnete er den Wahlkampf. Das Ergebnis am 16. und 23. Juni ist hinreichend bekannt.

Die Veränderung war tief, das angerichtete Unheil nicht wiedergutzumachen. Als einer unserer Botschafter bei einer internationalen Organisation, in der wir oft Prügel bezogen, dem Generalsekretär im Außenministerium, Hervé Alphand, erzählte, seine ausländischen Kollegen seien plötzlich sehr nett zu ihm geworden, bemerkte Alphand trocken: »Wie am Krankenbett.« Bei den allwöchentlichen Gesprächen der Botschafter der drei westlichen Alliierten mit den Deutschen konnte ich feststellen, wie weit Frankreich an Gewicht verloren hatte. Die Erfolge des Generals – Pariser Treffen zwischen Amerikanern und Vietnamesen, Rumänien-Reise – trugen uns keinen Gewinn mehr ein. Wer unter den Pariser Aufrührern hatte sich während der dramatischen Wochen überhaupt die Frage gestellt, wie sich wohl die innenpolitische Unordnung auf die Außenpolitik und das Ansehen Frankreichs auswirken würde? Die Berufung Couve de Murvilles zum Premierminister am 10. Juli kam nicht überraschend. Zweifellos wäre der damalige Außenminister schon 1967 ernannt worden, wenn er nicht in seinem Pariser Wahlkreis durchgefallen wäre. Jetzt, einige Monate später, war das Amt nur bedingt ein schönes Geschenk. Wie man es mir auch immer erklären mochte, ich empfand es jedenfalls als bedauerlich, daß Georges Pompidou in die Wüste geschickt worden war. Das konnte die Gefahr nur noch erhöhen.

Über seine unermeßlichen politischen und psychischen Auswirkungen hinaus komplizierte der Sturm, der Frankreich geschüttelt hatte, unverzüglich auch unsere Beziehungen zum Ausland. Die bundesdeutschen Behörden vergaßen Daniel Cohn-Bendit und erhoben Protest dagegen, daß wir uns genötigt sahen, Deutsche auszuweisen, die in die Straßenkämpfe verwickelt gewesen waren. Die Angelegenheit machte sowohl den deutschen Behörden als auch unserer Botschaft in Bonn viel Kopfzerbrechen. Alle Blicke richteten sich bereits nach Brüssel. Wegen des Ausmaßes unserer Wirtschaftskrise mußte unsere Delegation mit Jean-Marc Boegner an der Spitze ausgerechnet in dem Augenblick unseren EWG-Partner Schutz- und Ausnahmeregelungen wie zum Beispiel Importkontingentierungen schmackhaft machen, als die unbeschränkte Zollunion in Kraft trat. In Bonn und anderswo klagten manche über unsere »Politik der vollendeten Tatsachen« und über unsere »Überheblichkeit«. Am 10. Juli plädierte Michel Debré vor dem Ministerrat der Gemeinschaft für unseren Standpunkt. Weit davon entfernt, Rügen einzustecken, war unser neuer Außenminister so überzeugend, wie mir Staatssekretär Georg Duckwitz erzählte, daß man der französischen Regierung für ihre Mäßigung dankte.

In ihrem Zustand wären sowohl Frankreich als auch die Bundesrepublik Deutschland schlecht beraten gewesen, miteinander Streit anzufangen. Die Bundesregierung war über die Unterzeichnung des Atomsperrvertrages am 1. Juli durch die Vereinigten Staaten, Rußland und England bestürzt. Der Vertrag habe einen zweifachen Nachteil. Er behindere die wirtschaftliche und technologische Weiterentwicklung des Landes – eine Befürchtung, die sich später als unbegründet erwies – und mache Washington und Moskau zu gemeinsamen Garanten der Weltsicherheit.

Ich lebte unter den Deutschen und fragte mich, ob sich Westdeutschland, von Amerika nur allzu oft falsch beraten, nicht Ziele gesteckt hatte, die unerreichbar blieben, solange Europa kein neues Bild bot. Westdeutschland hätte sich ausschließlich friedlich zeigen, über seine Forderungen schweigen und so eine ganz einzigartige Rolle spielen können. Es war leicht vorauszusehen, daß dank seiner Organisationsgabe und Disziplin, seinen Hilfsmitteln, seiner industriellen Erfahrung, das Land den Wiederaufstieg in der Rangordnung der Nationen schaffen würde. Es verfügte nicht über dieselben Trümpfe wie Frankreich, war aber in der Lage, Frankreich auch nur mit denen durchaus einzuholen, die es besaß. Dies gelang später so gut, daß das Gleichgewicht zugunsten der Bundesrepublik gestört war, worüber sich wiederum die Franzosen aufregten: so sehr neigten die beiden Länder instinktiv dazu, sich aneinander zu messen. In einem Brief von Maurice Martin du Gard an André Gide vom 2. - 4. Februar 1945 las ich: »Einziges Mittel, Deutschland zu entwaffnen: . . . Man muß es glücklich machen . . . Mir schwebt das Bild eines mit dem Glück verheirateten Deutschlands vor. Wir haben das deutsche Volk aus der Nähe erlebt – ich verbrachte den ganzen Winter 1918 – 1919 auf rheinischen Bauerndörfern – und wissen, wie sehr dieser Menschenschlag die Gemütlichkeit, das wohlgeordnete Leben, die einfachen Lebensfreuden, das Familienleben schätzt. *Da* kann man den Hebel ansetzen.« Die Jahre, die seitdem vergangen sind, haben gezeigt, daß sich die Deutschen als das große Volk, das sie sind, mit diesem schlichten Glück nicht begnügen können.

Den Russen war das bekannt. Im Frühling und Sommer 1968 übten sie über die Bundesrepublik unerbittlich Aufsicht aus. Vor einem Landsmann von mir, einem Soldaten von hohem Rang, wetterte gegen sie General Kotschewoj, der Oberkommandierende in Potsdam: »Deutschland soll sich ruhig verhalten, sonst – die Sowjetpanzer!« Solche Worte, in einer Stunde, als Frankreichs Schicksal in der Schwebe war, verrieten, wie angespannt man in Moskau den Gang der Ereignisse verfolgte. Wenn wir uns in innere Wirren verirrten, neigte sich die Waage in Westeuropa zugunsten eines Landes, das man, wahrscheinlich aufrichtig, immer noch fürchtete. Für Moskau keine erfreuliche Aussicht.

Der französische Fieberanfall hätte nicht ungelegener kommen können. In Prag blühte der »Frühling«. Die Befreiung lag in der Luft. Wie weit würde Alexander Dubčeks Unternehmung ihn führen? In Bonn beobachtete man die Entwicklung der Dinge mit Neugierde, Wohlwollen und verworrenen Hoffnungen. Es kam zu Pannen aus Unachtsamkeit oder menschlichem Versagen. Die Sowjetbotschaft beeilte sich, sie auszuschlachten. Die Reise von Bundesbankpräsident Karl Blessing nach Böhmen, Mitte Juli, wurde in der deutschen Presse von Kommentaren begleitet, die auf die engen, neugeknüpften Beziehungen der Bundesrepublik Deutschland und der CSSR etwas zu nachdrücklich hinwiesen. An den Ufern des Rheins wurde behauptet, daß in manchen Ostblockländern die Volksmeinung Moskau wenig zugetan sei; daß diese Abneigung Westdeutschland zugute komme, und daß Rußland auf jeden Fall der Verlierer sei, ob es die Tschechen und

Slowaken gewähren ließe, oder ob es gegen sie durchgriffe.

Der Kreml stellte, wie gewöhnlich, wenn er in Schwierigkeiten steckte, die Bundesrepublik als Buhmann dar. Er schrieb ihr finstere Pläne zu. Er machte sie zum Sündenbock. Er hoffte, auf diese Art alle jene Osteuropäer, die hinter dem Eisernen Vorhang lebten und in Deutschland den ewigen Feind sahen, um sich zu sammeln. Deutschland steckte mit der westlichen Krankheit alle an. Dementsprechend ließen sich die Sowjets keine Gelegenheit entgehen, ihre Gereiztheit kundzutun. Auf eine Mitteilung zum Thema Gewaltverzicht, in der sie sich bewußt versöhnlich gezeigt hatte, mußte die Bundesrepublik drei Monate auf die Antwort aus Moskau warten, und dann fiel diese mitnichten ermutigend aus. Die Große Koalition hatte sich umsonst Mühe gegeben. Man nahm ihr »ihre« Entspannung nicht ab. Im Osten wurde der deutschfeindliche Ton zunehmend heftiger.

Die Deutschen begriffen etwas verspätet, daß sie der Versuchung nicht erliegen durften, mit den Tschechen zu liebäugeln. Im Kanzleramt und im Auswärtigen Amt wurde darauf geachtet und das Ganze verwandelte sich in einen geordneten Rückzug. Bruno Heck verzichtete sogar auf eine private Reise in die CSSR. In Briefen an Kurt Georg Kiesinger, Willy Brandt und Gerhard Schröder schlug Helmut Schmidt vor, die für September unweit der böhmischen Grenze vorgesehenen Manöver auf einen späteren Zeitpunkt zu verschieben. Willy Brandt teilte mir seine Besorgnis am 25. Juli in Bayreuth mit – die Festspiele waren gerade mit den »Meistersingern« eröffnet worden. »Die Bundesrepublik ist bemüht, den Sowjets keinen Anlaß zum Zorn zu geben. Wird das aber genug sein?« Um den Kreml zu beschwichtigen, werde sie bei der Unterzeichnung des Atomsperrvertrages – dem sie sich definitiv anschließen müsse – auf die »Europaklausel« verzichten. Diese Klausel besagte, daß im Falle der politischen Einigung Europas die freiwillig akzeptierte Diskriminierung Deutschlands entfallen würde. Willy Brandt hatte darüber mit Debré gesprochen, mit dem er sich ausgezeichnet verstand. Die Vereinigten Staaten seien enttäuscht gewesen. Man stelle fest, daß sie sich an die ursprünglich in Jalta beschlossene Teilung der

Welt hielten. Für sie gehöre die CSSR eben zur »anderen« Welt.

Dessen überdrüssig und in festem Ton erklärte die Bonner Regierung dem russischen Botschafter, daß die Anschuldigungen im Sowjetfunk und in der Sowjetpresse, die Bundesrepublik sei gerade um die CSSR besonders bemüht, unbegründet seien. Der russische Diplomat antwortete ohne Umschweife, weder die russisch-tschechischen Beziehungen, noch die Lage in der Tschechoslowakei könnten Gegenstand von Gesprächen zwischen der Bundesregierung und ihm sein. Er gab damit deutlich zu verstehen, daß sich die Bundesrepublik auch zum Zweck der Aussöhnung nicht ins fremde Jagdrevier wagen durfte.

Man hoffte, das Schlimmste sei abgewendet, als man sah, daß sogar Walter Ulbricht Mäßigung zu zeigen schien. Seit Anfang des »Frühlings« schien er von tiefer Besorgnis zernagt. Er goß Öl in das Feuer, er hetzte die Sowjets gegen Dubček und gegen die Bonner Führung auf. Im Juni hatte er ihr durch die Einführung des Visumzwangs für westdeutsche Besucher der DDR einen bösen Streich gespielt. Plötzlich, am 16. August, erhielt Wirtschaftsminister Prof. Karl Schiller von seinem Ostberliner Kollegen eine Botschaft mit dem Vorschlag, neue Gespräche aufzunehmen. Die Neugierde war groß; es war aber eine Fehlanzeige. Ulbricht wußte wahrscheinlich, was damals in Moskau ausgeheckt wurde. Ein bißchen Katzbuckelei störte ihn damals nicht weiter.

Nachdem ich meine Urlaubsreise aufgeschoben hatte, war ich jetzt endlich seit einigen Tagen in Carnac in der Bretagne, wo ich wie jeden Sommer meine Familie vorgefunden hatte. Monsieur und Madame Georges Pompidou verbrachten dort ebenfalls ihren Urlaub, in einer massigen, langweilig aussehenden Villa, die aber eine herrliche Aussicht auf das Meer hatte. Um sie gegen Störenfriede zu beschützen, hatte man um den Garten herum eine Umzäunung aufgebaut, welche die Blicke der Passanten erst recht auf das Haus zog. Das war nun bestimmt nicht im Sinne des vormaligen Ministerpräsidenten, der durch die Presse bekanntgegeben hatte, er suche nur Ruhe. Ich respektierte seinen Wunsch und schrieb ihm, um mich zu seiner Verfügung zu halten, ohne mich jedoch weiter aufzudrängen. Er antwortete mir, er bemühe sich vor allem, völlige Ruhe zu genießen, werde mich aber im nächsten Winter, anläßlich einer meiner Dienstreisen nach Paris, herzlich gern empfangen. Für ihn verkörperte ich bestimmt, dort vor dem unendlichen Ozean, das Leben in der Mitte der Staatsgeschäfte, an das er sich ungern erinnerte. Er konnte sich meine Wenigkeit – und nicht ganz ohne Grund – wohl nicht anders vorstellen, als am grünen Tisch, im Leichenbitteranzug, und außerstande, von etwas anderem als von Deutschland und der EWG zu reden. Das war kaum eine Art von Urlauber, die ihm Freude gemacht hätte.

Etwas enttäuscht über seine Antwort und entschlossen, ihn nicht weiter zu belästigen, zog ich mich unter mein eigenes Zelt zurück. In Carnac, das dank seinem Bürgermeister Christian Bonnet immer reizvoller wurde, sprachen alle von Georges Pompidou – oder war ich es, der zu allen von ihm sprach? Mehreren Bekannten widerfuhr die Ehre, bei ihm eingeladen zu werden. Sie erzählten, er sei bedrückt und verbittert. Er habe bis zum letzten Tag keine Ahnung gehabt, in Ungnade gefallen zu sein. Während der Krise habe er dem General zum Rücktritt geraten. Später habe er seinen eigenen angeboten, und zu seiner großen und unangenehmen Überraschung sei dieser nach wenigen Tagen angenommen worden. Er habe dann zu spät seine Geste bereut. Die Schwermut, unter der er angeblich litt, hinderte ihn jedenfalls keineswegs, sein verbarrikadiertes Haus zu verlassen. So kam es zu einem kleinen lustigen Zwischenfall, aus dem man seinen Beliebtheitsgrad herauslesen konnte.

Während eines seiner Spaziergänge begegnete ihm Madame de Quénetain, die Gattin des in Berlin kommandierenden Generals, die ihn sofort für den Spätnachmittag des nächsten Tages einlud: »Gern, wenn ich bei Ihnen junge Menschen antreffen werde.« Sie lud mich liebenswürdigerweise auch ein. Ich winkte dankend ab: mein Alter entspräche nicht dem Wunsch des Gastes. Der Ministerpräsident soll sich gewundert haben, daß ich nicht dabei war. Also hatte ich meine Verhandlungsposition verbessert . . . Dementsprechend promenierte ich wie immer ganz früh am Morgen auf dem praktisch menschenleeren Strand, aber zu einem genau berechneten Zeitpunkt, als er eben, in einen weißen Bademantel gehüllt, sich auf sein Seebad vorbereitete, während Madame Pompidou ihm vom Balkon zuschaute. Ich ging schneller, erreichte ihn, bevor er den Bademantel abgeworfen hatte und fand ihn von Gesundheit strotzend und herzlich. Er eröffnete das Gespräch: es sei an der Zeit, uns gegenseitig nicht mehr aus dem Weg zu gehen! Plötzlich erscheint wie aus dem Nichts irgendein lästiger Mensch mit gezücktem Bleistift und Notizblock und bittet um ein Autogramm! Der Bann war gebrochen! »Ich melde mich noch!« rief mir Pompidou zu. Am 21. August erschien bei mir einer seiner Mitarbeiter, um einen baldigen Besuchstermin vorzuschlagen. Im Morgengrauen hörte ich im Rundfunk die Nachricht von der sowjetischen und ihrer Verbündeten Invasion der Tschechoslowakei und verließ Carnac sofort.

Der Bundeskanzler behielt die Nerven. Er erklärte, daß die Stockungen und die Rückschläge, auf die er stets gefaßt gewesen sei, ihn nicht an der Entspannungspolitik irre werden ließen. Was gab es da für eine Alternative? Nach der Hoffnung und den Illusionen kam jetzt die Enttäuschung. Mißmut und Angst bemächtigten sich der Geister. Die Volksarmee der DDR hatte sich unter Mißachtung der Potsdamer Verträge und des Viermächteabkommens an der Operation beteiligt. Unheilverkündende Gerüchte über Truppenkonzentrationen um Rumäniens Grenzen waren im Umlauf. Am 23. August, dem rumänischen Nationalfeiertag, drängten sich die Gäste beim rumänischen Botschafter. Dessen Moral war turmhoch: Rumänien werde sich notfalls zu wehren wissen! Die Bundesrepublik fürchtete für sich selbst. Nicht mehr achtundzwanzig, sondern vierundachtzig Sowjetdivisionen standen in Böhmen und bedrohten Bayern. Die Erklärungen, die in Bonn abgegeben worden waren, wurden von Moskau wie als Kriegserklärungen qualifiziert – ein vielsagendes Anzeichen echten oder vorgetäuschten russischen Zornes.

Das Drama führte nun zu einer ernsthaften Spannung zwischen Paris und Bonn. Einer meiner deutschen Freunde erklärte mir ganz offen, daß seine Landsleute wütend auf uns waren. Wir schienen den Zuwachs an sowjetischer Militärmacht im Herzen Europas ja gelassen hinzunehmen. Er hatte vergebens versucht, die französische Politik öffentlich zu verteidigen. Unsere Konsuln schickten uns betrüblich vielsagende Berichte. Was wäre noch weiter geschehen, wenn Kurt Birrenbach und Helmut Schmidt, die in die Vereinigten Staaten entsandt worden waren, um diese aus ihrer Apathie wachzurütteln, bei ihrer Mission Erfolg gehabt hätten?

Michel Debré und Willy Brandt trafen sich am Quai d'Orsay am 7. September. Das Klima ihrer Begegnung entsprach mitnichten der Bonner Atmosphäre. Beide Außenminister waren gleichermaßen darum bemüht, Europas gereizte Nerven zu entkrampfen. Allerdings zogen Frankreich und Deutschland nicht die gleichen Schlußfolgerungen aus dem letzten sowjetischen Gewaltstreich. Die Deutschen hätten sich gewünscht, die westlichen Staaten ihre Bindungen demonstrativ enger zu knüpfen zu sehen. Die Franzosen meinten, das einzige Ergebnis einer solchen Demonstration wäre nichts weiter, als die Russen erneut zu reizen, mit schmerzhaften Folgen für die Bevölkerung der CSSR. Am 9. September gab es wieder eine Pressekonferenz des Generals mit einer noblen Passage über die Tschechoslowakei und die verschiedenen Schicksalsschläge, die sie erlitten hatte. Aber die Entspannung werde weitergehen. Die Politik hatte eben ihre Zwänge.

Ende des Monats bereitete sich der Kanzler darauf vor, den französischen Staatspräsidenten zu empfangen. Er stand mit seiner Einstellung zu uns ebenso einsam da, wie einst so oft Adenauer. Von überallher beschwor man ihn, de Gaulle gegenüber nicht gar zu kulant zu sein. Einige der Störrischsten meinten, man sollte die EVG – die Europäische Verteidigungsgemeinschaft – wieder aus der Asche auferstehen lassen.

Vor seiner Abreise versammelt de Gaulle Maurice Couve de Murville, Michel Debré, François Ortoli und mich in seinem Arbeitszimmer. »Die Bundesrepublik Deutschland und Frankreich befinden sich gegenüber der Sowjetunion nicht in der gleichen Situation. Deutschland hat den Krieg, einen entsetzlichen Krieg, verloren. Es ist geteilt und will die Folgen der Niederlage nicht hinnehmen. Die Russen hassen die Deutschen. Nichts davon gilt für Frankreich. Zwar verurteilt es ebenso wie die Bundesrepublik Deutschland die sowjetische Invasion der Tschechoslowakei. Wenn unser Nachbarland angegriffen würde, wären wir an seiner Seite. Aber Frankreich ist für die Entspannung und für den Frieden. Außerdem ist Frankreich mit der Bundesrepublik nicht zufrieden. Es fordert von niemandem etwas. In den letzten Jahren ist es vorbildlich, zuweilen übertrieben großzügig gewesen. Was war Deutschlands Gegenleistung? Bonn macht sich zum Fürsprecher des englischen Beitritts zur EWG. Wir dagegen widersetzen uns diesem Beitritt.«

Ich verrate hier kein Geheimnis, denn am 27. und 28. September erklärte der General dem Bundeskanzler genau das gleiche. Maurice Couve de Murville sagte zu mir: »Die Russen sind außer sich. Sie möchten für den Fall verschärfter Schwierigkeiten mit China ihr rückwärtiges Gebiet in Europa gesichert wissen.« Das Abendessen im Kanzleramt verlief in bedrückter Stimmung. Nach den Tischreden meinte Michel Debré: »Fehlzündung.« Während der Abschlußsitzung zeigte sich de Gaulle in der Form verbindlicher denn je zuvor, in der Sache dagegen strenger denn je. Er wiederholte ein paarmal: »Aber lassen wir das.« Mancher wäre froher gewesen, wenn er das jeweilige Thema nicht »gelassen« hätte. Erst beim Mittagessen vor dem Abschiednehmen sah man wieder lächelnde Gesichter. Die ganzen sechsunddreißig Stunden lang war der General ständig im Rampenlicht gewesen, strotzend von vitaler Kraft. Er beklagte sich bei jedem Gesprächspartner, den man ihm zuführte, über die schleichende Erlahmung der deutsch-französischen Beziehungen.

Kaum war der französische Staatspräsident aus Deutschland abgereist, und schon wurde der Kanzler zur Zielscheibe von Angriffen aus dem eigenen Lager. Er sei zu schlapp gewesen. Er habe erklärt, daß Europa nicht ohne Frankreich geschaffen werden könne, was besagen wolle, die Politik der Bundesrepublik müsse der französischen untergeordnet werden. »Wenn Sie eine andere Politik gemacht hätten . . .« hatte de Gaulle den Deutschen gesagt. Eine andere Politik? Wohl eine, die die von ihm befürwortete europäische Regelung ermöglicht hätte, und die ohne deutsche Zugeständnisse nicht denkbar war. Deutschland hatte gezögert, gezaudert, vor allem versucht, aus der Entspannung wirtschaftliche Vorteile zu ziehen. Es mußte sich endlich zu diesen Zugeständnissen bequemen. Man hatte Zeit verloren und keine europäische Regelung als Gegenleistung dafür eingetauscht.

Kurt Georg Kiesinger blieb uns treu und bemühte sich, Mittel und Wege zu finden, wie die beiden Nationen ihre Aktionsgemeinschaft ausbauen könnten. Die Stelle über Frankreich aus seiner Bundestagsrede vom 19. Oktober hätte mir große Freude bereitet, wenn sie nur nicht von so magerem Applaus, ja von höhnischem Kichern begrüßt worden wäre! Helmut Schmidt erklärte mir geradeheraus, daß er an der interparlamentarischen Konferenz in Den Haag gar nicht erst teilnehmen werde: entweder würde er reden, und zu viel sagen; oder schweigen, und dieses Schweigen auf dem Gewissen haben.

Es war bequemer, auf die Franzosen wegen ihrer Aufrichtigkeit böse zu sein, als die Sowjets, die wirklich Schuldigen, zur Verantwortung zu ziehen. In New York zeigte sich Andrej Gromyko nicht unfreundlich zu Willy Brandt, der es mit Genugtuung vermerkte. Die Höflichkeit änderte allerdings an den Realitäten überhaupt nichts. In Prag schlossen Kossygin und Cernik ein Abkommen über das vorübergehende Verbleiben eines Teils der Sowjeteinheiten in der Tschechoslowakei »aufgrund der erhöhten revanchistischen Umtriebe westdeutscher Kreise«. Aber das unterirdische Grollen in Mitteleuropa sollte eher abebben als der Sturm am Rhein.

Am 1. November wandelte ich durch die Gänge des Pariser Außenministeriums. Sie waren leer, was am Quai d'Orsay selten der Fall ist – auch am 1. November nicht oft. Ich öffnete endlich eine Tür. Es war die zum Arbeitszimmer von Etienne Manac'h. Der Leiter des Asienreferats war voll und ganz bei der

Arbeit. Er legte die Feder weg, blickte mich mit seinen lebhaften Augen an und sprach rasch, nach seiner Gewohnheit. Manac'h hatte sich schon die Klugheit und den Scharfsinn der Asiaten angeeignet, noch ehe er zu einem prominenten Botschafter in Peking wurde. Er hielt mit mir Lagebesprechung: »Lyndon B. Johnson habe gerade bekanntgegeben, die Bombenangriffe auf Nordvietnam seien beendet. Ein Erfolg mehr für die französische Diplomatie. Aber dennoch werde für Frankreich die seit Mai verlorene Stabilität wiedererlangt. Man sei nicht mehr mit ganzem Herzen bei der Sache. Die Wirtschaft sei angeschlagen, der Franc in Gefahr. Wir seien genötigt, auf den Kampf gegen den Dollar zu verzichten, den der Präsident der Republik mit seiner Pressekonferenz vom 4. Februar 1965 eröffnet hatte – gegen den US-Dollar, diesem Währungsmonster, einem Unordnungsfaktor der Weltfinanz, und für die Vereinigten Staaten eine Quelle anormaler Vergünstigungen; eine Währung, die sogar das Gold übertrumpfe. Für uns gehe es nicht mehr um den Sieg, sondern ums Überleben. Auf den Weltmärkten seien wir nicht mehr konkurrenzfähig. Aus der Unruhe der Jugend sei sicherlich eine Lehre zu ziehen, doch welche, das werde man erst später sehen. Im Moment zehre sie an der Substanz der Nation. Frankreich sei schwer angeschlagen. De Gaulle stehe nicht mehr wie ein Fels da. Couve de Murville habe er keinen Gefallen erwiesen, als er ihn vor vier Monaten zum Premierminister ernannt hatte. Um uns aus dem Abgrund wieder emporzuraffen, in den wir uns gestürzt hatten, hätten beide Zeit nötig gehabt ...«

Die Gespräche zwischen de Gaulle und Kiesinger hatten bei den maßgeblichen deutschen Politikern Spuren hinterlassen. Einer unserer alten und erfahrensten Diplomaten, der aus München zurückkehrte, wo wir von einem Konsul von Format, André Saint-Mieux, vertreten waren, bestätigte meinen Eindruck durch eine persönliche Begebenheit. Bei einer Unterredung mit ihm habe Franz-Josef Strauß gesagt: Wir Franzosen meinten, während der tschechoslowakischen Krise sei die Bundesrepublik mehr als unvorsichtig gewesen. Wir legten ihr nahe, der Sowjetunion Zugeständnisse zu machen. Die wirtschaftlichen Erfolge der

Bundesrepublik hätten uns erschreckt. Aber in diesem Punkt werde er, Strauß, sich als Bundesfinanzminister niemals auf einen Kompromiß einlassen. Deutschland sei politisch gebrochen. Es brauche wirtschaftliche Expansion. Was bleibe ihm denn sonst noch übrig?

Zum Glück waren die Kontakte zwischen deutschen und französischen Ministern und hohen Beamten häufig und ausgezeichnet. Jeder kam seinem Widerpart bis zum Äußersten entgegen. Von unserer Seite kam zum Beispiel Robert Galley, um mit Gerhard Stoltenberg die Raumfahrtproblematik zu besprechen. Dynamisch, jung, stets gut gelaunt, ließ er auch mir dieselbe Freundschaft angedeihen, die er für meinen Schwager Philippe Coste empfand, dessen Werk in unserem Atomzentrum Pierrelatte er sehr bewunderte.

Es kam sogar vor, daß der Deutsche dem Franzosen oder der Franzose dem Deutschen nachgab, selbst wenn es sich um eine Angelegenheit handelte, die ihm sehr am Herzen lag. So wünschten wir zum Beispiel selbstverständlich, daß unser Farbfernsehsystem SECAM seine Konkurrenten überflügelt. Wir hatten einen Vertrag mit der DDR ausgearbeitet, die es übernehmen wollte, und warteten nur noch auf den zuständigen Staatssekretär aus Ostberlin, um die letzten Details perfekt zu machen. Die Bundesrepublik hatte das eigene System PAL. Sie erhob Einspruch: die deutsche Wiedervereinigung werde auf einem interessanten, hochmodernen Felde beeinträchtigt, noch ehe sie stattgefunden hatte! Trotz dem Verlust, der für uns dadurch entstand, erhielt der hohe Beamte aus Ostberlin kein Einreisevisum. Was für Argumente wir auch immer geltend machten, die Freunde aus Bonn hielten dem das unüberwindliche Gefühl nationaler Zusammengehörigkeit entgegen.

Frankreich und die Bundesrepublik waren mitnichten wie jene Ehepaare, die nur von Mißhelligkeit, Streit und Ärger leben. Sie konnten sich die ungeschminkte Wahrheit sagen, weil sie nicht befürchten mußten, das würde sie auseinanderbringen. Sie wußten, daß sie im selben Boot saßen, und waren stolz, die schmerzvolle Vergangenheit überwunden zu haben. Die Wirkungen aufeinander waren stark. Die Handelsbindungen waren so eng geworden, daß eine ausgesprochene Abhängigkeit voneinander bestand. Diese innige Partnerschaft und auch die Überzeugung der Franzosen, viel für Deutschland getan zu haben, führten die Regierung dazu, sich in dem Augenblick, als das vom Sturm des Mai 1968 geschwächte Frankreich das Ausland um Hilfe ersuchen mußte, an den Vertragspartner vom 22. Januar 1963 zu wenden. Das Ungleichgewicht zwischen D-Mark und Franc dauerte an. Wo würden wir hinkommen, wenn die eine nicht auf- oder der andere nicht abgewertet wurde?

Am 9. November sagte mir Couve de Murvilles Kabinettschef Bruno de Leusse am Telefon, eine Botschaft des Premierministers an den Bundeskanzler sei unterwegs, die ich dem Empfänger persönlich zu überreichen hätte. Man bitte um den Besuch einer höchst kompetenten deutschen Persönlichkeit, die mit uns die Währungsprobleme erörtern würde. Dieser Anruf machte mir Angst: unsere Krankheit war also ernsthafter Natur. Ich versuchte sofort, den Bundeskanzler zu erreichen. Kiesinger war normalerweise recht zugänglich. Diesmal machte sein Büro Schwierigkeiten: der Bundeskanzler sei unpäßlich, er befinde sich auf seinem Besitz bei Tübingen und wünsche, nicht gestört zu werden. Unter diesen Umständen auf einer Unterredung zu bestehen, wäre geradezu ungehörig gewesen. Ich gab also nach einigen ergebnislosen Versuchen schließlich auf. Einige Tage später sagte er mir, daß ich empfangen worden wäre, wenn er es gewußt hätte. Offenbar wollte man nicht, daß er es erfährt.

Er fehlte mir. In einer Unterredung mit ihm hätte ich ihm alles offen erklärt und ihm meine herzliche Anhänglichkeit gezeigt – gerade damals, als sein Stern sich neigte. Beim CDU-Parteitag in Berlin war er nicht dauernd zugegen gewesen: Grippeerkrankung. Eine mit einem Franzosen verheiratete Berlinerin hatte ihn ins Gesicht geschlagen, um auf diese Art und Weise gegen seine zwielichtige politische Vergangenheit unter der Nazi-Herrschaft zu protestieren. Der aus der Versenkung mit frischen Kräften wiederaufgetauchte Erhard, Rainer Barzel als Wortführer der der Großen Koalition Überdrüssigen, Schröder, dem seine Reserviertheit anscheinend nicht schadete, da ihn CDU und CSU mit überwältigender Mehrheit zu ihrem Kandidaten für das Amt des Bundespräsidenten nominiert hatten, wurden von den Delegierten jubelnd begrüßt. Ein Zeichen der Zeit: bei den Debatten des Parteitages war viel von den kürzlich erfolgten amerikanischen Präsidentschaftswahlen gesprochen worden. Einige Delegierte stießen sich daran und legten Einspruch ein: es gehe nicht an, sich so übertrieben lebhaft um die Angelegenheiten eines fremden Landes zu kümmern. Freilich wurde dem Namen Richard Nixons begeistert Beifall gespendet. Wer hätte sich da zurückhalten können? Auch der gute Europäer Kiesinger zollte ihm seinen Tribut. Solche Äußerungen gaben mir zu denken. Ihre Bedeutung war unmißverständlich.

Ich hätte großen Wert auf ein Gespräch mit dem Kanzler gelegt, weil er trotz seiner den Vereinigten Staaten erwiesenen Reverenz, vor allen anderen der beste Freund Frankreichs geblieben war. Die Freundschaft zwsichen ihm und Couve de Murville, der die Botschaft an ihn gerichtet hatte, wäre ein anderer Pluspunkt gewesen. Da er aber nicht zu erreichen war, wurde ich von Willy Brandt empfangen. Seine verwirrende Persönlichkeit lag mir. Er war damals gerade aus Den Haag zurückgekehrt, wo fünfhundert Parlamentarier über die Zukunft Europas diskutiert hatten – darunter kein einziger Franzose, was uns nicht viel Lob einbrachte. Lächelnd und nicht ohne Rührung sagte er mir: »Ich habe nicht viel Beifall geerntet. Ich konnte doch Frankreich nicht den Krieg erklären!« Durch seine Reden in Genf und Paris war er als Redner bekannt und ich zweifle nicht, daß er wieder einmal großen Eindruck gemacht hatte. Wichtig für mich war im Moment, daß er mir aufmerksam zuhörte. Er tat es – aber

Koalitionsregierungen sind schwerfällig. Erst am 14. November kam ein Staatssekretär nach Paris. Im Palais Matignon hätte man lieber den Bundeswirtschafts- oder den Bundesfinanzminister gesehen. Aber gerade das war die Schwierigkeit: wen von ihnen beiden wählen? Willy Brandt sagte mir später, wie sehr er es bedauerte, daß man nicht ihn geschickt hatte: »Wäre ich doch der Sendbote gewesen!«

Am 11. November feierte Charles de Gaulle im Invalidendom das Andenken Raymond Poincarés, der 1926 den Franc gerettet hatte. Am 18. erklärte Couve de Murville in Metz: »Die deutsch-französische Zusammenarbeit ist die Grundlage der europäischen Politik, das heißt des Schicksals dieses Teils unseres Kontinents, und sie wird es für immer bleiben.« Die Beschwörung der Vergangenheit und das Bekenntnis an die Gegenwart und die Zukunft ergänzten einander. Beide hatten ihren schwerwiegenden Sinn.

Die Konferenz der Sechs, die zugleich Mitglieder des internationalen Währungsfonds waren, brachte den Wirtschafts- und Finanzminister François Xavier Ortoli, begleitet von Jacques Brunet und Bernard Clappier, dem Präsidenten beziehungsweise Vizepräsidenten der französischen Staatsbank, vom 20. bis zum 22. November nach Bonn. Für Frankreich waren es eher peinliche Tage. Die Deutschen zeigten sich unerbittlich, jeder Aufwertung der D-Mark abhold und lediglich bereit, kleinere Ein- und Ausfuhr-Regelungen zu akzeptieren. Es wurde praktisch nur von der Abwertung des Franc gesprochen. Wir standen einem triumphierenden Karl Schiller gegenüber.

Kurze Zeit davor hatte ich mich bei ihm wiederholt für das Gelingen einer Unterhandlung eingesetzt, die der deutsch-französischen Zusammenarbeit sehr förderlich war und eigentlich ganz gut vonstatten ging. Die Dresdner Bank hatte einen Teil ihres Aktienpakets der Gelsenkirchener AG an die Compagnie Française des Pétroles abgegeben. Das wäre alles in Ordnung gewesen, hätten wir nicht im letzten Augenblick erfahren, daß sich die Mobil Oil für den Fall einer Offerte aus einem dritten Land das Recht vorbehalten hatte, ihren Kapitalanteil aufzustocken: ein

Anzeichen mehr für die amerikanische Unterwanderung. Sobald uns dieser Vorbehalt bekannt wurde, blieb uns nichts weiter übrig, als dankend abzulehnen, was ich in einem Schreiben an den Wirtschaftsminister in unüblich trockener Form auch tat.

Unter seiner Konferenzleitung führte die Bundesrepublik auf dem Zehnertreffen eine Sprache, die wir nicht mehr gewohnt waren. Vom Beruf aus Universitätsprofessor, für einen etablierten Fünfziger erstaunlich jung aussehend, das Gesicht manchmal von einem Lächeln geprägt, sprach er dort als Herr und Meister. Man hatte sich vorgestellt, sein Kollege, der Bundesfinanzminister Franz-Josef Strauß, hochbegabt und präpotent, hochdynamisch und redegewaltig, über Bayerns Grenzen hinaus bekannt, in Parlamentarierkreisen gefürchtet, durch seine turbulenten Fernsehauftritte das Publikum in Laune versetzend, würde mit Karl Schiller schnell fertig werden. Er wurde es nicht, weder schnell noch langsam. Die Germanen drückten ihren Brustkorb wieder heraus. Sie befreiten sich von einer jahrelang aufgestauten Verbitterung. Wir wurden erbarmungslos gebeutelt. Dahin hatte uns die Politik der Größe geführt: die Bundesrepublik nahm Frankreichs Platz ein und übernahm die Führung in Westeuropa! Stets in Verbindung mit dem Premierminister kämpfte François Ortoli geschickt und fest gegen das Pech an, ausgerechnet in dieser Konstellation für unsere Finanzen verantwortlich zu zeichnen.

Karl Schiller hätte Größe bewiesen, wäre er taktvoller vorgegangen. Viele um ihn, darunter der Kanzler selbst, machten kein Hehl daraus, daß dieses Zur-Schau-Tragen der deutschen Überlegenheit ihnen auf die Nerven ging. Auch in Washington, London und Moskau kam das nicht besonders gut an. Am 30. November äußerte Kiesinger im Rundfunk im Hinblick auf die Zehnerkonferenz: »Wir sind weltweit geachtet, aber nicht geliebt. Das dürfen wir nicht vergessen.«

Diese Bemerkung verriet seinen Scharfsinn. Westdeutschland hatte einen riesigen Sprung vorwärts gemacht. Durch seinen Fleiß, seine Technik, seine Gewissenhaftigkeit als Vertragspartner, die Qualität seiner Waren, die Wiedergeburt »deutscher Qualität« in Wirtschaft und Handel, erzwang es allgemeine Hochachtung. Kiesinger hatte recht: man achtete es, ohne es zu lieben. Oder mindestens ohne es besonders zu lieben. Viele Franzosen hatten als die allerersten angefangen, Deutschland zu lieben, und dieser Trend sollte sich fortsetzen. Die Zeit würde ein übriges tun, vorausgesetzt, daß Deutschland aus seinem Gesamtbild die Schandflecke für immer entfernte, die es einst so schrecklich entstellt hatten. Man verzieh ihm seine Vergehen weniger leicht als anderen. Man fürchtete es eher als andere. Man forderte von ihm mehr als von anderen. Deutsches Selbstlob war ein Rückfall in alte Sünden. Wollte Deutschland geliebt werden, so mußte es »höhere Tugend beweisen«, wie der Dichter sagt – ein Handicap und eine große Chance.

Gerüchte aus Paris vermischten Dichtung und Wahrheit: de Gaulle sei auf Bonn sehr schlecht zu sprechen, Couve de Murville nicht mehr fest im Sattel, Pompidou auf dem Rückweg zur Macht. Am Nachmittag des 23. November erfuhr man nach der Kabinettsitzung in Paris, der französische Franc werde nicht abgewertet. Es war, als habe eine Bombe eingeschlagen. Doch nachträglich behauptete jedermann stolz, mit dieser Entscheidung des Staatspräsidenten fest gerechnet zu haben! Durch die Abwertung des Franc, so schrieben bösartig die Gazetten, hätte er sich selbst abgewertet. In Wirklichkeit war es aber eine für ihn typische Entscheidung. Er war eben anders als die Allzuvielen.

Die Währungskrise trug zur Verbesserung der deutsch-französischen Beziehungen nichts bei. Mit der ihm eigenen Gabe, Frankreich notfalls zu kritisieren, ohne dafür weniger freundschaftlich gesinnt zu sein, sagte mir Kiesinger, wie sehr er es bedauere. Meine Antwort lautete: wenn ich dem General sagen würde, daß die Deutschen mit uns nicht zufrieden seien, würde er mir entgegnen: »Was habe ich denn nicht alles für sie getan?« Willy Brandt wirkte gelassener. Er meinte, in diesem häßlichen Oktober sei man in Washington und London mit dem neuen deutschen Selbstbewußtsein gewisser Leute weniger nachsichtig gewesen als in Paris. Hier habe man nämlich von böswilligen Kommentaren abgesehen. Er freue sich, Michel Debré bald in Brüssel wiederzusehen, um mit ihm »alles zu besprechen«.

Maurice Couve de Murvilles Nachfolge als Chef unserer Diplomatie anzutreten, wäre für keinen Menschen eine leichte Aufgabe gewesen. Bei allen, mit denen er zehn Jahre lang diskutiert und verhandelt hatte, hatte er sich unvergleichliches Ansehen erworben. Überall brachte man ihm Respekt entgegen. Aus Scheu, aus Stolz und aus Berechnung mäßigte er seine leidenschaftliche Wesensart und verschaffte sich manchmal Luft mit scharfen Formulierungen, die zutrafen, trafen und »saßen«.

Michel Debrés Vaterlandsliebe war grenzenlos. Für Frankreich war er jederzeit bereit, sich sogar verhaßt zu machen. Ein Kämpfer für Recht und Ordnung in einem Kampf, von dem er wußte, daß er in absehbarer Zeit nicht zu gewinnen war, fleißig, begierig, zu organisieren, Reformen einzuführen, hatte er im Parlament, im Staatsapparat und draußen im Lande die allzuvielen Franzosen gegen sich, die seinen massiven Glauben an Frankreich unerträglich fanden.

Im Ausland hatte sein Name einen nicht für alle Ohren angenehmen Klang. Man sagte ihm Europafeindlichkeit nach. Er hätte dazu sicherlich gefragt, welches Europa denn gemeint sei. Man behauptete außerdem, er sei gegen Deutschland voreingenommen. Er befürchtete allerdings, daß die Wirtschaftskraft der Bundesrepublik einem sich selbst aufgebenden Frankreich zu schaffen machen könnte. Aber er erkannte die Verdienste unserer Nachbarn durchaus an. In Brüssel absolvierte er seine europäischen Verpflichtungen mit gewinnbringender Kühnheit. Die Deutschen, mit Willy Brandt an der Spitze, konnten sich über diesen aufgeschlossenen und einfallsreichen Gesprächspartner gewiß nicht beklagen.

Der Minister rief unsere Botschafter aus verschiedenen europäischen Hauptstädten zur »Lagebesprechung« zum Thema Europa und zum Thema Ost-West-Beziehungen zusammen. Darunter befanden sich der aus Moskau kommende Olivier Wormser und sein Nachfolger, mein Bruder Roger, der seinen

Posten noch nicht angetreten hatte. Der Empfang, der ihm dort zuteil wurde, bewies, daß man den Richtigen gewählt hatte, aber auch, welchen Wert man im Kreml auf die neuaufgelebte russisch-französische Freundschaft legte. Auch unser Staatspräsident maß ihr großes Gewicht bei. Indessen wurde Deutschland in den Augen Debrés wieder zum Hauptproblem, oder vielmehr, es blieb das Hauptproblem. Als Wirtschaftsmacht würde es sich nicht mehr lange in eine untergeordnete politische Rolle fügen. Die Konjunkturflaute des Jahres 1966 habe es gehindert, seine Macht zu demonstrieren. Seitdem mache es beständig weitere Fortschritte. Selbst für die Ostblockstaaten galt die Bundesrepublik als wichtiger denn die DDR. Dank ihrer günstigen geographischen Lage stehe sie im Wettbewerb um den russischen Markt an der Spitze. Außerdem mache die Bonner Regierung unserem Minister viel Kopfzerbrechen durch ihr Zögern und durch ihre juristischen Spitzfindigkeiten in Fragen wie die des Münchener Abkommens von 1938.

Deutschland verharrte in einer begreiflichen Unentschlossenheit. Die deutsche Auffassung von Entspannung fand in Moskau kein Verständnis; soviel stand fest. Die Deutschen wollten sie der Wiedervereinigung, die Russen der internationalen Anerkennung der DDR dienstbar machen. Außerdem schien die Invasion der Tschechoslowakei alle Versöhnungschancen ausgelöscht zu haben. Willy Brandt war bemüht, den unglückseligen August 1968 schamhaft zu verschleiern. Doch die Lektion war gelernt worden. China wachte auf und jeder wollte dabei sein; Brandt dämpfte die Ambitionen der deutschen Wirtschaft, um in Peking eine Wiederholung der – nach Lesart des Kreml – Bonner Fehler von Prag zu vermeiden.

Das Jahr 1968 endete mit gewissen deutsch-französischen Ermüdungserscheinungen. Die Erklärung lag in der Prager und in der Währungskrise. Beiderseits des Rheins wurde das Klima kühler. Der Kälteeinbruch erreichte sogar die bayerische CSU, die bislang in de Gaulle das Vorbild für ein neues deutsches Nationalgefühl gesehen hatte. Bei uns in Frankreich wurde die Opposition gegen de Gaulle unbarmherzig. Ein aus Paris zurückgekehrter Kölner Bankier erzählte mir, wie unverblümt sich ein früherer Minister des Generals mit seiner bekannten, schneidenden Stimme über de Gaulle ausgedrückt habe. Im Ungewissen über unser Schicksal und das eigene, unterstützte uns die Bundesrepublik nicht mehr. Trotz Pierre Messmers Bemühungen, lehnte sie den Kauf unseres Mirage-Kampfflugzeugs mit verstellbarer Tragfläche ab. Sie schloß mit England und den Niederlanden einen Vertrag über den Bau einer Elektronen-Beschleunigungsanlage.

Das Jahr 1969 kündigte sich als veränderungsträchtig an. In Frankreich kam die Volksbefragung vom 27. April, endlich eine Gelegenheit für de Gaulles Kritiker, mit seiner Ära, der sie sich nicht angepaßt hatten, Schluß zu machen. In Deutschland gab es am 28. September Bundestagswahlen. Christ- und Sozialdemokraten wetzten ihre Argumente. Kiesinger und Brandt konnten einander nicht mehr ertragen. Karl Schiller wurde von sich selbst immer eingenommener. Der Kanzler erklärte mir, »er sei nicht mehr Herr im Hause«.

Unbeirrbar fuhr de Gaulle fort, auf die Weltereignisse einzuwirken. Am 3. Januar, nach dem Handstreich der mit französischen Flugzeugen ausgerüsteten israelischen Luftwaffe auf Beirut, verhängte er abermals das uneingeschränkte Ausfuhrverbot für Rüstungsmaterial in Richtung Tel-Aviv. Die deutsch-französische Annäherung hatte darunter keineswegs zu leiden, im Gegenteil. Aber der General blieb auch der Friedenspolitik treu. »Ein einziges Wort von einem führenden Mann der Sowjetunion ist wichtiger als endlose Palaver am grünen Tisch des Atlantikrates.« Scherz, Ironie und tiefere Bedeutung! Am 21. Februar, nach einem Mittagessen zu Ehren des zum Staatssekretär ernannten Botschafters der Bundesrepublik Deutschland in Paris, Sigismund von Braun, spöttelte er: »Die NATO! Was tut man denn bei der NATO? Reden, reden, reden, und es führt zu nichts!«

Das Liebäugeln zwischen Paris und Moskau mißfiel den Deutschen. Der Austausch von Liebenswürdigkeiten zwischen de Gaulle und dem aus dem Amt scheidenden Lyndon B. Johnson machte sie auch nicht glücklicher. Wieder einmal bekam der Kanzler Isolationsangst. Die Furcht, ein zweiter Erhard zu werden, ließ ihn nicht los. Er hatte es eilig, den General, dessen Autorität er anerkannte, wiederzusehen, sich zu vergewissern, daß de Gaulle auf die Bundesrepublik aus irgendwelchen Gründen, denen er nicht nachgehen wollte, nicht böse war. Durch seine Härte, seine Dialektik, sein Prestige blieb de Gaulle, den man beiderseits des Rheins in Grund und Boden verdammte, der ruhende Punkt, der starke Mann, zu dem man Zuflucht nahm.

Aber noch vor ihrem Treffen wurde die nach dem britischen Botschafter in Paris so genannte Soames-Affäre ruchbar. Soames war auf seine Bitte hin vom Staatspräsidenten am 4. Februar empfangen worden. Mißverstanden oder böswillig entstellt, erregten die Äußerungen des Generals in den verschiedenen Staatskanzleien großen Lärm. Man beschuldigte ihn der Absicht, die EWG und den Atlantikrat zu sprengen. Michel Debré ließ mich und die anderen Botschafter aus den betroffenen Ländern zu sich bitten: unsere Aufgabe sei es, die Tatsachen klarzustellen und die Regierungen, bei denen wir akkreditiert waren, an die Gradlinigkeit der französischen Politik zu erinnern. Aus dem Gehörten schloß ich, beziehungsweise ich stellte mir aus eigenen Überlegungen vor, daß der General die Gelegenheit begrüßt hatte, einem anregend interessierten britischen Gesprächspartner schildern zu können, wie er sich ein Europa ohne England vorstellte. Er hatte wohl mit seiner Meisterhand ein Gemälde entworfen: Europa könne nicht so sein, wie sich Frankreich, Deutschland, Italien, Belgien, die Niederlande und Luxemburg seit zwanzig Jahren bemühten, es zu gestalten. Es müsse notwendigerweise anders aussehen. Eines Tages werde es sich auf die Mitte und den Osten des Kontinents erstrecken, denn es gebe nichts Endgültiges. Die politische Struktur der heutigen Welt mit ihren verfeindeten Blöcken werde mangels Mitspieler verschwinden. Die »Affäre« war dem Verhältnis Frankreichs zu England nicht förderlich. Der deutsche Bundeskanzler ließ sich mühelos davon überzeugen, daß eine englische Intrige dahinter steckte.

Anfang Februar kam Valéry Giscard d'Estaing für achtundvierzig Stunden nach Bonn. Michel Poniatowski, den ich damals noch nicht kannte, begleitete ihn und übernachtete bei uns in Ernich. Der zukünftige Präsident der Französischen Republik war nur beim Mittagessen mein Gast, zu dem ich einen einzigen engen Mitarbeiter, Xavier de Nazelle, einlud, um dem Gedankenaustausch größte Freiheit zu gewähren. Aus den Informationen, die ich ihm vortragen konnte, entnahm Valéry Giscard d'Estaing, daß unsere angelsächsischen Verbündeten noch mehr getan hatten, um die deutsch-französische Annäherung zu stören, als er sich vorgestellt hatte. Er nahm zur Kenntnis, daß der Atomsperrvertrag die Bundesrepublik beunruhigte. Dagegen ließ er mich über das Thema der Bundes- und der Länderzuständigkeiten nicht ausreden – es erinnerte ihn vielleicht fatal an die Frage der Regionen bei uns und an die bevorstehende Volksbefragung.

Das Essen verlief eher konventionell und nicht sonderlich angeregt. Vieles trennte uns: mein Alter und seine Jugend, die Vielfalt seiner Talente, Beschäftigungen, Zerstreuungen, der Glanz seines Lebens, wo er in allem, was er unternahm, brillant war, mein Los als – bis auf den Fall des Gewissenskonflikts – gehorsamer Diener des Staates unter der Last meiner Pflichten, sein berauschendes Sendungsgefühl als Staatsmann, der von sich weiß, daß er fähig ist, Menschen zu führen. Es gibt eben zuweilen zwischen Menschen unüberbrückbare Unterschiede. Und zugleich war da eine andere, erdrückende Gestalt, die ich nicht aus meinem Geiste bannen konnte, und deren Namen weder vom Gast noch von mir genannt wurde, als sei sie an jenem Tage bereits im Schattenreich entrückt. Über Persönliches zurückhaltender als gewöhnlich, konnte ich trotzdem der Versuchung nicht widerstehen und beendete das Gespräch mit einigen Farbtupfen mehr privater Art. Ein höfliches Lächeln erhellte sein Gesicht.

Ich erinnerte mich sehr gut an seinen Großvater, Jacques Bardoux, Parlamentsabgeordneter und Professor an der Ecole Libre des Sciences Politiques: gepflegte Sprache, gepflegtes Äußere, Gamaschen, sorgfältig gewelltes weißes Haar. Er lehrte englische Geschichte mit einer Spur von Oxforder Akzent. England war das einzige Land, dessen Sitten zu seiner Kultiviertheit paßten. Von etwas altmodischer Höflichkeit und so wohlerzogen, daß es ansteckend wirkte und bei seinen Vorlesungen tiefe Stille herrschte, schüchterte er einen beim ersten Kontakt etwas ein. Mein Vater schätzte in ihm den gelehrten, tief menschlichen, in der Not seelenstarken Freund. Jacques Bardoux kam oft, um sich bei ihm die Sorgen, die ihm die »Entente Cordiale« bereitete, von der Seele zu reden.

In Koblenz, wo ich 1925 studienreiche Ferien verbrachte, wurde ich vom Finanzdirektor des Hohen Kommissariats im Rheinland, Edmond Giscard d'Estaing und seiner Gattin empfangen. Man wußte, daß ihm eine große Karriere bevorstand. Madame Giscard, geborene May Bardoux, wurde wegen ihres Geistes und ihres Charmes allgemein bewundert. Wenige Monate darauf kam Valéry zur Welt, und so verpaßte ich nur knapp die Gelegenheit, dem Baby vorgestellt zu werden. Später verdankte ich der Liebenswürdigkeit seiner Eltern die Gelegenheit, die Familie näher kennenzulernen. Es wurde mir klar, daß eine solche Herkunft den Aufstieg des zukünftigen Präsidenten der Französischen Republik nicht gerade erschwert hat.

Ich genuß keinen seltenen Vorzug, denn ganz Paris kannte das brillante Ehepaar, und viele kannten es viel besser als ich. Aber ich machte durch die Gunst des Zufalls die nähere Bekanntschaft einer Dame, die ein zurückgezogenes Leben führte: der Mutter Edmonds und seines früh verstorbenen Bruders René, der dem Conseil d'Etat angehörte und durch die Heirat mit Anne Carnot, einer der vollendetsten jungen Damen der Pariser Gesellschaft, ebenfalls mit einer der führenden Familien des republikanischen Frankreich verwandt war. Nach dem Abendessen läutete ich manchmal bei der alten Madame Giscard d'Estaing an. Lebhaft, gutgelaunt, humorvoll, bewundernswert gastfreundlich und aufgeschlossen, bezauberte sie mich mit ihren Erzählungen und Anekdoten. Als sie eines Abends erfuhr, daß Valéry und François, der älteste von seinen drei Vettern ersten Grades, die Abschlußprüfung der Ecole Nationale d'Administration bestanden hatten, kam sie zu uns herunter, um uns vom Ereignis des Tages zu berichten. Gewohnt an die Erfolge ihrer Kinder und Enkelkinder wie sie war, sprach sie trotzdem lange von ihnen, glücklich und leicht amüsiert. Sie schien zwischen ihren verschiedenen und allesamt hochbegabten Enkelkindern keines zu bevorzugen. Sie wies auf keine besonders hohen Ziele hin, die sich einer von ihnen gesteckt hätte. Wir freuten uns einfach miteinander, daß die Fähigkeiten von Valéry und François durch den Abschluß der prestigeträchtigen Schule bestätigt worden waren. Sie war eben die Großmutter.

Überaus höflich, reizend im Umgang, unübertrefflich wohlerzogen, war Valéry für mich kein Unbekannter. Er wohnte bei seinen Eltern in der Avenue Henri Martin. Damals war die Sitte noch nicht verbreitet, sobald wie möglich die Eltern zu verlassen und eine Junggesellenwohnung zu beziehen. Wir trafen uns manchmal im Bus, mit dem ich zum Quai d'Orsay und er zur Schule fuhr. Es war unmöglich, dem Zauber seiner Umgangsformen nicht zu erliegen. Es kam also ganz natürlich dazu, daß ich auf ihn zuging und ihn ansprach. Wir unterhielten uns im Bus – dem letzten aller Pariser Salons, der die Kunst der Konversation noch pflegte. Jedesmal tat es mir leid, daß wir das Gespräch abbrechen mußten. Ich riet ihm, bei der Wahl seines künftigen Lebenswegs die Diplomatie nicht gering einzuschätzen, und pries ihm unsere großen Botschaften. Man könne ja nicht wissen: in zwanzig Jahren könnte er vielleicht auf den Posten als Botschafter in Bonn Anspruch anmelden . . .! Zwanzig Jahre später verließ er mich, stolz und vom Bewußtsein seines sicheren, höchsten Erfolgs erfüllt, um sich temperamentvoll in seinen Wagen zu setzen. Ich hatte das Gefühl, daß wir uns nie mehr sehen würden.

Valéry Giscard d'Estaing war nicht nach Bonn gekommen, um seine Zeit mit Höflichkeitsgesten zu verschwenden. Mit Ausnahme von Willy Brandt. der Rekonvaleszent war, empfingen ihn alle maßgeblichen Leute in Bonn. Sie hörten ihm mit Freude zu, denn er teilte nicht die Abneigung des Generals gegen die europäische Integration. Er sah Frankreich nicht überdimensioniert. Deutschland gefiel ihm, ohne ihn in innere Unruhe zu versetzen. Die Gegenwart befriedigte ihn nicht und er betrachtete sie bereits als tot. Er ließ eine ganz anders geartete Zukunft ahnen. Gegenüber dem allzu vertrauensvollen Michel Poniatowski machte ich aus meinem Herzen keine Mördergrube und sagte ihm offen, was ich von den Männern hielt, die uns führten.

In Bonn waren pessimistische und böswillige Nachrichten teils einheimischer, teils Pariser Herkunft in Umlauf. Pompidou erregte Aufsehen, als er Ende Januar in Rom von sich selbst als dem zukünftigen französischen Staatspräsidenten sprach. Jedes einzelne Mundwerk arbeitete auf Hochtouren. Ein hoher Beamter im Auswärtigen Amt sagte mir unverblümt, daß sich sein Land von nun an auf zwei Pfeiler stützen werde: die NATO, das heißt die Vereinigten Staaten, und das vereinte Europa, das heißt, Europa mit England. Ich sah mich gezwungen, ihn daran zu erinnern, daß es so etwas wie den deutsch-französischen Freundschaftsvertrag noch gab.

Dieser deutsche Diplomat wäre nicht so rücksichtslos gewesen, wenn es keine Franzosen, und nicht die Geringsten, gegeben hätte, die das Ende de Gaulles vorwegnahmen und darauf setzten. Die Vereinigten Staaten, denen de Gaulle seine Unnachgiebigkeit wie einen Wall entgegensetzte, gewannen sofort Gelände. Die Bundesrepublik hofierte die Amerikaner, und sie bemühten sich eifrig um die Bundesrepublik.

Von Henry Kissinger eskortiert, befand sich der neue amerikanische Präsident, Richard Nixon, auf Staatsbesuch durch Europa. Im Elysée-Palast hatte er mit seinem Raubtierlächeln de Gaulle seine Reverenz erwiesen. Ein »Europa der Europäer«? Warum nicht? Weit davon entfernt, sich gegen diese Formulierung zu sträuben, verneigte er sich vor ihrem Urheber. Ein Neuling auf der weltpolitischen Bühne, aber selbstsicher im Gefühl der Vormachtstellung seines Landes, bewunderte er den alten Kämpfer, von dem er einiges zu lernen hoffte. Eines Tages sollte er glauben, es sei ihm alles erlaubt, und bis auf sein Vermögen alles verlieren. Henry Kissinger sollte fassungslos und verunsichert zurückbleiben, nur noch ein Schatten dessen, was er gewesen war. Wer hätte beim Anblick des Präsidenten und seines Beraters gedacht, daß es so kommen würde? »Wie wurde doch das Gold zu diesem schnöden Blei?« Die Gruppe der hemmungslosen Parteigänger Amerikas in Paris sollte darüber wütend sein. Dem Botschafter der Vereinigten Staaten verbargen sie nicht ihre Verärgerung: »Alles, was wir für Sie getan hatten, hat Ihr Nixon verdorben!«

Zurück zum Europabesuch. Auch zu den Deutschen zeigte sich Richard Nixon sehr huldvoll. Nach dem historischen Denkmal Eisenhower, nach Kennedy, dem legendären Held, war er der »nette Kumpel«. Merken wir nebenbei an, daß Botschafter Zarapkin persönlich beim Bundeskanzler vorsprach, um ihn von einem ernsthaften Grenzzwischenfall zwischen Chinesen und Russen in Sibirien zu unterrichten. Sehr rücksichtsvoll, und somit recht vielsagend, und für die Deutschen keine schlechte Nachricht. Als kluge Politiker und verantwortungsbewußte Regierende fuhren Kiesinger und Brandt nichtsdestoweniger fort, sich um uns bemüht zu zeigen. Am 13. und 14. März waren sie in Paris bei de Gaulle angemeldet.

Dem Protest der Sowjets zum Trotz, die sich jeder Veranstaltung widersetzten, bei der Berlin, sei es auch nur für ein paar Stunden, als die alte Hauptstadt fungierte, tagte die Bundesversammlung in Berlin. Am 5. April wählte sie Gustav Heinemann zum Bundespräsidenten. Der Kandidat der Sozialdemokraten gewann beim dritten Wahlgang knapp vor Gerhard Schröder. Er verdankte seinen Sieg der FDP, die wie üblich das Zünglein an der Waage war. Damit hatte Walter Scheel auf einen Trend hingewiesen, der sich bei den Bundestagswahlen bestätigen könnte. Willy Brandt vergaß den Wink nicht: die Liberalen wären also unter Umständen bereit, mit ihm die nächste Regierung zu bilden.

Ich erwartete das Ergebnis der Berliner Wahl in Gesellschaft einiger Kollegen vom atlantischen Bündnis beim Abendessen im Haus des Botschafters der Niederlande. Als man erfuhr, wohin der Wind wehte, gab es bestürzte Gesichter. Der Name des Siegers durfte nur Gerhard Schröder lauten! Er galt als Garant der amerikanischen Politik. Mit Heinemann stand es anders. Dieser deutsche Patriot, der die Hoffnung auf Wiedervereinigung nicht aufgegeben hatte, galt als Idealist und machte sich seine eigenen Gedanken über Verteidigungs- und Entspannungspolitik. Er würde ein viel differenzierteres Deutschlandbild als sein Gegenkandidat vermitteln! In den Kreisen, die die »richtige« Gesinnung hatten, wurden keine Freudentänze aufgeführt.

Vor dem Treffen zwischen de Gaulle und Kiesinger kam Michel Debré nach Bonn als Vorreiter. Mit seiner üblichen Intensität schilderte er mir die Lage in Frankreich: der Generalstreik stehe unmittelbar bevor. Am 12. März nahm ich an einer Besprechung beim Präsidenten der Republik teil. Sie verlief in gedämpfter Stimmung. Alle unsere Gedanken kreisten um Frankreich. Ich riskierte die Ansicht, daß Heinemanns Wahl vielleicht doch einen Lichtschimmer darstellte. Ich wurde »abgeschossen«. Ich machte einen Versuch, von einigen Projekten zu reden, die die deutsch-französische Zusammenarbeit wieder belebt hätten. Man hörte mir kaum zu.

Im Gespräch mit den Deutschen hatte de Gaulle einen Augenblick, wo er sich in seiner ganzen Größe zeigte. Er malte in breiten Zügen sein Bild von Europas Zukunft: ein Europa, in dem jede Nation zur vollen Entfaltung und das durch den Eigenwert jedes einzelnen Staates zu seinem vollen Wert käme. Frankreich würde sich nicht in Europa einordnen, um in ihm aufzugehen. Es würde Frankreich obliegen, Europa seinen Stempel aufzudrücken. »Eine etwas verschwommene Vision von Europa«, sagte man mir im Auswärtigen Amt. Der General konnte eben nicht umhin, durchblicken zu lassen, daß, falls Frankreich anders handelte, Europa deutsch werden mußte, sofern es nicht Rußland mit einschloß.

Schon durch de Gaulles Anwesenheit war das Treffen alles andere als eine Formsache. An sein Schicksal, das er der Volksbefragung anheimgestellt hatte, schien er keinen Gedanken zu verschwenden. Die Zukunft gehörte ihm! Der Kanzler geizte nicht mit Anzeichen seines guten Willens. Er beraubte sie aber eines Teils ihrer Wirkung durch sein Geständnis, sein Einfluß im eigenen Land sei nur begrenzt.

Christ- und Sozialdemokraten hatten nur Streit im Sinn. Die CDU war erbost auf die SPD, weil diese bei ihrem Parteitag die Decke ganz an sich gezogen hatte, indem sie ihre führenden Männer als die einzige starke deutsche Führungsmannschaft darstellte. Willy Brandt und Karl Schiller, letzterer die Maria Callas der Sozialdemokratie, unterstützten einander, um zusammen höher emporzusteigen. Rainer Barzel und seinen Parteifreunden lief es kalt über den Rücken: der Sieg schien ihnen nicht mehr so gewiß zu sein. Der 28. September rückte näher.

Noch näher aber war der 27. April. Von den einen gepriesen, von den anderen getadelt, arbeitete Couve de Murville, wie man so sagt, als ob er den Teufel im Leibe gehabt hätte, obwohl der Ausdruck wahrlich nicht auf ihn paßt. Ein Vertrauter des Kanzlers sagte mir, sein Chef habe sich während der Gespräche vom 13. und 14. März überrascht gezeigt, daß de Gaulle Couve de Murville so hoch lobte. Nicht etwa, daß Kiesinger Couve de Murville nicht gleichermaßen geschätzt hätte. Aber der General pflegte sich keinen solchen Sympathiekundgebungen hinzugeben. Über seine Minister sprach er nicht.

8

Georges Pompidou und Kurt Georg Kiesinger

Vom 27. April bis zum 28. September 1969

Am 25. April in Saarbrücken, am 26. April in Hannover gab ich vor deutschen und französischen Zuhörern meiner Bewunderung für de Gaulle Ausdruck. Dann kam der 27. April – leider. »Er störte. Er ist ein riesiger Verlust. Wie konnten die Franzosen das nur tun?« Am 28. April ließ die Bonner Regierung die Botschaft wissen, daß sie über den Abgang de Gaulles nicht glücklich war. Es fehlte nicht an Deutschen, die dasselbe Gefühl der Verarmung empfanden, das mich bedrückte. Sie hatten seine eherne Festigkeit kennen und schätzen gelernt. Der Bundeskanzler, dem ich am 29. April auf einem Empfang zu Ehren des iranischen Premierministers begegnete, erreichte durch sein tief empfundenes Lob Adenauers Niveau. Unsere Nachbarn verneigten sich vor dem Staatsmann, der die Annäherung der zwei Völker in außergewöhnlicher, großartiger Form auf eine Basis gestellt hatte, die niemand mehr antasten konnte; der fernerhin Europas Tradition und Lebenskraft verkörpert hatte und der schließlich die Macht als Demokrat verließ.

Bei vielen verbarg taktvolle Zurückhaltung manchen Hintergedanken. Mit dem Abgang Charles de Gaulles verschwand der letzte der Sieger im Zweiten Weltkrieg: derjenige, den die Deutschen am wenigsten als Sieger anerkennen mochten, derjenige auch, den bestimmte Franzosen ebenfalls nicht akzeptierten, weil er für sie einen Sieg verkörperte, an dem sie nicht teilgehabt hatten und dessen Wachrufen ihnen peinlich war. De

Gaulle brauchte diesen Sieg nicht einmal zu erwähnen: durch seine Person war er stets gegenwärtig. Frankreich und Deutschland waren aus dem Krieg in sehr verschiedenartiger Verfassung hervorgegangen. De Gaulle zog für beide Völker die entsprechenden Konsequenzen. Er allein stellte eine Ungleichheit her, die mit ihm verschwand, und die sich zu unseren Ungunsten wieder, aber mit umgekehrten Vorzeichen, einstellen würde, falls die französische Wirtschaft nicht aus der Talsohle kam. Der Aufstieg der Bundesrepublik ersparte nun den Deutschen manche Verletzung ihres Stolzes. Wie sie jetzt auf uns zukam. Wegen ihrer unterschiedlichen Situation infolge der andauernden Spaltung mitten durch Europa mit all ihren unbarmherzigen Folgen für den Besiegten von 1945, sind beide Länder miteinander kaum zu vergleichen, und doch hören sie nicht auf, sich aneinander zu messen. Einer der wachsamsten Geister unter den Abteilungsleitern im Auswärtigen Amt gestand es mir ohne Umschweife in einer vielsagenden Formulierung: »De Gaulle *und* der Freundschaftsvertrag – das war zu viel auf einmal! Von jetzt an werden unsere Beziehungen problemloser sein.«

Anfang Mai reiste ich auf einen Sprung nach Paris, um Maurice Couve de Murville aufzusuchen. Er rechnete mit Pompidous Wahl zum Präsidenten. Anschließend werde Pompidou Jacques Chaban-Delmas zum Premier ernennen. De Gaulle werde sich nie mehr in der Öffentlichkeit zeigen. Er habe bis zum Ende keine körperliche oder geistige Schwäche gezeigt. Er sei noch intakt und als solcher werde er die Politik verlassen, nur um in die Legende einzugehen: das freiwillige Exil in Irland, der einsame Wanderer am Meeresstrand, das Schweigen. Die Bundesrepublik und ihr Wohlstand entlockten Couve de Murville einen Seufzer: »Ja, die Deutschen sind eben Leute, die zu arbeiten verstehen.«

Es fiel mir schwer, mich an den Gedanken zu gewöhnen, daß Frankreich, dem ich seit dem Sommer 1958 mit außerordentlichem, brennendem Eifer gedient hatte, auf einen Steuermann im Weltformat, auf einen Mann, dessen Name in seiner Zeit alle anderen überschattet hatte, aus eigenem Antrieb verzichtet hatte. Vor de Gaulle hatte meine Treue meinen Chefs gegolten. Ich zählte nicht zu den Diplomaten, die in den tragischen Kriegsjahren und danach direkt unter ihm gearbeitet hatten. Aber für mich hatte er Frankreich wieder zur »Grande Nation« gemacht. Nach seinem Abgang reagierte ich entschieden empfindlich auf jede Kritik an seiner Persönlichkeit. Die Schärfe meines Widerspruchs war für viele überraschend: was hatte man sich wohl dabei gedacht? In bestimmten Situationen war ich ihm erst nach anfänglichem Zögern gefolgt. Manchmal hatte ich bedauern müssen, daß er sich durch seine eiserne Konsequenz und seine Überspanntheit geschadet hatte. Aber ich wollte mir keine billige Kritik gestatten, die mich zum ebenso bequemen Treuebruch verleitet hätte.

Frankreich hatte seinen Haupttrumpf verspielt. Die Bundesrepublik Deutschland hatte den ihren noch in der Hand. Er hieß die D-Mark, auf deren Aufwertungseffekt damals eine wahre Spekulationsorgie einsetzte. CDU/CSU und SPD waren sich auch in dieser Angelegenheit nicht einig. Man wies mich an, beim Bundeskanzler und beim Außenminister vorstellig zu werden und zu fragen, ob die Bonner Regierung von den widersprüchlichen Erklärungen ihrer Mitglieder nicht ablassen könnte, die die Unruhe auf dem Devisenmarkt nur noch schlimmer machten. Am 10. Mai fiel die Entscheidung in einer Kabinettsitzung, die Deutschland in Atem gehalten hatte: die D-Mark sollte nicht aufgewertet werden. Ein Erfolg für Kiesinger und Strauß, eine Niederlage für Karl Schiller.

In der Zeit der Ungewißheit, in der sich Frankreich zwischen Georges Pompidou und Alain Poher entscheiden mußte, wirkte jedes Wort, jede Geste von deutscher Seite auf die Nerven der Franzosen ungemein aufreizend. Und eine Tatsache ist es, daß die Deutschen uns heimsuchten. Willy Brandt hatte mit Michel Debré in Straßburg ein Abkommen über die Regulierung des Rheinlaufes zu unterzeichnen: er konnte den Termin nicht einhalten. Franz-Josef Strauß betrieb in London den Ausverkauf der französischen Atomwaffen, indem er sie bereits in eine europäische Atomstreitmacht einbaute. Kurt Georg Kiesinger nahm Stellung in Tokio für Alain Poher, dessen europäische Gesinnung ihm echter als diejenige Pompidous zu sein schien. Zwei Freunde, die ich in seiner Umgebung hatte, riefen mich sofort an, um mir zu versichern, daß seine Worte entstellt wiedergegeben worden waren. Der Schock war indessen nicht mehr ungeschehen zu machen. Bei uns wiederum wurde leichtsinnig gespöttelt: »Bonn wählt Poher, Paris wählt Pompidou.« Günther Diehl rief die französischen Journalisten zusammen, um sich darüber zu beklagen, daß wir der Bundesrepublik Deutschland eine Rolle zuschrieben, die sie nicht spielen wollte. Sie habe kein Interesse daran, sich in Frankreichs innere Angelegenheiten einzumischen.

Am 15. Juni wurde Georges Pompidou zum Präsidenten der Französischen Republik gewählt. Das Kabinett Chaban-Delmas wurde am 22. gebildet – ohne Couve de Murville und Pierre Messmer. Die Zugeständnisse an die politischen Gruppierungen, die de Gaulle nicht freundlich gesonnen waren, gingen recht weit, aber Michel Debré blieb und erhielt das Verteidigungsressort. Gegen ihn war ein Veto ausgesprochen worden: er durfte nicht mehr zum Quai d'Orsay zurück, wo er eine Neuorganisation eingeleitet hatte, die zu vollenden ihm nicht mehr gestattet wurde.

Der neue Mann hieß Maurice Schumann – ein großer Name, eine souveräne Haltung, einst als Staatssekretär, jetzt als Vorsitzender des außenpolitischen Ausschusses der Nationalversammlung ein hervorragender Kenner der »Firma«, tatenfroh auf einem Gebiet, das seiner leidenschaftlichen Vaterlandsliebe entsprach. Er wurde stets in freundlicher Form mit Menschen und Problemen fertig. »Noch gestern sagte man von ihm, er sei trotz seiner Treue zu de Gaulle ein guter Europäer; jetzt sieht man, daß er trotz seines überzeugten Europäertums dem General die Treue hält.«

In Bonn vermerkte mancher mit Erleichterung, daß der neue Präsident der Französischen Republik zwar in seiner Antrittserklärung die deutsch-französische Zusammenarbeit nicht überging, sie aber nicht als bevorzugt, sondern als vorbildlich bezeichnet hatte. Indessen, und das war jetzt das wichtigste, der Bundeskanzler und sein Außenminister hatten es eilig, sich mit unserer neuen Führung zu treffen. Bereits am 17. Juni, in der Bundesrepublik Deutschland ein Feiertag, kam Hans Osterheld zu mir: Kiesinger wünsche Pompidou möglichst bald zu begegnen. Ich konnte die Bemerkung nicht unterdrücken, die Unbedachtheiten unserer Nachbarn seien uns nicht entgangen; nichtsdestoweniger wünschte ich das von ihm erbetene Treffen ebensosehr herbei. Er ließ nicht nach, jede Anregung französischerseits sei willkommen. Auch Willy Brandt ließ sich nicht lange bitten. Am 4. Juli war er in Paris, um mit Maurice Schumann Gespräche zu führen. Ich begleitete ihn, als er von Präsident Pompidou und Premierminister Chaban-Delmas empfangen wurde. Der erste Besucher, den der neue Außenminister empfing, war also sein deutscher Kollege. Nichts natürlicher als das, sagte man dazu – ein Kommentar, der zeigte, welchen Weg beide Nationen zusammen zurückgelegt hatten.

In dem Eifer, mit dem man auf uns zukam, steckte ein gut Teil Konkurrenzdenken. Der Gedanke an die Bundestagswahlen verfolgte sowohl Kiesinger als auch Brandt. Zusehends verschärfte sich ihre Uneinigkeit. Plötzlich kamen aus Polen freundlichere Töne als bisher: der Erste Sekretär der Partei, Wladyslaw Gomulka, hatte einen Vorschlag zur europäischen Sicherheit ausgearbeitet, der jetzt der Bundesrepublik unterbreitet wurde. Wirklichkeit werden konnte dieser nur, falls im deutsch-polnischen Verhältnis ein totaler Umschwung eintrat. Brandts Vertrauter Egon Bahr gestand mir, daß sich sein Chef ausgesprochen interessiert zeigte. Heinrich Böx, der Leiter der Handelsmission in Warschau, war von dem Gedanken an Verhandlungen angetan und fand plötzlich an seinem Posten Gefallen; er dachte nicht mehr daran, ihn aufzugeben. Die polnischen Kommunisten sahen in den deutschen Sozialdemokraten keine abtrünnigen Brüder mehr und wünschten die Bundesrepublik Deutschland nicht mehr durch die Brille des unversöhnlichen Walter Ulbricht zu sehen. Man fragte sich, welche Absichten wohl der Kreml, offenbar der Veranstalter der ganzen Aktion, verfolgen könnte. Durch die besondere Zuvorkommenheit, die man dem Regierenden Bürgermeister von Berlin, Klaus Schütz, auf seiner Polen-Reise angedeihen ließ, wurde die Neugier noch gesteigert.

Daß Willy Brandt den Verlockungen des Ostens so zugänglich war, erboste Kiesinger und deprimierte ihn. Wozu die Eile? meinte er. Die Sowjets mißtrauen China, dem gefährlichen Nachbarn von Sibirien. Der Bundeskanzler habe es bereits im September 1955 in Moskau, wohin er Adenauer begleitete, den Worten Nikita Chruschtschows entnommen. Polen wende sich der Bundesrepublik zu, weil seine Wirtschaft in einem desolaten Zustand sei. Wozu also ein Geschenk an Polen, von dem man übrigens nicht genau wisse, wie es aussehen solle? Weder Adenauer noch Erhard hätten mit vergleichbaren Schwierigkeiten zu kämpfen gehabt. Nach der Bundestagswahl würde man die Große Koalition wohl erneuern müssen. Der bloße Gedanke daran machte Kiesinger schaudern. Dem Vizepräsidenten des Bundestages, Richard Jaeger zufolge, einem einflußreichen Mitglied des rechten Flügels der CDU/CSU, war jede polnische Initiative, welcher Art auch immer, grundsätzlich nicht zu begünstigen. Sie könnte die Bundesrepublik nur auf die schiefe Ebene von Zugeständnissen locken. Ein hoher Beamter im Auswärtigen Amt und ehemaliger Botschafter in Moskau sagte jedem, der es hören wollte, daß Deutschland auf Pommern und Schlesien niemals verzichten werden und sie ständig im Sinn habe. Diesen extremen Standpunkt durfte man nicht übersehen, doch in der damaligen internationalen Konstellation bot er zur Besorgnis keinen Anlaß.

Wir lebten in einem neuen Europa, in einer vom Krieg verwandelten Welt, in der Frankreich und Deutschland sich unter gegenseitiger Hilfeleistung neu einzurichten hatten. Nicht viele Franzosen waren sich der Notwendigkeit einer praktischen Zusammenarbeit und einer gefühlsmäßigen Annäherung zwischen Frankreich und Deutschland so bewußt wie General Massu, der jetzt das Oberkommando über unsere in der Bundesrepublik Deutschland stationierten Truppen niederlegte. Er genoß eine erstaunliche Beliebtheit. Sein Abgang war Anlaß für eine wahre »Massu-Woche«. Er selbst erklärte, es sei für ihn eine große Freude, seine Laufbahn mit einer so menschlichen Note abzuschließen. Sein Nachfolger hatte infolge der Umorganisierung unseres Oberkommandos eine weniger weitgehende Handlungsfreiheit. General du Temple de Rougemont war eine ausgezeichnete Wahl. Einige Monate zuvor hatte man in Saarlouis die Zweihundert-Jahr-Feier seit der Geburt von Marschall Ney begangen. Seine Nachkommen in direkter oder indirekter Linie saßen in der ersten Reihe der festlichen Versammlung, neben den Nachkommen Murats, denn die Familien der beiden napoleonischen Heroen hatten sich verschwägert. Einer dieser Nachkommen war General de Rougemont, seine Gattin zählte Murat, den König von Neapel unter ihren Vorfahren, ein anderer Ehrengast war General Massu, der eine Schwester Neys, des Helden von der Beresina, zur Ahnfrau hatte. Wieviel Ruhmesglanz war hier zusammengetroffen!

Mit dem Start von Apollo 11 erreichten die Vereinigten Staaten den Gipfel ihrer Macht, die sie auch auf der Erde zur Schau trugen. Nach einer spektakulären Tour durch Südasien paradierte Richard Nixon in Bukarest. Seines Vorranges gewiß, brauchte er nur zu lächeln und alles beugte sich seinem Willen. Der Bundeskanzler kam neu gestärkt von seinem Besuch in Washington zurück. Der französische Franc wurde um 12,5 Prozent abgewertet. In der Bundesrepublik triumphierten Christliche Demokraten und die Christlich-Soziale Union: Sie hatten also recht gehabt, als sie sich der Aufwertung der D-Mark widersetzten! Die Begegnung zwischen Kiesinger und Pompidou kündigte sich nicht sehr günstig für uns an.

In Bonn war das Europathema mehr denn je auf der Tagesordnung. Man brannte vor Eifer, endlich den Aufbau des politischen Europa anzupacken. Anfangs, aber nur vorläufig, zu sechst. Für das Bundeskanzleramt und das Bundesaußenamt war ein Europa ohne England nicht denkbar. Wenn man abwarte, bis England beitrittsreif sei, lasse man die Stunde verstreichen.

Am 2. September fand im Elysée die zum Ritual gewordene Besprechung zur Vorbereitung des Gipfeltreffens statt. Präsident Pompidou lobte Kiesinger nicht übermäßig: dieser war bereits allzu attraktiv geworden. Frankreich werde militärisch in die NATO nicht zurückkehren. Großbritannien werde keiner politischen Union angehören, ehe es der EWG beigetreten sei. Der Präsident der Republik bezeichnete sowohl England wie auch die Bundesrepublik als »die Konkurrenz«. Frankreich sei innenpolitisch schwach; es müsse seine außenpolitischen Positionen behaupten.

Am 8. und 9. September war Pompidou mit Chaban-Delmas, der nur kurz blieb, und Maurice Schumann in Bonn. Lange vor dem Abendessen im Kanzleramt am Ende des ersten Tages war er für den Empfang bereit, er saß tief versunken in einem Sessel in meinem Büro und stellte Überlegungen über den Wohlstand der Bundesrepublik an, deren Wirtschaftsmacht er als der unseren ums Zweifache überlegen einschätzte. Im Falle der Wiedervereinigung sei sie dreimal so groß als die unsere. Er gehörte einer anderen Generation an als sein Vorgänger, und war für die Größe und die Farbenpracht des Freskogemäldes von der Versöhnung zwischen Galliern und Germanen nicht so empfänglich wie dieser. Er sah Deutschland mit denselben Augen wie etwa England oder Italien. Es erregte in ihm nicht die starken Gefühle von Verbissenheit im Kriege und Freude bei der Aussöhnung, die in General de Gaulle loderten. Vielleicht schrieb ich ihm aber meine eigenen Gedanken zu; für einen Mann, den der Erfolg so hoch emporgetragen hatte, fand ich ihn melancholisch. Es wollte mir scheinen, als komme er von der Erinnerung an den, der ihm wehe getan hatte und dem auch er Böses zugefügt hatte, nicht los. De Gaulles Vaterlandsgefühl war in seinem historischen Bewußtsein eingebettet. Pompidous Gefühl war erdnah, es war ein Gefühl für die durch Arbeit veredelte Scholle. Sein gemütvolles Äußere verlieh dem hochkultivierten Intellektuellen und scharfsinnigen Politiker Herzlichkeit. Der politische Scharfsinn führte ihn dazu, in seiner Tischrede ein nachdrückliches Kompliment für Willy Brandt einzubauen. Brandt verstand sehr wohl, was gemeint war. »Sie wissen ja«, sagte mir später der Staatspräsident, »man kann nie wissen, wie es kommt!« Und als ob er eindeutig zeigen wollte, daß er weder Anspruch noch Wunsch hatte, sich mit dem »Anderen«, mit de Gaulle zu messen, mokierte er sich behutsam über Kiesinger, den er in Verdacht hatte, Adenauer nachzustreben.

Der erste Bundeskanzler und der erste Präsident der Republik wurden nicht vergessen. Einem von Kiesinger ausgedrückten Wunsch entsprechend, pilgerten beide Regierungsdelegationen nach Rhöndorf, wo Adenauers Haus jetzt eine Konrad-Adenauer-Stiftung war. Pompidou verlas den von mir entworfenen und von ihm sorgfältig umgearbeiteten Text. »Warum mir Zwang antun und es auswendig lernen?« murmelte er aus dem Mundwinkel, als ob er sich vor sich selbst entschuldigen wollte. Die zweifache Ehrung brachte mir doppelte Freude, denn man konnte Adenauer nicht ehren, ohne auch de Gaulle zu ehren.

Die Deutschen trösteten sich darüber hinweg, daß sie mit de Gaulles glorreicher Gestalt, die sie so fasziniert hatte, nichts mehr zu schaffen hatten. »Was für Erklärungen der General auch abgeben mochte«, gestand mir einer, »so waren sie stets Ausdruck der politischen Philosophie eines großen Mannes und es stände niemandem zu, sie umzudeuten.« Gegenüber Frankreich, das sich eines Charles de Gaulle selbst beraubt hatte, war die Bundesrepublik Deutschland nicht mehr im Nachteil. Am Konferenztisch thronte Kiesinger gelassen; Pompidou wirkte schlicht und bisweilen sorgenvoll. In der Sache war freilich meines Wissens nichts geändert. Der Ausbau der EWG blieb unser Hauptziel. Mäßig erfreut erklärte sich die Bundesregierung einverstanden.

Kaum hatten die Besucher die Ufer des Rheins verlassen, schon ging die Offensive zugunsten Englands wieder los. Den Franzosen auf den Fersen, folgte der Außenminister der Niederlande, Joseph Luns. Von allen Seiten wurde steigender Druck ausgeübt. Willy Brandt richtete an Maurice Schumann die Bitte, die französische Regierung möge vor dem Treffen der sechs Außenminister am 15. September in Brüssel eine Geste zeigen, die ihren guten Willen gegenüber den Beitrittskandidaten öffentlich dokumentieren würde. Unserem neuen Außenminister mißfiel diese Einmischung: wenn unsere Partner Bedingungen stellten, so werde das Treffen der Staats- und Regierungschefs nicht mehr stattfinden.

In der Bundesrepublik dachte man nur noch an die Bundestagswahlen. Auch in Berlin dachte jemand an sie, und obwohl dieser Jemand nicht in Bonn, sondern in Ostberlin als Botschafter akkreditiert war, interessierte er sich ganz gewaltig dafür, wie ich bei einem Mittagessen, bei der er mein Gast war, feststellen konnte. Pjotr Abrassimow gab eindeutig zu verstehen, daß er der sozial-liberalen Koalition den Vorzug gab. Seit Bestehen der Bundesrepublik hatten die Russen ihre Wünsche noch nie so klar zu erkennen gegeben. Abrassimow traktierte ausschließlich die Christlichen Demokraten und Christlich-Soziale Union mit dem Ausdruck »Revanchisten«, seine schärfsten Pfeile aber schoß er gegen die NPD ab. Deren Aufstieg war auch für den Regierenden Bürgermeister ein Anlaß zu ernsthafter Besorgnis. Sollten Neo-Nazis in den Bundestag gewählt werden, so würden auch sie als Ausschußmitglieder in Berlin tagen, und es war nicht vorauszusehen, wie die Bevölkerung und die Sowjets darauf reagieren würden.

9

Willy Brandt und Georges Pompidou

Vom 28. September 1969 bis zum 30. April 1970

Am 28. September saß das ganze Botschaftspersonal vor dem Fernsehgerät. Bis zum letzten Augenblick blieb der Ausgang ungewiß. Eines wußte man allerdings schon bald: die NPD würde die Fünf-Prozent-Hürde nicht schaffen. Durch die Abfuhr, die sie der NPD erteilten, bewiesen die Deutschen eine politische Reife, die überall großen Eindruck machte. Nach den ersten Teilergebnissen konnte man an einen Sieg Kiesingers glauben. Schon griff ich zum Füllfederhalter, um meinen Bericht an das Quai d'Orsay zu verfassen. Meine Mitarbeiter hielten mich zurück: »Beeilen Sie sich doch nicht so!« Damit ersparten sie mir die Peinlichkeit, die einem meiner Kollegen – und nicht einem der Geringsten! – widerfuhr, der die Depesche an seine Regierung verfrüht abgeschickt hatte. In der Tat wurden die Stimmen für Willy Brandt immer zahlreicher. Sobald er das Wahlergebnis kannte, rief er Walter Scheel an. Dieser war für eine Zusammenarbeit um so mehr zu haben, als das Wahlergebnis für ihn keineswegs erfreulich war. Sein außenpolitisches Konzept und das der Sozialdemokraten waren deckungsgleich. Während des Wahlkampfes hatten die Christlichen die liberale Partei unvorsichtigerweise geringschätzig behandelt. Damit hatten sie ihr die Handlungsfreiheit zurückgegeben. Auf die Große Koalition folgte eine kleine.

Es war ein bedeutsames Ereignis. Konrad Adenauer drehte sich wahrscheinlich in seinem Grabe um. Die Sozialdemokraten am Ruder! Während der ersten zwanzig Jahre seit Bestehen der Bundesrepublik war es ihnen nicht gelungen. Ich traf mich in Mainz mit dem Ministerpräsidenten von Rheinland-Pfalz, Helmut Kohl: Christdemokraten und Christlich-Soziale seien entschlossen, die neue Regierung ab sofort zu bekämpfen.

Inmitten der allgemeinen Erregung gingen die deutsch-französischen Veranstaltungen in ihrem gewohnten Tempo weiter. In Frankfurt begrüßte ich die zahlreichen und fröhlichen deutschen Assistenten, die sich dort vor ihrer Abreise nach Frankreich versammelten. Während des folgenden Schuljahres sollten sie mittels fortschrittlicher praktischer Methoden der französischen Jugend die deutsche Sprache beibringen. In Mainz nahm ich an der Sitzung des Rates teil, der alljährlich über die Partnerschaft zwischen Rheinland-Pfalz und Burgund den Vorsitz führte. In Hamburg erläuterte ich als unbeholfener Laie den dreihundert Offizieren der Führungsakademie der Bundeswehr die Prinzipien unserer Verteidigungspolitik. Es fiel mir schwer, den Funken vom Vortragspult in den Hörsaal hinüberspringen zu lassen. In Bingen, vor einem erlesenen Kreis von Landsleuten, die für einige Tage dort auf Besuch waren, sah ich mich genötigt, das Lebenswerk des Generals de Gaulle in Erinnerung zu bringen.

Doch kommen wir zum Wesentlichen.

Willy Brandt hatte sein politisches Konzept. Als Außenminister hatte er es nicht vermocht, sich durchzusetzen. Vielleicht auch nicht so sehr gewollt, denn im Rahmen der Großen Koalition hätten es sich möglicherweise andere als ein Verdienst angerechnet. Von jetzt an sollte seine Politik nur seinen Namenszug tragen. Zum erstenmal seit Kriegsende wandte sich die Bundesrepublik Deutschland entschieden dem Osten zu.

Adenauer hatte seine Stunde gehabt. Jetzt hatte Brandt ebenfalls seine Stunde. Die Deutschen hatten innerhalb einer kurzen Zeitspanne zum zweitenmal das Glück, vom richtigen Mann im richtigen Augenblick regiert zu werden. Ohne die Leistung seines ersten Vorgängers hätte der neue Bundeskanzler die seine nicht erbringen können. Ebensowenig wäre es Adenauer möglich gewesen, sein eigener Nachfolger zu sein, das heißt, aus seinem Werk die Konsequenzen zu ziehen. Er hatte sein Vaterland fest im Westen verankert. Brandt öffnete sein Vaterland nach Osten. Als Rheinländer, als Katholik und bejahrter Mann hatte Adenauer leidenschaftlich Kleineuropa gewollt. Willy Brandts skandinavische und sozialdemokratische Bindungen, seine Berliner Jahre, seine Phantasie, seine Überzeugung, daß Deutschland nur zu gewinnen hatte, wenn es sich aus einem zu engen Rahmen befreite, führten ihn zu Entscheidungen, die die Zukunft der Nation verändern sollten. In den Augen vieler ausländischer Sozialisten symbolisierte er jene Deutschen, die sich zur Reue und zur Wiedergutmachung verpflichtet fühlten, obwohl sie gegen den Nationalsozialismus im Widerstand gekämpft hatten.

Als Bundeskanzler machte Brandt die Entspannungspolitik zum Hauptanliegen seiner Regierungszeit. Im Bewußtsein seines Prestiges als konsequenter Gegner des Nazismus wie als Bürgermeister von Berlin und als Außenminister übernahm er das Risiko, mit den Russen, den Polen und den »anderen Deutschen« drüben Verhandlungen zu eröffnen. Sie würden zwar zu keinem Friedensvertrag führen können, denn die vier Siegermächte hatten durch ihre Erklärungen vom 5. Juni 1945 die Oberhoheit übernommen und waren infolgedessen für jede Regelung verantwortlich, die das Schicksal Gesamtdeutschlands und das Schicksal Berlins betraf. Wenn die Verhandlungen indessen zu einem Ergebnis führten, dann würde Westdeutschland, wenn auch mit Vorbehalts- und Vorsichtsklauseln, den Verlust der Gebiete jenseits von Oder und Neisse und das gleichberechtigte Dasein der Ostberliner Republik als eines zweiten deutschen Staates anerkennen müssen. Die Aussöhnung mit Moskau, Warschau und Ostberlin war nicht ohne Zugeständnisse zu erreichen. Bereits in der Regierungserklärung, die Willy Brandt am 30. Oktober vor dem Bundestag verlas, fand der Alleinvertretungsanspruch keine Erwähnung mehr. Es war freilich nur ein Anfang. Darüber gab sich niemand irgendwelchen Illusionen hin. Alle Blicke richteten sich auf die Grenzen.

Auch die Unterzeichnung des Atomsperrvertrages ließ nicht mehr auf sich warten. Die Verhandlungen über den Gewaltverzicht kamen in Bewegung. Die neue Regierung räumte auf, um für ihre diplomatische Offensive den Platz frei zu machen.

Die Opposition begehrte auf. CDU und CSU entpuppten sich durch den Grundton ihres Gegenangriffs als traditionsgebundener, konservativer, als ihnen lieb gewesen wäre. Der Bundestag war Schauplatz stürmischer Debatten. Der Streit, der seitdem nicht mehr aufgehört hat, wurde zunächst von Rainer Barzel geführt. Bald kürte ihn seine Partei zum Kanzlerkandidaten. Weder Kurt Georg Kiesinger, der sich von seiner Niederlage nicht mehr erholte, noch Helmut Kohl, dessen Aufstieg ihn noch nicht in die nötige Nähe zu den höchsten Gipfeln geführt hatte, noch schließlich der mehr zaudernde als überzeugungsstarke Gerhard Schröder, nahmen es mit dem siegesbewußten Mann auf.

Ich sehe ihn noch vor mir, wie er im Bundestag auftrat: sonnengebräunt, sportlich, schlank im gutsitzenden hellen Anzug, in Blick und Haltung etwas Martialisches, kontaktfreudig, lächelnd, gutgelaunt, schlagfertig, stets die Antwort bereithaltend, höflich zu Kurt Georg Kiesinger, doch so, daß dieser fühlte, daß er nicht mehr der Herr war, und schließlich von brennendem Siegeswillen erfüllt: so war Barzel ein Politiker im positiven Sinn des Wortes. »Was bringen Sie als Gegenleistung für Ihre Verzichtpolitik an?« fragte man dagegen Willy Brandt ein ums andere Mal.

Der neue Kanzler wehrte sich. Er entgegnete, daß die Wiedervereinigung zwanzig Jahre lang keinen Schritt vorwärts gekommen sei, daß die Ostberliner Republik im Schutz der Mauer Gestalt und Macht eines Staates angenommen beziehungsweise gewonnen hatte, daß Franzosen, Amerikaner, Engländer schon seit langem mit den Russen sprächen, und daß die Deutschen den Trend befolgen mußten, wenn sie die Verantwortung für die Entzweiung Europas und der Welt nicht auf sich nehmen wollten. Gewiß, Westdeutschland gebe die seit 1949 genährte Illusion auf, es könne sich Ostdeutschland einverleiben. Dafür verzichte es aber keineswegs auf ein »Werden« in der Zukunft, währenddessen die deutsche Nation in mehr oder weniger elastischer Form ihre Einheit wiederfinden werde. Was die Grenzen angehe, gleich welche Klauseln diese auch bestimmten, so seien sie nicht für alle Ewigkeit festgeschrieben. Die Geschichte biete dafür genug Beispiele. Darüber hinaus – und das Argument zog bei dem auf seinen wirtschaftlichen Aufstieg stolzen und für die Verlockungen des Ostens stets empfänglichen Volk ganz besonders – eröffne die Eroberung unbegrenzter Märkte der deutschen Dynamik reiche Aussichten.

Die von Willy Brandt mit einer Zähigkeit geleitete Operation, die eines Mendès-France nicht unwürdig gewesen wäre, paßte sich gut in die Entspannungspolitik der Westmächte ein. Dessen ungeachtet weckte sie das Mißtrauen der amerikanischen, französischen und englischen Öffentlichkeit und die Empfindlichkeit der drei Regierungen, die bald rügten, man halte sie über die Verhandlungen nicht auf dem laufenden, und den Kanzler verdächtigten, auf eigene Faust vorzugehen.

Gerüchten aus Paris zufolge, war man dort außer sich. In Bonn wurden sie von jenen noch übertrieben, die damit die Gefährlichkeit des Abenteuers deutlich machen wollten, in das sich Willy Brandt gestürzt hatte. Auf diese Weise entstehe unvermeidlich ein gefährliches deutsch-französisches Wettrennen und Kräftemessen. Die Deutschen seien imstande, ohne Zögern das schreckenerregende deutsch-sowjetische Bündnis wiederaufleben zu lassen. Um dem vorzubauen und der Bundesrepublik zuvorzukommen, sei Frankreich nur noch an Rußland interessiert. Die Moskau-Reise unseres Außenministers wurde unter die Lupe genommen. Unsererseits vernachlässigten wir Deutschland. Karl Schillers autoritäre Selbstzufriedenheit bei der Währungskonferenz vom November 1968 hatte Spuren hinterlassen. Wir vermißten Kurt Georg Kiesinger.

»Soll man vor Deutschland Angst haben?« fragte mich ein hoher Beamter im Auswärtigen Amt, indem er den Titel des Buches von Michel Salomon zitierte, das mir auf der internationalen Frankfurter Buchmesse soeben überreicht worden war. »Vor einigen Jahren«, fuhr mein Gesprächspartner fort, »hätte man nicht daran gedacht, so etwas zu schreiben. Wenn wir nicht aufpassen, gehen die deutsch-französischen Beziehungen kaputt. Ihr Franzosen beneidet schon seit langem den deutschen Wirtschaftsaufschwung. Euer Mißtrauen zur Zeit der Prager Krise war unbegründet. Jetzt lebt ihr mit dem Alptraum eines neuen Rapallo. Das Abkommen von 1922 war zwischen zwei Staaten geschlossen worden, die man für rechtlos erklärt hatte. Es ist unannehmbar, daß ihr euch auf eine solche Vergangenheit überhaupt bezieht.«

Wenn diese gegenseitige Enttäuschung um sich griff, die auch etwas von enttäuschter Liebe an sich hatte, geriet die gute Sache in Gefahr. Maurice Schumann wachte darüber, daß keine Pannen unterliefen. Er ließ mich wissen, daß Willy Brandt an maßgeblicher Stelle hochangesehen sei. Man wünsche sich, so hieß es des weiteren, daß er seinen ersten Staatsbesuch im Ausland in Paris abstatten möge. Kurz davor war ich von Bundeskanzler Brandt empfangen worden und demnach in der Lage, den ausgezeichneten Eindruck zu bestätigen, den er auf mich gemacht hatte. Er hatte den Freundschaftsvertrag mehrmals erwähnt, was für einen Sozialdemokraten gar nicht so selbstverständlich war. Seine Mitarbeiter Egon Bahr und Gerhard Ritzel bezeugten mir durch ständig gepflegten Kontakt eine Sympathie, die ich gern erwiderte. Zum Gegenspieler von Pierre-Olivier Lapie und Nachfolger des ehemaligen Botschafters in Paris, Manfred Klaiber, auf dem Koordinierungsposten im Rahmen des Vertrags wurde Carlo Schmid ernannt. Die Ernennung einer so bedeutenden Persönlichkeit, dazu eines Mannes, der als Sohn einer französischen Mutter sich in unserer Sprache ebenso elegant ausdrückte wie in der eigenen, bewies Brandts Wunsch, uns zufriedenzustellen.

Am 9. November trafen sich in Paris Maurice Schumann und Walter Scheel, um die Konferenz der sechs Staats- und Regierungschefs in Den Haag für Anfang Dezember vorzubereiten. Der Franzose erinnerte daran, daß die endgültige Regelung der Agrarfinanzierung für uns Vorrang hatte. Der Deutsche dagegen dachte an nichts anderes als an die baldige Eröffnung der Verhandlungen mit England. Zur Zeit, als sie beide Außenminister waren, hatte Willy Brandt einmal in Bonn zu Michel Debré gesagt: »Wir meinen es gut und wissen, daß wir euch Geld geben müssen – euch mehr geben, als wir von euch bekommen. Aber wir können euch nicht mehr geben, als wir haben. Ihr braucht uns, um die Agrarfinanzierung endgültig zu regeln, so wie wir euch brauchen, um Englands Beitritt einzuleiten.« Dem Anschein nach war also alles unverändert geblieben. Wenn es Unterschiede zu früheren Zeiten gab, so entstanden sie aus der allerdings sehr unterschiedlichen persönlichen Note der jeweiligen Gesprächspartner. Zwischen dem Chef unserer Diplomatie und dem künftigen Bundespräsidenten Scheel herrschte völlige Harmonie. Sehr freundlich, wenn nötig, aber auch sehr bestimmt, wohlinformiert mit einer Spur von innerer Distanz zu den Dingen, bemühte sich Walter Scheel um das Amt des Staatsoberhauptes. »Ich bin ein lautloser Kämpfer«, pflegte er von sich selber zu sagen.

Indessen hatte auch Georges Pompidou seine eigene Politik, ebenso wie Brandt seine Politik hatte. Im Elysée bereitete man die große Kehrtwendung vor. Der Staatspräsident war dazu entschlossen. In diesem überaus wichtigen Punkt, und wie man das Gespräch vom 4. Februar 1969 zwischen General de Gaulle und Sir Christopher Soames auch deuten mag, ging Pompidou von der Politik seines Vorgängers ab. Für ihn war Englands Stunde gekommen. Sie wäre längst gekommen, wenn er seine Neigung und seinen Entschluß früher hätte durchsetzen können. Sehr bald schlugen wir unseren fünf EWG-Partnern ein Treffen der Staats- und Regierungschefs vor, um die Vervollständigung, die Erweiterung und den Ausbau der Europäischen Gemeinschaft zu erörtern. Es fand in Den Haag im Dezember 1969 statt. Zwar war es »klug und vernünftig«, sich die »Erweiterung« bezahlen zu lassen, aber niemand täuschte sich: der »Schritt« sollte getan werden. Willy Brandt hatte Gründe, befriedigt zu sein. Der Harmonie zwischen ihm und Georges Pompidou könne dergleichen, so meinte man, nur förderlich sein . . .

Es war nicht mehr die Zeit, als Charles de Gaulle alles überragte, wie imponierend Konrad Adenauers Persönlichkeit andererseits auch sein mochte. Pompidou hatte wenig Gelegenheit gehabt, sich auf dem weltpolitischen Schachbrett zu profilieren. Dort sah man ihn meist im Schatten des Generals. Seit der schweren Prüfung vom Mai 68 hatte die Fünfte Republik an Jugendfrische verloren. Seit der Invasion der Tschechoslowakei hatte unsere Entspannungspolitik an Griffigkeit ebenfalls eingebüßt. Seit dem wirtschaftlichen Aufstieg der Bundesrepublik Deutschland war Frankreich überhaupt um seine vorherrschende Stellung gekommen. Der Staatspräsident schien mir mißgestimmt. Vielleicht bedrückte ihn das Schweigen aus Colombey-les-deux-Eglises.

Glücklich, über seinen Erfolg freudig erregt: so erschien mir Willy Brandt in den Tagen nach den Bundestagswahlen. So schilderte ihn mir auch Herbert Wehner, der Fraktionsführer der Sozialdemokraten, ein hochgebildeter und scharfsinniger Mann, stets mit der Pfeife im Mund und aus dem einzig freibleibenden Mundwinkel mir schwer verständliche Worte ausstoßend. Der Bundeskanzler widmete sich den Verhandlungen mit Rußland, Polen und der DDR. Jedermann fragte sich, zu welchem Ergebnis er kommen würde. »Vergleichen Sie ihn nicht mit einem Faustkämpfer«, sagte mir Egon Bahr, »sondern vielmehr mit einem Judoka, einem Experten in der Kunst, den Gegner aus dem Gleichgewicht zu bringen.« Als Regierender Bürgermeister von Berlin hatte sich Brandt durch seine Tatkraft und seine herzliche Art, als Außenminister durch seine warmherzige Beredsamkeit und seinen Sinn für das Menschliche, der ihn oft unberechenbar machte, einen weltweiten Ruf erworben. In der gewagten Partie, in die er sich jetzt stürzte, setzte er sein politisches Leben aufs Spiel, bahnte sich aber zugleich einen Weg zum allerersten Rang. Um sich Georges Pompidou gegenüber zuvorkommend zu zeigen und ihn für sich zu gewinnen, wandte er sich taktvoll und geschickt an ihn.

Am 27. November um neun Uhr abends bestellte er mich zu sich, um mir einen vertraulichen Brief an den Präsidenten der Französischen Republik zu überreichen. Ich meldete mich bereits am nächsten Morgen im Elysée-Palast beim Präsidenten, der zufällig einen Augenblick Zeit hatte. Er las den in deutscher Sprache verfaßten Brief, überlegte kurz, schrieb sich seine Gedanken dazu knapp auf und ließ sie von einer Sekretärin abschreiben. Unterdessen hatte ich Muße, den Staatschef zu beobachten. Ich hatte ihn nie in besserer Verfassung gesehen. Mein Eindruck aus dem Monat September zerstreute sich. Ich bewunderte Pompidou. Seine Gedankengänge waren kristallklar, sein Stil fest. Man spürte förmlich die Freude, die ihm die Niederschrift bereitete. Er legte seinen Standpunkt in fünf knappen Absätzen dar. Er brauchte anschließend nichts zu ändern. Ich sagte mir, daß er zu jedem anderen beliebigen Thema ebenso treffsicher reagiert hätte. Er arbeitete mit der Perfektion des ehemaligen Absolventen der Ecole Normale Supérieure und des habilitierten Akademikers. Die Beziehungen zwischen Frankreich und der Bundesrepublik Deutschland, zwischen ihm und dem deutschen Bundeskanzler; das Finanzierungsabkommen; die Erweiterung der EG durch den Beitritt neuer Mitglieder; die Entspannungspolitik mit dem Osten: alles war berücksichtigt worden, es fehlte nichts.

Wir unterhielten uns über den Bundeskanzler, über den ich nur Gutes zu berichten hatte. Der Präsident hörte mir mit ermutigendem Wohlwollen zu. Er war Brandt grundsätzlich wohlgesinnt, obwohl er sich sein Urteil über den neuen Kanzler lediglich aufgrund von vier oder fünf flüchtigen Begegnungen gebildet hatte. Zunächst hatte er ihn abrupt und etwas ungehobelt empfunden; jetzt erkannte er seine politische Begabung, sein politisches Gespür an – Eigenschaften übrigens, die ihm bei Brandt nicht ganz geheuer waren. Es entging ihm außerdem keineswegs, daß seine eigenen freundschaftlichen Beziehungen zu Edward Heath als Anzeichen einer zu starken Annäherung zwischen Frankreich und England gedeutet werden konnten. Willy Brandt würde sie eventuell übelnehmen und befürchten müssen, daß uns einmal der Gedanke käme, auf Kosten der Bundesrepublik Deutschland mit den britischen Konservativen zusammenzugehen. Unserem Staatspräsidenten lag freilich eine solche Absicht fern.

Dies hielt ihn allerdings nicht davon ab, Deutschland aufmerksam zu beobachten. Was als erstes not tue, sei, aus Frankreich eine Wirtschaftsmacht zu machen – keine leichte Aufgabe! Es werde zwar leider nicht gleich mächtig wie der deutsche Nachbar sein, aber man würde immerhin mit Frankreich rechnen müssen. Als zweites müsse man Frankreichs nukleares Potential ausbauen. Sonst wäre das Gleichgewicht bald dahin. Ich erwähnte Adenauers Frage über unsere Atomstreitmacht, die ihn in seinen schlechten Stunden irritiert hatte. Pompidou hörte mir interessiert zu und bemerkte: »Ein weitblickender Mann!« Er lobte auch den von seiner einstigen Höhe herabgestiegenen Kiesinger, in dem er nicht mehr den Verführer von einst, sondern nur noch den verdienstvollen gemäßigten Politiker sah.

Er kam wieder auf Deutschland zurück. Es ließ ihm keine Ruhe. Er sprach von Deutschland nicht wie de Gaulle. Dieser stand unter dem Einfluß der ein Jahrtausend alten Werte, die Deutschland verkörperte, und hatte im Kampf gegen Deutschland und dann in der Aussöhnung mit Deutschland die außerordentlichsten Abschnitte seiner Laufbahn erlebt. Nach einer Unterredung mit Pompidou bemerkte Carlo Schmid mir gegenüber: »Für de Gaulle stammten sowohl Frankreich als auch Deutschland von Karl dem Großen ab.« Diese Formulierung faßte de Gaulles Gedankenwelt in einem Satz zusammen – aber auch diejenige des Nachfolgers, nur mit umgekehrtem Vorzeichen. Wenn auch etwas überspitzt, zeigte sie, daß der Deutsche bei seinem Gesprächspartner de Gaulles aus einem tiefen historischen Bewußtsein gespeistes Interesse an Deutschland vermißte.

Georges Pompidou war ein Realist, ein Mensch des Mittelmeerraumes, ein Romane. Er kannte nur Gegenwart und Zukunft. In seinen Augen hatte die Aussöhnung mit Frankreich für die Bundesrepublik Deutschland den Wert einer moralischen

Garantie, auf die sie nicht verzichten konnte, ohne sich selbst zu schaden. »In einer politischen Konstellation, die hoffentlich nie eintreten wird, kann das unser Trumpf sein.« Er erklärte mir nicht, an welche Konstellation er dachte. Mein Eindruck ist, daß er sich das Schlimmste ausmalte, nicht etwa, weil er damit rechnete, sondern eher, um es gleichsam wegzuzaubern.

Er hätte es gern gesehen, wenn ich niemandem begegnet wäre. Zu spät! Der erste Besucher wartete bereits auf seine Audienz beim Präsidenten der Republik. Im Salon der Flügeladjutanten begegnete ich Jacques Chaban-Delmas, schlank, freundlich, mit dem Erfolg seiner scharfen Rede vom Vortag gegen die Aufwiegler sehr zufrieden.

Abends war ich wieder zurück in Bonn und besuchte den Presseball. Dort machte ich dem Bundeskanzler meine Aufwartung. Er gab mir sofort einen Termin für den nächsten Tag in seinem Haus auf dem Venusberg. Dort empfing er mich im Beisein Egon Bahrs. Willy Brandt erklärte mir, die Standpunkte unserer Länder seien nicht mehr sehr verschieden voneinander. Sein Optimismus freute mich. Er seinerseits freute sich über den engen Kontakt, den er zu Pompidou gewonnen hatte.

Einige Tage später fragte man sich, wer auf dem Gipfeltreffen in Den Haag den Sieg davongetragen hatte: der deutsche Bundeskanzler, oder der Präsident der Französischen Republik?

Das war doch gar nicht die Frage! Eine solche Rivalität mutete fast lächerlich an. Zur Genugtuung aller Beteiligten sollte jetzt England der EWG beitreten dürfen. Es war nun die Aufgabe der EWG, wachsam zu sein und sich zu festigen, wenn sie nicht durch den englischen Beitritt aus den Fugen geraten wollte, denn der neue Partner hatte die Isolation zur Maxime seiner einstigen Größe gemacht. Die Zukunft Westeuropas stand auf dem Spiel. Es gab etwas noch Ernsteres: Rußland bemühte sich um Deutschland. Deutschland mußte Vorsichtsmaßnahmen treffen, denn sonst konnte es leicht dazu kommen, aus Unvorsichtigkeit oder von Rußland betört, die Stabilität in Mitteleuropa zu gefährden. Auf dem Spiel stand also nicht nur die Zukunft Westeuropas, sondern die Zukunft des ganzen Kontinents.

Sowjets und Deutsche, Polen und Deutsche taten sich schwer, die Gespräche zu eröffnen. Ostberlin hatte zunächst versucht, Obstruktion zu betreiben. Jetzt ergab es sich in die Notwendigkeit und machte mit. Am 17. Dezember schickte Walter Ulbricht an Bundespräsident Heinemann den Entwurf eines deutsch-deutschen Vertrags, der in der Form unannehmbar war, aber immerhin eine Diskussionsgrundlage bot. Es wurde übrigens bezweifelt, ob die in ihm erhobenen Ansprüche Breschnew genehm waren. Rußland legte auf die den Alliierten vorbehaltenen Rechte über »Gesamtdeutschland« und Berlin ebensoviel Wert wie die Vereinigten Staaten, England und Frankreich. Eine deutschdeutsche Vereinbarung, die diese Rechte tangiert hätte, konnte der Sowjetunion nicht passen.

Willy Brandt war andererseits nicht in der Lage, eine Entspannungspolitik zu betreiben, die nicht auch zur Verbesserung des Status von Berlin geführt hätte. Schon als Außenminister hatte er Michel Debré auf diesen für ihn entscheidenden Punkt aufmerksam gemacht. Seine Anregung führte zur Initiative vom 16. Dezember, durch die Paris, London und Washington dem Kreml Verhandlungen über die ehemalige Reichshauptstadt vorschlugen.

Noch vor Jahresende begrüßte ich in Hamburg Francis Perrin, hielt einen Vortrag in Heilbronn, besuchte die Bosch-Werke bei Stuttgart, feierte in München das fünfundzwanzigjährige Bestehen des Vereins der in Bayern lebenden Franzosen, und unterhielt mich in Düsseldorf mit Heinz Oskar Vetter, dem Nachfolger von Ludwig Rosenberg an der Spitze des Deutschen Gewerkschaftsbundes. Kurzum, ich machte meine Arbeit. Und da der Augenblick des Abschieds immer näher rückte, machte ich Überstunden.

Wir wollen jedoch keinen falschen Eindruck entstehen lassen. Die Wahrheit ist, daß der Botschafter zwar herumreist, aber jederzeit lieber an seinem Arbeitstisch sein möchte. Denn gerade in dem Augenblick kann Paris bei ihm anfragen, oder ihm Weisung erteilen, einen bestimmten Schritt zu unternehmen. Oder aber seine ausländischen Kollegen müssen ihm eine dringende Mitteilung machen und finden ihn nicht. Denn in Wirklichkeit besteht seine Hauptfunktion darin, zwischen zwei Regierungen den Mittelsmann zu spielen. In dieser Zeit, in der Gespräche auf Ministerebene häufig stattfinden, trägt er zu deren Vorbereitung und Durchführung bei. Ohne sich überschätzen zu wollen, kann er auf den Gang von Gesprächen auf höherer und höchster Ebene Einfluß nehmen, einfach darum, weil er am Platze ist. Die Vielfalt der Beziehungen zwischen seinem Land und dem Gastgeberland enthebt ihn nicht seiner Funktion als ständiger Unterhändler. Seine schriftlichen und mündlichen Berichte geben Auskunft über ein politisches Klima, über das sich der Adressat nur durch ihn ein Bild machen kann. Wie werden sie sich auf das Verhalten des Außenministers oder des Regierungschefs auswirken? Und noch ein Unwägbares: im entscheidenden Augenblick wirken sich die auf Herzlichkeit, Vertrauen und Aufrichtigkeit basierenden Kontakte aus, die er zur Regierung, bei der er akkreditiert ist, zu knüpfen gewußt hat.

Wie sich die Zeiten ändern! Am Anfang des Jahrhunderts wurde in den meisten Hauptstädten das Diplomatenleben durch das glänzende Leben der Höfe und durch die strenge Etikette erschwert, kompliziert und auch verschönert. Nichts blieb dem Zufall überlassen: weder die Länge der Schleppen noch die Tiefe des Busenausschnitts bei den Abendkleidern, weder das peinlich gewissenhafte Abgeben von Visitenkarten, noch die richtige Anredeform gegenüber kaiserlichen oder königlichen Hoheiten. Das diplomatische Korps ist immer noch eine erlesene Gesellschaft. Aber die gesellschaftlichen Verpflichtungen können heute niemanden mehr abschrecken – oder anziehen.

Am Pariser Platz in Berlin erhob sich – jetzt ist von ihm kein Stein mehr auf dem anderen geblieben – das Botschaftspalais, in dem während der letzten sieben Jahre vor Ausbruch des Ersten Weltkrieges Jules Cambon gelebt und gewirkt hat. Der große Botschafter verhandelte nur über große Angelegenheiten und nur mit großen Würdenträgern. Ohne Mühe und ohne Hast feilte er die Depeschen aus, in denen er über seine Unterredung mit dem Reichskanzler oder dem Staatssekretär für das Auswärtige Bericht erstattete. Er empfing an seiner Tafel die Reichsminister, die Fürstlichkeiten und seine ausländischen Kollegen. Er überquerte den Pariser Platz und fand sie zur Teestunde bei der Fürstin Radziwill allesamt wieder. Ich übertreibe kaum. Es war ein angenehmes und müheloses, aber dennoch auch ein arbeitsames und nützliches Leben, denn Jules Cambons Name bleibt mit dem Abschluß der Abkommen von 1909 und 1911 über Marokko und den Kongo verbunden.

Unter André François-Poncet, keine zwanzig Jahre später, umfaßte die Botschaftsarbeit das ganze Leben Deutschlands. Die Botschaft summte wie eine Fabrik. Die nationalsozialistische Revolution wie auch die Persönlichkeit des Botschafters hätten einen anderen Stil nicht zugelassen. Außerdem war Deutschland damals zentralisiert wie noch nie zuvor. André François-Poncet verließ Berlin nur selten, um sich etwa nach Nürnberg zum Parteitag zu begeben. Seine Mitarbeiter reisten noch weniger als er. Allwöchentlich brachte das diplomatische Gepäck die vollständige Schilderung und Analyse einer neuen ungeheuren Episode nach Paris.

Heutzutage hat die Diplomatie ein schnelleres Tempo. Dank der Perfektion im Chiffrierverfahren wird nicht mehr geschrieben, sondern telegraphiert. Das Personal ist zahlreicher. Die Kontakte mit Industriellen, Journalisten, Gewerkschaftlern haben sich vervielfältigt. In einem Bundesstaat wie Westdeutschland gibt es nicht nur eine einzige Hauptstadt. München, Hamburg, Düsseldorf, Stuttgart, Frankfurt, Köln gelten ebensoviel, oder wollen ebensoviel gelten, wie Bonn. Der Botschafter ist dauernd »auf Achse« oder in der Luft. Der Rundfunk und das Fernsehen haben seine Rolle verändert. Wie würde Jules Cambon staunen, wenn er wieder auf Erden wandeln würde und die Akten der heutigen Botschaft durchblättern dürfte! Wie oft habe ich bedauert, daß ich nicht mehr vom Atom oder von der Raumfahrt verstand, als mir bei einer einschlägigen Verhandlung der zuständige deutsche Ressortminister hart zusetzte! Der Diplomat bewahrt seine Geheimnisse, doch seine Zunge löst sich – zwar nicht mehr in den Salons, wo er stets als Plauderer geschätzt wurde und alle auf seine Indiskretionen lauerten, sondern in der Öffentlichkeit. Die vielen Gelegenheiten, die Politik seines Landes zu erläutern beziehungsweise zu verteidigen, die ihm Stadtregierungen, Universitäten und Verbände bieten, darf er sich nicht entgehen lassen. Wenn er an seinem Sessel kleben bliebe, würde er nur einen Teil seiner Aufgabe erfüllen.

Durch alle Umwälzungen hindurch bleibt das Wesentliche sich gleich: der Botschafter vertritt sein Land. Der Gattin eines von ihnen, die zu Fuß einen Spaziergang in der Stadt machen wollte, flüsterte irgendjemand zu: »Vorsicht, Madame, denn, wenn Sie spazierengehen, ist es, als ob Frankreich selbst ausginge.« Ein Scherz, gewiß, aber mit einem Körnchen Wahrheit. Vewandte staunten darüber, daß der nach Paris auf Urlaub Zurückgekehrte dem anstrengenden Gesellschaftsleben, dem er im Dienst so eifrig gefrönt hatte, keinen sonderlichen Geschmack abgewinnen konnte. Er antwortete mit einem vielsagenden Seufzer: »Hier ist es nicht dasselbe!« Einmal über die Landesgrenze hinausgekommen, ruft die Pflicht. Sie macht alles aufregend. Sogar das Langweilige wird spannend. »Ich habe mich lange mit Chip Bohlen unterhalten, der mein Debüt in einer interessanten, manchmal possenhaften Laufbahn begrüßte«, so schreibt Mr. Galbraith, der zwei Jahre lang Botschafter der Vereinigten Staaten in Indien war. Aber nein, der Beruf ist nicht »possenhaft«, vorausgesetzt, daß die Diplomaten sich und ihn den Erfordernissen der Zeit anpassen – einer harten Zeit, in der ihre Kaltblütigkeit und ihr Mut manche schwere Probe zu bestehen haben. Und dazu müssen sie noch die Rolle des Technikers und auch die des Missionars übernehmen können!

Einen Tag vor Weihnachten, am Ende eines an Wundern armen Jahres, hatte ich ein Erlebnis, das mich tief bewegte. Fräulein Poppinga, Adenauers ehemalige Mitarbeiterin, besuchte mich, um mir aus dem Buch über Adenauer, an dem sie gerade arbeitete, einige Stellen vorzulesen. Es war mir, als hörte ich den ersten Bundeskanzler von Frankreich reden.

Die ersten Monate des Jahres 1970 waren zugleich die letzten Monate meiner zweiten Mission als Botschafter in Bonn. Selten gab es ein so erregtes diplomatisches Leben. Ein Vertrauter Willy Brandts, der in Erwartung der letzten Nachrichten ganze Nächte durchwachte, sagte mir – nicht ohne die sehr nachdrückliche Absicht, mich in Bonn festzuhalten –, daß die nächsten Jahre noch faszinierender sein würden.

Nach Westen verdrängt und seit zwanzig Jahren im Gefolge der Vereinigten Staaten, Frankreichs und Englands ein Schattendasein führend, stürzte sich jetzt die Bundesrepublik Deutschland in eine tollkühne Unternehmung. Sich gleichzeitig mit Rußland, Polen und der DDR konfrontiert zu sehen, war für ein gebietsmäßig und politisch eingeengtes Land ein Abenteuer – um so mehr, als es sich dessen bewußt war, weder in Moskau, noch in Warschau, noch in Ostberlin mit einer schonungsvollen Behandlung rechnen zu dürfen, und daß die erste Bilanz der Verhandlungen zunächst nur negativ sein konnte. War das gegnerische Lager zufällig einmal uneins, stellte eine Warnung aus dem Kreml die Eintracht wieder her. Es war unmöglich, die Unterlegenheit durch Manövrieren wettzumachen. Selbst der Versuch wäre schon verhängnisvoll gewesen.

Für Leonid Breschnew, Wladyslaw Gomulka und Willi Stoph hatte die Bundesrepublik sich einfach den Realitäten zu beugen, auf Schlesien und Pommern zu verzichten und sich in die Tatsache zu fügen, daß sie einen anderen deutschen Staat zum Nachbarn hatte. Einem der bedeutendsten Verhandlungsführer im Auswärtigen Amt zufolge, der es den Botschaften der drei Westmächte mitteilte, war an der Antwort seiner Landsleute auf eine etwaige Volksbefragung über die Gebiete jenseits von Oder und Neisse überhaupt nicht zu zweifeln. Aus Überdruß wollten sie, wollte vor allem die Jugend die belastende Vergangenheit vergangen sein lassen. In dieser Gewißheit, meinte ich, konnte auch sein Herz nicht mehr so stark für die Sache schlagen.

Willy Brandt war dagegen mit Herz und Seele bei seiner Unternehmung. Mit der berühmten Demutsgeste des Niederknieens vor den Opfern der Nazis trug er seinen Edelmut demonstrativ zur Schau. Durch sie wurde er zum Staatsmann, der den Krieg, das Elend, die Ungleichheit verabscheut. Er fürchtete nicht, aus der Reihe zu tanzen, wußte aber zugleich, daß er sich durch sein Anderssein unter Umständen eine Blöße gab. Er wurde geliebt und gehaßt. Wäre er kein Politiker gewesen, so wäre ihm der Haß erspart geblieben. Ein feuriger Redner, versank Brandt manchmal in nachdenkliches Schweigen, nur um es mit vibrierender Leidenschaft zu durchbrechen, und den Zuhörern die Früchte seiner Meditation mitzuteilen. Was er von nun an tat oder unterließ, blieb er eine Verkörperung der Entspannungspolitik – einer Politik, deren Ergebnisse man noch lange nicht zu überblicken vermochte. Mit ihr würde er untergehen, oder triumphieren und in die Legende eingehen. Der Kampf zwischen einer fremden Macht, die entschlossen ist, sich »ihr« Deutschland zu halten und »ihre« Deutschen zu haben, und dem Nationalgefühl der Deutschen würde nicht so bald zu Ende sein. Für Bundeskanzler Brandt mußte er, wenn auch nur langfristig, wenn auch in heute noch nicht genau erkennbarer Gestalt, zur Wiedervereinigung führen. Das Bestehen zweier Staaten gegensätzlicher Ordnung würde die Wiedervereinigung nicht verhindern können. Der Druck der Volksseele würde alle Hindernisse sprengen.

Aus Vaterlandsliebe und auch, weil er dazu genötigt war, denn in der Bundesrepublik verfolgte man alle seine Schritte sehr genau, traf Brandt alle Vorkehrungen, die ihm garantierten, daß dieser großen deutschen Zukunft nicht Tür und Tor verriegelt wurden. Die später zu schließenden Abkommen durften keinen endgültigen Charakter haben. Die Russen bestanden nicht ganz so starr auf ihren Wünschen, wie man sich vorgestellt hatte. Sie sahen ein, daß sie durch übertriebene Forderungen ganz Westdeutschland gegen sich aufbringen würden. Sie sagten sich, daß sie mit Lösungsvorschlägen, die elastisch genug waren, um eventuelle Gebietsänderungen zu gestatten, jeweils Bonn oder Warschau begünstigen konnten, je nach der Gesamtlage und der späteren politischen Entwicklung, namentlich Chinas.

Eine Zeitlang konnte Willy Brandt nur als Verlierer erscheinen. Der Schein sprach gegen ihn, Rußland war eine Weltmacht und benahm sich entsprechend. Es gab sich überhaupt keine Mühe, sich für das Interesse zu rechtfertigen, das es für fremde Grenzen zeigte. Es betrachtete sich als für die europäische Sicherheit verantwortlich. Dies mußte allen genügen. Trotzdem, wie mir Gustav Heinemann erzählte, rang Egon Bahr mit Gromyko zäh und verbissen. Er war mit seinem ganzen Einfallsreichtum bei der Sache, denn er mußte den alten Hasen des diplomatischen Metiers seine Fähigkeit beweisen. Außerdem war er die Lieblingszielscheibe der Gegner von Bundeskanzler Brandt. Die Aufgabe, die Polen zu beschwichtigen, die wegen erlittener Unbill und ständiger Besorgnis nicht gerade zur Nachgiebigkeit neigten, erhielt Georg Duckwitz, ein altgedienter Botschafter, dessen Wahl die Ehre der Berufsdiplomatie rettete. »Die Polen tragen den Kopf immer noch hoch und meinen, daß wir ihnen dankbar sein müßten, daß sie sich mit uns überhaupt an den grünen Tisch setzen.« Als Verhandlungsführer gegenüber Ostberlin ernannte Brandt absichtlich keinen Diplomaten, sondern den Minister für innerdeutsche Angelegenheiten Egon Franke, um jedermann unmißverständlich klarzumachen, daß er den Verhandlungen zwischen den getrennten Brüdern einen besonderen Charakter beimaß. Über die Landsleute von drüben sagte mir ein Abteilungsleiter im Auswärtigen Amt, der sich mit ihnen aus guten Gründen auskannte: »Die Deutschen neigen in allen Dingen zur Maßlosigkeit. Wenn sie Kommunisten sind, dann sind sie bei weitem die härtesten von allen.«

Das Treffen zwischen Willy Brandt und Willi Stoph am 19. März in Erfurt war ein großes Ereignis. Die Wiederbegegnung ließ alle Herzen höher schlagen. Im Bundestag erhielt Willy Brandt ausnahmsweise auch den Beifall eines Teiles der Opposition. Es hagelte aber Kritik. Franz-Josef-Strauß setzte seine Verbissenheit, Rainer Barzel seine Dialektik ein. Helmut Kohl zählte zu den Unnachgiebigen, obwohl er klugerweise einsah, daß sich seine Parteifreunde nicht einig waren. Viele von ihnen überlegten noch und stellten sich die Frage, in welche Richtung die Bevölkerung wohl neigte. Gerhard Schröder hätte sich für seinen Teil nie erlaubt, irgendwelche Sympathie für Brandts Bemühungen zu zeigen. Sein Mißtrauen galt, indem es sie vorwegnahm, der späteren Konferenz von Helsinki, die den europäischen Status quo festschreiben sollte. Noch mehr mißtraute er den in der DDR stationierten zwanzig sowjetischen Divisionen. Nichtsdestoweniger wies der frühere Außenminister im Bedarfsfall darauf hin, daß er die Annäherung durch Abkommen mit den Ostblockländern vorbereitet und weitere Schritte beabsichtigt hatte. Freilich nicht etwa im Stil eines Willy Brandt! Aber wenn sich – man kann ja nie wissen, wie es kommt! – der Wind in eine gewisse Richtung drehte, konnte er sich als Bahnbrecher darstellen.

Der Kanzler forderte einen Erfolg, eine Gegenleistung. Er dachte an seine zwei Millionen Berliner, deren Los ihm Sorge bereitete. Mit den Russen über Berlin zu verhandeln und zu versuchen, durch einen örtlich auf Berlin begrenzten Vorteil die von der Bundesrepublik auf anderen Gebieten gemachten Zugeständnisse wettzumachen, gehörte in die Zuständigkeit der Westmächte. Allerdings durfte es zwischen der Bundesrepublik Deutschland und den drei Alliierten kein Mißverständnis über die Art des angestrebten Ausgleichs geben.

In Bonn wünschte man, die Bindungen zwischen Westdeutschland und den westlichen Sektoren der ehemaligen Reichshauptstadt enger zu gestalten – »sie zu stärken«, erklärte Willy Brandt. Da die DDR sich den anderen Teil Berlins einverleibt hatte, war es nur gerecht und billig, daß die Bundesrepublik ein gleiches tue. Die Politiker juckte es, in der Reichshauptstadt Präsenz zu demonstrieren. Als ehemaliger Regierender Bürgermeister empfand der Bundeskanzler mehr denn jeder andere die Lage als unnatürlich. Doch war der Weg, auf dem vorzugehen uns die Deutschen zumuteteten, nicht ungefährlich. Wenn die alliierten Vorbehaltsrechte bis zum gänzlichen Verschwinden abgebaut, wenn gar die alliierten Garnisonen aus Berlin zurückgezogen wurden, fiel die ganze Stadt bald unter die Herrschaft der Sowjets. Wem leuchtete das nicht ein?

In allen Angelegenheiten, die Berlin angingen, reagierte man besonders empfindlich. Diese Reizbarkeit hatte handfeste politische Hintergründe. Als Pjotr Abrassimow erfuhr, daß ich bei einem Essen, zu dem ich ihn eingeladen hatte, meinen für Berlin zuständigen Mitarbeiter von der Bonner Botschaft an meiner Seite sitzen lassen würde, nahm er es sehr übel. Ich durfte zwar, wenn ich so sagen darf, zwei Kappen tragen – um von meinem während des Kriegs verlorengegangenen, mit Federn besetzten Diplomaten-Zweispitz ganz zu schweigen –, aber der Diplomat, der mir sachkundig beistehen sollte, durfte es nicht. Er war Berlin-Experte in Bonn; in Berlin hatte er über Berlin den Mund zu halten. Auch die Alliierten zeigten sich äußerst wachsam. Ich hielt mich einmal in der Stadt zur selben Zeit wie der damalige Bundespräsident Lübke auf. Bei irgendeiner Zeremonie wurde mir nicht der mir zustehende Platz – der erste! – zugewiesen. Mein englischer und mein amerikanischer Kollege bekamen Wind davon und machten mir entsprechende Bemerkungen. Ich entgegnete, daß es mir schwer gefallen wäre, mich auf denselben Platz zu setzen, auf dem der hohe Gast aus Bonn bereits saß. Sie erklärten mir, daß die Sorgfaltspflicht und der Anstand uns allen dreien vorschrieben, bei gleichzeitiger Anwesenheit des höchsten bundesdeutschen Würdenträgers am Ufer der Spree uns nur dann nach Berlin zu begeben, wenn wir die Gewißheit hatten, daß das Protokoll strengstens eingehalten würde – freilich, ohne dadurch dem Bundespräsidenten zu nahe zu treten. Kurz gesagt: die Quadratur des Kreises. Wir hätten also stehen müssen, wenn Herrn Lübke nicht eingefallen wäre, uns an seinen Tisch zu bitten.

Nachdem Walter Scheel und Maurice Schumann das Gipfeltreffen vorbereitet hatten, wurde Willy Brandt am 30. und 31. Januar in Paris von Präsident Pompidou sehr herzlich und zuvorkommend empfangen. Seine politische Couleur war dabei kein Hindernis. Die deutsch-französische Aussöhnung hing nicht von der Wählerlaune ab. Der Staatspräsident wollte nicht in den Ruch der Voreingenommenheit geraten. Der Bundeskanzler wuchs in Adenauers Rolle hinein, er machte sich zum Befürworter des Vertrags von 1963 und bat seinen Gastgeber, General de Gaulle seinen Dank auszusprechen. Der Staatsminister im Kanzleramt, Horst Ehmke, machte sich Sorgen: wie würde man bei den folgenden Zusammenkünften einen so hohen Herzlichkeitsgrad aufrechterhalten können?

Der Anschein war einigermaßen irreführend. In etlichen Fragen, die nicht ganz so technischer Natur waren, wie sie aussahen, so zum Beispiel in der Frage der Etatbefugnisse des zukünftigen europäischen Parlaments, oder der Frage, wo der Elektronenbeschleuniger stehen sollte, wurde man sich nicht einig. In Brüssel zeigte sich unser deutscher Hauptpartner störrisch. Auch über unsere Vorstellungen vom Status von Berlin konnte keine volle Einigkeit erreicht werden. Es wurde vor allem klar, daß die Bonner Regierung durch ihre immer ausgedehnteren Ostkontakte unsere Führung beunruhigte. Der Nebel lichtete sich zwar über dem weiten slawischen Raum, aber würde unser Partner wissen, wo er – mit noch unsicheren Schritten – weit genug gegangen war?

An ebendemselben 30. Januar hatte Egon Bahr seine erste Unterredung mit Gromyko. Sie dauerte sechs Stunden. Pompidou machte mir gegenüber kein Hehl daraus, daß er die ganze Angelegenheit mit höchster Aufmerksamkeit verfolgte. Zu ihm waren die Russen überaus zuvorkommend, was zu seiner Beunruhigung beitrug. Und war denn der Kanzler nicht eine winzige Spur zu freundlich gewesen? Zu viele Rosen! Wo waren die Dornen? Pompidou machte mir den Eindruck, als könne er eine unbestimmte Besorgnis nicht loswerden. Brandts zugleich attraktives und schillerndes Wesen war ihm nicht geheuer.

Die Staatsvisite endete mit einem vom Kanzler im Palais Beauharnais gegebenen Essen. Unter den Gästen sah man Jacques Chirac, Valéry Giscard d'Estaing, Maurice Couve de Murville, letzteren ohne Sitz im Kabinett, aber nicht ohne großes Ansehen. In einer Fensternische unterhielt er sich lange mit Willy Brandt. Während meiner zweiten Mission in Bonn hatte ich praktisch keinen Kontakt mehr zu André François-Poncet gehabt. Jetzt erblickte ich ihn, und fragte mich, wie er meine Begrüßung wohl aufnehmen würde. Er beantwortete sie sehr herzlich und ich wußte ihm dafür Dank. Bei Tisch waren wir Nachbarn und konnten uns lange unterhalten – mehr über das, was uns verband, als über das, was uns trennte. Unter anderem machte er aber doch die Bemerkung, de Gaulle habe einen Fehler begangen, als er »die Germanen« von oben herab behandelte. Ich hatte unter François-Poncet während der Nazi-Zeit gedient. Ich entgegnete, daß der Umschwung im Verhältnis zwischen den beiden Ländern eines der größten Ereignisse unserer Zeit gewesen war, wozu auch der Vertrag vom 22. Januar 1963 nicht wenig beigetragen hatte. Er gab es gerne zu. Seinerzeit hatte er in der Tat nicht gezögert, den Vertrag in einem Artikel im »Figaro« zu preisen. In seiner Tischrede würdigte übrigens der deutsche Botschafter François-Poncet persönlich und namentlich, indem er ihn unter allen anderen besonders auszeichnete. Nachdem er fünf Jahre lang Hitler in die Augen gesehen hatte, war André François-Poncet unter Robert Schumans Impuls der Schöpfer einer Politik gewesen, die die Deutschen beglückt hatte und durch François-Poncets enge Freundschaft mit Adenauer gefördert worden war. Er ist der einzige Franzose, der an prominenter Stelle und vor Ort das aufkommende Gewitter und dann den Zauber der Aussöhnung erlebte, die Herrschaft eines Mannes, der ein ganzes Volk hypnotisiert hatte, und dann eine parlamentarische Demokratie, die mit Ungeduld darauf wartete, in die freie Welt einziehen zu dürfen. Er hatte nacheinander das Berlin des heiseren Gebrülls, der grünen, braunen und schwarzen Marschkolonnen, und die liebliche, aber glanzlose und in ihrem Rang umstrittene provisorische Hauptstadt am Rhein gekannt.

Am 10. Februar erhielten die drei Westmächte die Antwort des Kreml auf ihre Botschaft vom 16. Dezember über die Bedingungen einer Eröffnung von Viererverhandlungen um den Status von Berlin. Mit der Verhandlungsführung wurden die Botschafter der Vereinigten Staaten, Großbritanniens und Frankreichs und der russischen Botschafter in Ostberlin beauftragt. Die erste gemeinsame Sitzung sollten wir in der ehemaligen Reichshauptstadt am 26. März halten. Mir oblag es, mit Hilfe von François Plaisant und in engem Kontakt mit Paris und mit meinen Kollegen Kenneth Rush und Roger Jackling sowie mit der Bundesregierung das Treffen vorzubereiten. Von nun an sollte das unsere Hauptaufgabe sein.

Wir mußten für Gesamtberlin das Prinzip der Viererverantwortlichkeit aufrechterhalten. Die Sowjets hatten den Teil der Stadt, der ihren Sektor darstellte, an die DDR abgetreten und betrachteten ihn als unantastbar. Ihnen zufolge durften sich die Unterhändler nicht in den Zuständigkeitsbereich eines dritten Staates einmischen. Daraus entstanden byzantinisch anmutende Debatten. Der russische Standpunkt war uns sattsam bekannt. Wir mußten ihn bei der Ausarbeitung unserer Strategie berücksichtigen.

Unser praktisches Ziel war es, den Berlinern, die zum Westen gehörten und somit in Freiheit lebten, mehr Sicherheit zu garantieren. Die Verbindungen zum Westen mußten erleichtert werden. Die beständige Störung der innerdeutschen Verbindungswege auf Schiene und Straße, unter welchen Vorwänden auch immer, mußte aufhören. Sonst würde die Stadt unter dem ewigen Alarmzustand und der Drohung mit dem Erstickungstod an Substanzverlust eingehen. Die Jugend würde an einem weniger ungünstigen Ort ein Heim, einen Arbeitsplatz und eine Zukunft suchen. Unser Schutz würde nur noch einer leeren Hülle gelten.

Aus dem völkerrechtlichen Wirrwarr klang scharf und schmerzerfüllt die Stimme der menschlichen Not heraus.

Die vier Botschafter hatten also über die Bindungen zwischen der Bundesrepublik und Berlin und über den Verkehr zwischen West- und Ostberlin zu verhandeln. Die Westmächte mußten um so energischer und geschickter kämpfen, als ihre Position während der letzten zwei Jahrzehnte empfindlichen Schaden genommen hatte. Auf der Autobahn wurden »unsere« Deutschen von der Volkspolizei der DDR bei der Ein- und Ausreise kontrolliert. Die Aufhebung dieses Mißstands, der gegen unseren Willen und unter Verletzung der Prinzipien eingerissen war, gedachten wir nicht zu fordern. Es wäre vergebliche Mühe gewesen. Was wir aber beabsichtigten, war, die Sowjets zum unmißverständlichen Eingeständnis zu zwingen, daß die DDR-Kontrollen nur von ihnen delegierte Befugnisse hatten, und daß die Rechte und Pflichten der vier Mächte über jeden Zweifel erhaben seien. Jeder Versuch der DDR, völkerrrechtliche Befugnisse der Sowjetunion zu erschleichen, war zurückzuweisen. Für die Regierungen in Paris, Washington und London konnte es nur einen Gesprächspartner geben: die Regierung in Moskau. Die Bundesrepublik Deutschland mußte ebenso umsichtig wie die Alliierten vorgehen. Versehentlich oder im instinktiven Bestreben, welche Drittstaaten auch immer vom deutschen Boden fernzuhalten, schien sie zeitweise aus der Linie auszuscheren, indem sie mit dem anderen Deutschland ein Verkehrsabkommen schließen wollte, dessen Klauseln zum Teil die alliierten Vorbehaltsrechte tangiert hätten. Maurice Schumann richtete an Walter Scheel einen persönlichen Brief, um ihn zu warnen.

In einer Verhandlung mit den Russen über Berlin, Ort der Konfrontation, aber auch Symbol der friedlichen Koexistenz, durfte nichts dem Zufall überlassen werden. Je näher der 26. März heranrückte, desto enger wurde die unentbehrliche Einigkeit zwischen den Drei. Kenneth Rush, Roger Jackling und ich teilten die Arbeit unter uns. Jeder übernahm die Verfassung eines Berichts, den die beiden anderen ergänzten. Wir definierten in großen Zügen den Standpunkt des Westens. Erst am 3. September 1970 wurde nach zahlreichen Arbeitssitzungen endlich ein zufriedenstellendes Abkommen paraphiert.

In dem Gebäude, in dem der aus den vier Oberkommandierenden bestehende Kontrollrat bis 1948 getagt hatte, eröffneten die Botschafter ihre langwierigen Diskussionen. Pjotr Abrassimow zeigte sich sofort zugleich hitzig und schmeichelnd. Seine sympathische Art machte die Verhandlungen zwar angenehmer, erleichterte sie aber mitnichten. Wir saßen an großen Tischen, die ein Quadrat bildeten, die Sowjets uns Franzosen gegenüber. Abrassimow teilte gezielt Lächeln und strenge Mienen aus, ein Schauspieler der Diplomatie, dessen slawischer Charme die sowjetische Schroffheit milderte. Er kannte jeden von uns persönlich, maß sich aber mit uns als Dreigespann zum erstenmal, was seinem Nationalgefühl schmeichelte und seine Lust am Verhandeln befriedigte. Dessenungeachtet brachte ihm der Vorteil, als einziger gegen drei zu argumentieren, nichts ein: er konnte zwischen uns drei niemals eine Bresche finden.

Am 26. März verlasen die vier Botschafter reihum ihre vorbereiteten Darstellungen des jeweiligen Standpunkts und gingen dann sofort in medias res. Es war bereits mehr als eine erste Kontaktaufnahme zwischen dem schwerblütigen, sympathischen, gewissenhaften und ernsten Engländer, dem Amerikaner, der seinen russischen Kollegen mit der übrigens einem Gleichgestellten zustehenden, ausgesuchten Höflichkeit eines Edelmannes aus dem XVIII. Jahrhundert behandelte, und dem Franzosen, der zuweilen ein Befremden äußerte: wieso hatte man denn die französische Übersetzung eines anderssprachigen Dokuments ausgelassen? Worauf es in Abrassimows Augen amüsiert funkelte ...

In der Pause belegte er mich mit Beschlag. Meine einleitende Darlegung war ihm im Hals geblieben. Frankreich mache sich zum Anwalt der Bundesrepublik. Die deutsche Teilung könne uns doch nur recht sein. Ich erinnerte ihn an unser Eintreten für die Selbstbestimmung der Völker. Er kenne meine Erwiderung im voraus, meinte er. Aber er könne nicht umhin, mich von Anfang an darauf aufmerksam zu machen, daß man in Moskau trotz Willy Brandts neuem Kurs den Deutschen nicht über den Weg traue. Wenn uns die Zukunft unangenehme Überraschungen bereite, so sei es unsere eigene Schuld. Das Mittagessen schuf die wahre Entspannung zwischen den Vertretern des Westens und dem Vertreter des Ostens. Man kann indessen auch als Diplomat nicht ewig tafeln.

Einen Monat später, am 28. April, trafen wir uns wieder. Mein Beitrag war technischer als der erste und betraf die Einreiseerleichterungen für die Westdeutschen, die nach Ostberlin reisen wollten. Die Sitzung war farblos. Zwei Tage später kehrte ich wieder nach Frankreich zurück. Als einziger durfte ich den Abschluß der Botschafterkonferenz nicht mehr unmittelbar miterleben. Ich hatte gerade noch bei ihrer Eröffnung mitgewirkt, gerade noch von den Freuden einer scharf geführten, ausschließlich diplomatischen Verhandlung gekostet und mußte schon gehen und drei altbewährte Berufskollegen verlassen, von denen ich noch viel hätte hinzulernen können. Eines freute mich aber dennoch sehr, daß man mich einige Wochen länger nach der fatalen Altersgrenze des 65. Lebensjahres auf dem Posten gelassen hatte. Diese Galgenfrist gestattete mir, bis zum Ende am berühmten grünen Tisch zu bleiben. In Berlin war ich zur Welt gekommen, in Berlin schloß ich meine Laufbahn ab. Das Zusammentreffen amüsierte mich. Ich habe mein ganzes Leben auf der Linie Berlin–Paris und zurück verbracht. Für einen Franzosen meiner Generation ein an intensiven und kontrastierenden Erlebnissen reicher Lebensweg!

Ich sagte der Stelle Lebewohl, wo mein Geburtshaus gestanden hatte, in der Nähe des Brandenburger Tores, oder glaubte vielmehr, daß ich ihr für immer Lebewohl sagte. Der Verein der Freunde des Berliner Tiergartens hat mir ein Bild geschenkt, das es am besten wiedergibt. Ich sagte auch der Stelle Lebewohl, wo ein anderes Haus gestanden hatte: unser Wohnsitz während der Nazi-Zeit, und auch dem ländlichen, angenehmen Haus in Frohnau, das uns in den Nachkriegsjahren zugewiesen worden war und wo wir die Blockade und die Luftbrücke erlebten. Im Charlottenburger Museum sagte ich auch drei Damen Lebewohl – den Kusinen meiner Großmutter, die eine behielt sogar den Namen Bérard, indem sie einen Bruder meiner Großmutter heiratete, die zweite war die Mutter des Diplomaten Paul d'Hybouville und die dritte die Mutter des Schriftstellers André Pieyre de Mandiargues. Auguste Renoir hielt sie als Kinder in seinem Gemälde »Ein Nachmittag in Wargemont« für die Ewigkeit fest. Die tiefe Stille des Salons jenes entzückenden Schlosses bemächtigte sich meiner Sinne. Ein paar bezaubernde, anmutige, lebhafte junge Mädchen blieben stehen, um das berühmte Gemälde zu betrachten. Sie waren in Begleitung ihres Vaters, Herrn von Hase, des wohlbekannten Botschafters der Bundesrepublik Deutschland. Ich nannte ihnen den Vornamen der Tanten meiner Frau und sie waren auf liebenswürdigste Art und Weise erstaunt über so viel »Familienwissen«. Dabei war es nur eine Generationenfrage ...

Hätte ich dazu geneigt, Europa immer noch für den Mittelpunkt der Welt zu halten, so hätten mich die Ereignisse im Nahen Osten und in Südostasien eines besseren belehrt. Auf beiden Schauplätzen setzte Richard Nixon nach dem Maß seiner Besorgnis und seines Ehrgeizes Amerikas Macht ein, deren Engagement, vor allem militärischer Art, zunehmend das große Land belastete. Bundeskanzler Brandt mußte sich dringend vergewissern, daß die Washingtoner Regierung aus seiner Ostpolitik nicht die Schlußfolgerung zog, ihn jetzt fallenlassen und sich mit der Sowjetunion auf Deutschlands Kosten arrangieren zu müssen. Seine Gegner ließen düstere Voraussagen verlauten. Willy Brandt verbrachte im April in Begleitung von Außenminister Walter Scheel, Verteidigungsminister Helmut Schmidt und Finanzminister Alex Möller einige Tage in den Vereinigten Staaten. Er kehrte sehr befriedigt zurück. Die Amerikaner hatten das Steuer nicht herumgeworfen und hatten auch keine Absicht, es zu tun. Mit ähnlich kluger Vorsicht kämpfte die Bundesregierung für England: ohne den britischen Beitritt sei die Zusammenarbeit in der Gemeinschaft illusorisch. Ohne die bedingungslose Unterstützung des Westens könne die Bundesrepublik Deutschland weder im Osten Sondierungsgespräche führen, noch mit ihm Verträge abschließen. In Paris blieb man mißtrauisch.

Das Mißtrauen war aus schwer definierbaren Quellen gespeist. Schmerzliche Erinnerungen tauchten wieder auf. Die Deutschen nahmen es mit Bitterkeit wahr. Man müsse Deutschland vertrauen, meinten sie. Zum Glück hielt Maurice Schumann in den Tagen vor meiner Abreise an der Tribüne der Nationalversammlung eine Rede, in der er sich über die Entspannungspolitik so aussprach, wie es sich Willy Brandt und Walter Scheel nur wünschen konnten. Sie ließen uns auch wissen, daß sie seine Rede mit Genugtuung zur Kenntnis genommen hatten.

Es reichte aber alles nicht aus, um mich vom Gefühl des Unvollendeten zu befreien. Freilich wäre das Gefühl das gleiche gewesen, wann ich auch immer fortgegangen wäre. Das Werk ist nie vollendet. Für die Kontinuität der Arbeit sorgte jedenfalls mein Nachfolger. Man hätte keinen besseren Deutschlandkenner als Jean Sauvagnargues wählen können. Er und ich hatten uns unter der Leitung Robert Schumans, Pierre Mendès-Frances und Antoine Pinays Deutschland gewidmet. Obwohl er seitdem durch seine Aufgaben als Botschafter in Äthiopien und Tunesien lange Zeit weit weg von Berlin gelebt hatte, kannte er sich im Status von Berlin vorzüglich aus. Er interessierte sich leidenschaftlich für die Verhandlungen und spielte auf der Botschafterkonferenz, wie man allgemein fand, die entscheidende Rolle.

Dank der Beharrlichkeit Maurice Schumanns und der freundschaftlichen Kameradschaft Hervé Alphands wurde ich zum Mitglied des Staatsrats ernannt. Damit wurde mir der Vorzug zuteil, noch fast sechs Jahre lang im Staatsdienst wirken zu dürfen. Wie bescheiden mein Beitrag auch gewesen sein mag, so verließ ich doch am 15. Februar 1976 das Palais-Royal, eines der größten

Häuser des französischen Staates, vielleicht das größte überhaupt, nicht ohne Schwermut. Im diplomatischen Milieu war ich überaus freundlich und zuvorkommend behandelt worden, aber dennoch hatte ich nicht erwartet, hier so viel Begabung, so viel Sachwissen, so viel Selbstlosigkeit und so erlesene Umgangsformen in diesem hohen Maße beisammen zu finden.

Doch zurück zu meinem Abgang aus Deutschland. Für mich war es ein gewaltiges Sichlosreißen. Um mich herum bemühten sich, allen zuvor Guy de Commines, René Cheval und Pierre Kauffmann, mir den Schock erträglich zu machen. Das Alter hatte mich nicht gefühllos gemacht. Um mir die Erinnerung möglichst tief einzuprägen, wollte ich eine Geste tun, die all den zahllosen Männern und Frauen, unter denen ich gelebt hatte, und diesem Deutschland, durch das ich so fröhlich kreuz und quer gereist war, gelten sollte. Unermüdlich hatte ich den Deutschen Frankreich und de Gaulle, den Franzosen Adenauer, Erhard, Kiesinger, Brandt und viele andere erklärt. Bei einer deutsch-französischen Veranstaltung in Hannover verstieg sich einer unserer Minister zu der Behauptung, für manche habe Deutschland in Paris zwei Botschafter: den deutschen und mich. Es war liebenswürdig und schmeichelhaft gemeint. aber ich faßte es gar nicht als ein Kompliment auf, denn schließlich war es meine Pflicht, meine Vorgesetzten über das Land zu informieren, mit dem ich so eingehend bekannt geworden war, und ich vertrat nur ein Land, nämlich Frankreich.

Ich ließ Bundespräsident Heinemann melden, daß ich mich glücklich schätzen würde, in den letzten Minuten vor dem allerletzten Augenblick in seinem Lande, von ihm empfangen zu werden. Das war meine Geste, In seiner Person erwies ich all jenen, die mir geholfen und mir vielleicht Zuneigung entgegengebracht hatten, meine Revrerenz. Als ich das Arbeitszimmer des Bundespräsidenten verließ, der übrigens den Sinn dieses allerletzten Besuchs sehr gut verstand, stieg ich direkt in den Wagen, wo mich meine Frau und eine meiner Enkelinnen bereits erwarteten, und wir fuhren sofort los nach Paris. Unterwegs sagte ich kein einziges Wort. Nicht etwa aus Schwermut, sondern aus

Dankbarkeit. Die Vorsehung war mir als Menschen wie auch als Diplomaten überaus gnädig gewesen.

Der Schluß, den der Leser aus meinem Bericht ziehen darf, lautet: Frankreich und die Bundesrepublik Deutschland tun sich nicht immer leicht, in gutem Einvernehmen miteinander zu leben. Sie bieten manchmal das Bild eines Ehepaares, aber dieses Ehepaar zeichnet sich nicht unbedingt durch harmonisches und friedliches Zusammenleben aus.

Gewiß, man darf nicht ins entgegengesetzte Extrem fallen und die eingetretenen Veränderungen verleugnen, beziehungsweise vergessen, daß an die Stelle der Zwietracht die Aussöhnung getreten ist. Zahllose kluge, begeisterte Franzosen und Deutsche haben an dieser Entwicklung leidenschaftlichen Anteil genommen und tun es immer noch. Ich sehe vor meinen Augen die ununterbrochene Reihe der Frauen, der Jugendlichen, der Bürgermeister, der Professoren, der Parlamentarier, die von ganzem Herzen für die Annäherung waren und sie aus allen Kräften förderten.

Aber die Politik machen die Politiker. Das Ehepaar scheint ehemüde zu sein, obwohl es immer beteuert, in enger Freundschaft zu leben. Noch ehe ich die Bundesrepublik verließ, sah ich ihre Geschichte gleichsam in gesonderten Streifen gegliedert, nach den Amtsperioden der vier Bundeskanzler Adenauer, Erhard, Kiesinger und Brandt. Jetzt verkörpert Helmut Schmidt die Bundesrepublik. Schon 1970 war er für den Start gut plaziert. Es stimmt zwar, daß es Gerhard Schröder und Willy Brandt gelungen war, sich als Bundesaußenminister – dem zweiten zugleich auch als Vizekanzler – über ihren Rang zu erheben. Dennoch ist in Bonn der jeweilige Bundeskanzler die überragende Gestalt.

Das Ehepaar Frankreich–Deutschland hat nur solange bestanden, und auch das nicht in einem stets ungetrübten Glück, solange Charles de Gaulle und Konrad Adenauer am Steuer waren. Zehn Jahre zuvor vereinte eine seltene Freundschaft Adenauer und Robert Schuman. Trotzdem sahen sich unser Außenminister und Jean Monnet aus Rücksicht auf eine immer noch äußerst empfindliche Öffentlichkeit gezwungen, den Rückwärtsgang einzuschalten und die Begegnungen unter vier Augen zu meiden. Nur de Gaulle erlaubte sich, was man keinem anderen gestattet hätte.

Die Flitterwochen endeten nicht mit der Annahme der Präambel durch den Bundestag. Der General lehnte es ab, Adenauer für diese halbe Niederlage verantwortlich zu machen. Er wußte, daß der Kanzler oft hatte kämpfen müssen, um seine eigenen Parteifreunde in Bundestag und Staatsapparat für seine und de Gaulles gemeinsame Anliegen zu gewinnen, und daß die Festigkeit seines Engagements wahre Wunder gewirkt hatte. »Es wird weitgehend auf ihn ankommen«, sagte er mir vor dem Treffen in Colombey-les-deux-Eglises. In Wirklichkeit zweifelte er keineswegs daran, daß der Staatsmann, der die Bundesrepublik Deutschland verkörperte, von gleichem Format war wie er selber. Nur eines war notwendig, aber das war auch ausreichend: daß sich die beiden verstanden.

Es war also ein Glücksfall für de Gaulle, daß er einen Gesprächspartner hatte, dessen durchaus wachsame und empfindliche Vaterlandsliebe sich mit der von uns damals beanspruchten französischen Vormachtstellung vertrug. Beide drückten der Annäherung der zwei Völker ihren Stempel auf. Konrad Adenauer erlag dem Charme de Gaulles. Noch wichtiger war aber für ihn die Einsicht, die niemand in gleichem Maße wie er hatte. Er sah nämlich ein, was die Zuneigung und die Macht dieses Franzosen, dessen Namen man mit dem Widerstand gleichsetzte, für die Aussöhnung zwischen Frankreich und Deutschland bedeuten konnten. Sein Standpunkt erklärt sich von seiner Vergangenheit her. Der Kontinentaleuropäer, der Abendländer Adenauer hatte nicht gezögert, schon 1923, im düsteren Jahr der französisch-belgisch-italienischen Besetzung des Ruhrgebiets, für sein heimatliches Rheinland weitestgehend Selbstbestimmung zu fordern. Trotz seiner leidenschaftlichen Liebe zum deutschen Vaterland, liebte er Bonn und Köln mehr als Königsberg und Berlin. Der Rheinländer, der Katholik, liebte den Strom und den Dom. Hätte sich Rußland nicht halb Europa einverleibt, so hätte Adenauer zwischen Frankreich und den Vereinigten Staaten keinen Augenblick gezögert. De Gaulle fühlte es. Vom Geflüster, vom Zaudern, vom Murren ungerührt, gaben sie dem Paar Deutschland–Frankreich seine Größe und die Geschichte wird der Zeit ihrer gemeinsamen Herrschaft ihre Namen geben.

Weder Ludwig Erhard noch Kurt Georg Kiesinger durften ähnliche Ansprüche erheben. Sie hatten nicht dasselbe Format wie der französische Staatspräsident. Außerdem erschwerten de Gaulles Vorstellungen von der EWG, von Europa, von der NATO, vom Verhältnis zu den Vereinigten Staaten, von der Entspannung und von den französisch-sowjetischen Beziehungen die Aufgabe der beiden Kanzler, die ihm aus unterschiedlichen Gründen nur mit Mühe zu folgen vermochten. Sie standen zwar an der richtigen Schaltstelle, aber nicht im richtigen Augenblick. Es brauchte seine Zeit, bis man einsah, daß die Zielvorstellungen, für die sich der General einsetzte, nicht nur für Frankreich von Interesse waren. Er für sein Teil sorgte sich wegen der deutschen Unzufriedenheit und fragte sich, wie sie sich nach ihm wohl auswirken würde.

Indessen war Adenauers Erbe für seine Nachfolger nicht zu verachten. De Gaulle konnte sein eigenes Werk nicht verleugnen. Man gab sich also auf beiden Seiten größte Mühe. In Paris, wo man nur allzu gut wußte, auf welche Reaktionen unsere Politik stieß, blickte man stets und zu allererst nach Bonn. In Bonn, wo man oft ein schlechtes Gewissen hate, fragte man sich unausgesetzt, wie die Stimmung in Paris wohl sei. Bei allen, auch bei denen, die an der Aussöhnung am wenigsten Freude hatten, herrschte ein Bedürfnis, sich miteinander auszusprechen. Der ursprüngliche Impuls wurde nicht gehemmt. De Gaulle erwies sich als unersetzlich. Die Schwierigkeiten rührten freilich von seinen Initiativen her, aber er war gleichzeitig der Mann, der mit diesen Schwierigkeiten am besten fertig werden konnte. Er imponierte durch sein sicheres Urteil und durch das von ihm entworfene Bild von Europas Zukunft und von der Zukunft der Welt. Deutschland empfand das Bedürfnis, ihn um Rat zu fragen und ihn zuvorkommend zu behandeln, denn es fühlte, daß, was er auch sonst unternahm, de Gaulle für Deutschland die Zuneigung empfand, die im Vertrag vom 22. Januar 1963 verkörpert bleibt.

So ist es nicht weiter überraschend, daß während der Amtszeit Ludwig Erhards und anschließend Kurt Georg Kiesingers als Bundeskanzler das Paar Frankreich–Deutschland alle Stürme gut überstand. Frankreichs wichtigster Partner blieb ganz ohne Zweifel Deutschland. Im Elysée-Palast und am Quai d'Orsay war man stets darum bemüht – unter gewissen Umständen trotz dem Anschein – eine Bindung besonderer Art zwischen den beiden Ländern aufrechtzuerhalten. »Wie geht es Ihren Deutschen?« pflegte mich Couve de Murville in bezeichnend besorgtem Ton zu fragen. Der Präsident der Republik war nicht weit davon entfernt, sich selbst Vorwürfe zu machen, weil er einer sorgenvollen, gedämpften Stimmung nachgegeben hatte. Es hätte ihn gefreut, sich beruhigend sagen zu dürfen, daß die Schicksale beider Länder nie mehr voneinander getrennt werden könnten. Punkt eins seiner Außenpolitik lautete: Deutschland. Und Deutschland wußte es. Daraus erfolgte ein ständiger Gedankenaustausch, bei dem man einander umso freier die Wahrheit sagte, als sich die deutschen und die französischen Diplomaten immer besser kannten – was sich wohl in meinem Bericht nachteilig auswirkt –, indem die Schatten stärker als die Lichtseiten hervortreten.

Willy Brandt wird der Vorkämpfer der Ostentspannung bleiben, und Georges Pompidou der Urheber des englischen Beitritts zur Europäischen Gemeinschaft. Diese zwiefache Zielsetzung übte ihre Wirkung auf das Verhältnis zwischen Paris und Bonn insofern, als die die beiderseitige Empfindlichkeit erhöhte.

Die Anerkennung eines zweiten deutschen Staates durch die am 1. August 1975 in Helsinki unterzeichnete Schlußakte der Konferenz für Sicherheit und Zusammenarbeit in Europa war für Leonid Breschnew ein Erfolg. Aber auch die Bundesrepublik Deutschland hat sich durch ihre Zugeständnisse an Rußland ihre Handlungsfreiheit erobert. Die Handelsgroßmacht ist zu einer politischen Macht geworden. Die menschlichen und wirtschaftlichen Bindungen zwischen den beiden deutschen Staaten werden enger, die gegenseitige Durchdringung steigt. Vor einigen Zuhörern gab einmal Egon Bahr der Seele eines ganzen Volkes Ausdruck: »Trauen Sie keinem Deutschen, der Ihnen sagt, die nationale Frage sei gestorben.«

Als Georges Pompidou Großbritannien in die EWG aufnehmen ließ, folgte er seinem Instinkt und gab der Versuchung nach, das relative Gewicht der Bundesrepublik innerhalb der Gemeinschaft zu verringern. Es war indessen klar, daß der Auftritt der Briten auf der Gemeinschaftsbühne aus dem deutsch-französischen Paar eine Ehe zu dritt machen würde – mit allen zusätzlichen Möglichkeiten, die sie bietet, und auch allen Fehltritten, die sie begünstigt. Von jetzt an sollte es Paris und Bonn schwerer fallen, sich in die Intimität zurückzuziehen, zu der bislang Italien und die drei Beneluxländer nie so ganz richtig Zutritt gehabt hatten.

Weil sie sich dem Osten beziehungsweise England zuwandten, mußten Willy Brandt und Georges Pompidou dafür Sorge tragen, daß das gegenseitige deutsch-französische Treueverhältnis unangetastet blieb. Schon zum Verdacht Anlaß zu geben, wäre verhängnisvoll gewesen. Präsident Pompidou vergaß nicht, daß er de Gaulles Werk fortzuführen hatte. Bundeskanzler Brandt oblag es, den Beweis zu erbringen, daß die deutsch-französische Aussöhnung den Sozialdemokraten ebenso wichtig war, wie den Christdemokraten. Sie waren voneinander zu verschieden, um einander zu verstehen, aber beide wußten, sich zu beherrschen. Der Franzose betrachtete ohne sonderliche Freude den internationalen Aufstieg des Deutschen, und dieser fühlte es. Unter dem Impuls des einen und mit der Unterstützung des anderen machte das »Europa der Europäer« Ende 1973 einen großen Fortschritt, der die Hoffnung wiedererweckte, das Europa der Neun könne einen neuen Anfang machen. Zu verdanken war er weitgehend Henry Kissinger. Dessen Annäherungsversuche gegenüber Rußland, das er als den Vereinigten Staaten ebenbürtig behandelte, während er Europa nur regionale Bedeutung beimaß, verärgerten seine treuesten Anhänger.

Einige Monate später folgte auf Willy Brandt Helmut Schmidt. Ich hatte ihn gut gekannt – in einer Zeit, als er sozialdemokratischer Fraktionsführer im Bundestag war. Von keiner Regierungsverantwortung behindert, ging er in seinen Aussagen weiter als der Bundeskanzler. Ein unermüdlicher Kämpfer, mit lebhaften Augen im schmalen, strengen Gesicht, eine schwarze Strähne in der Stirn, ermahnte und warnte er eifrig die Öffentlichkeit: Deutschland müsse die Illusionen endlich fahren lassen und auf Standpunkte verzichten, die im Ausland nur Mißbilligung fänden. Es müsse aufhören, Rußland und Polen den Rücken zu kehren. Diese Entschlossenheit hinderte ihn nicht daran, zu erklären, daß man die Anerkennung der Oder-Neisse-Linie als Grenze nicht ohne die Einwilligung der gesamten deutschen Nation fordern dürfe. Als Hamburger Bürger und als Pragmatiker bewundert der Kanzler die Vereinigten Staaten. Uns, die wir weniger mächtig sind, bewundert er weniger. Die Bundesrepublik Deutschland und Frankreich sind sich gegenseitig nicht gleichgültig, aber ihre Bindung ist alltäglicher geworden. Damit sich Franzosen und Deutsche verstehen, muß ihr gegenseitiges Verständnis das Niveau des Alltags übersteigen. Sonst verkümmert ihre Bindung wie eine Pflanze, die man nicht gießt. Die Langeweile bedroht sie.

Als Wirtschaftsmacht und als politische Macht hat trotzdem die Bundesrepublik auch ihre Schwächen. Die Bundestagswahlen vom 3. Oktober 1976 bedeuten für die sozialliberale Koalition einen Rückschlag. Eine Million Arbeitslose überraschen, plagen und verärgern die wohlstandsgewohnte Nation. Allerdings steht Deutschland auf einer zu festen Grundlage, um durch innenpolitische Schwankungen in Bonn ernsthaft erschüttert zu werden. Ihre wirtschaftliche Struktur garantiert ihre Stabilität. Freilich ist es im Moment immer noch richtig, die Staaten in Atommächte und solche, die die Bombe nicht haben, zu unterscheiden. Die Bundesrepublik zählt zur letzteren Klasse, aber sie hat aus ihrer Lage das Beste herausgeholt. Sie hat die Grenze erreicht, die sie nicht überschreiten darf, ohne militärisch eine qualitative Veränderung durchzumachen, die ihr große politische Schwierigkeiten zuziehen würden.

Es ist nur natürlich, daß, nachdem es die schlimmsten seelischen und materiellen Leiden über sich ergehen ließ, das deutsche Volk mit Stolz feststellt, daß man es wieder umwirbt. »Made in Germany« genießt auf der ganzen Welt Respekt, deutsche Leistungsfähigkeit und zäher deutscher Unternehmergeist werden überall hoch geachtet. In den Verhandlungen wird der Ton der Deutschen immer bestimmter, auch Amerika gegenüber, dessen Einwände zum deutsch-brasilianischen Nuklear-Abkommen unbeachtet blieben.

Es wäre ungerecht, der Bundesrepublik vorzuwerfen, sie setze sich für den Ausbau der politischen Union Europas nur ein, weil alles darauf schließen lasse, daß ihr darin die Hauptrolle zufallen würde. Sie hat sich seit beinahe drei Jahrzehnten ständig für Europa eingesetzt und sich um die Fragen, die wir uns immer noch stellen, nämlich die Frage nach der Struktur des angestrebten Europas, nach dem Ausmaß der Supranationalität, nach dem Grad des transatlantischen Einflusses, weniger gekümmert als wir. Für sie wäre Europa ein weniger durchlässiger Schutzwall gegen die Sowjets, als die verstreuten europäischen Nationalstaaten. Es würde außerdem ein wirtschaftliches Ganzes sein, das der deutschen Industrie und dem deutschen Handel förderlich wäre. Deutschland liegt in der Mitte des Kontinents und ist selbst dezentral aufgebaut. Es kann kaum umhin, dem projizierten europäischen Bund eine Anziehungskraft zuzuschreiben, die die deutschen Bestrebungen erfüllen würde.

Gewiß, die Begeisterung der 1950er Jahre ist nicht mehr da. Als sie entstand, war die Bundesrepublik kein Vaterland, zu dem sich die Deutschen hätten freudig bekennen können. Europa kam zur rechten Zeit, um dessen Platz einzunehmen. Am 19. Mai 1977 sagte Bundespräsident Walter Scheel im Krönungssaal von Aachen, in dem man ihn durch die Verleihung des Preises Karls des Großen auszeichnete, der riesigen Gästemenge, daß Europa keinen Ersatz für die Nation zu liefern vermag. Nach dem

Krieg hätten die Deutschen nach Europa gedrängt, weil sie hofften, in ihm ein neues Vaterland zu finden. »Damals war es nicht leicht, ein Deutscher zu sein.« Mancher habe der Nation zu entgehen versucht, und es sei nicht undenkbar, daß die Deutschen deswegen an den Ausbau Europas übertriebene Erwartungen geknüpft hätten, die bei den Nachbarn Unmut weckten und Widerstand herausforderten. Man könne und dürfe allerdings seiner Nation nicht entgehen. »Daß er dies einsah, ist mit das wichtigste Vermächtnis Charles de Gaulles an Europa und es zeugt vom historischen Sinn dieses großen Europäers.« Die Bezugnahme auf de Gaulle war edel und klug. Doch was hätte der General von einem Europa gehalten, in dem die Bundesrepublik eine ernsthafte Chance hätte, den ersten Platz einzunehmen?

Wirtschaftlich gesehen ist Deutschland stärker, Frankreich schwächer. Dieses Ungleichgewicht wirkt sich bei den Deutschen durch eine Gefühlspalette aus, die einerseits bis zum Hochmut reicht, andererseits aber bis zum – immer schwächer werdenden! – Bewußtseins des Mißbehagens, das sich in Europa verbreiten würde, wenn sie die Führung übernähmen. Bei den Franzosen wirkt es sich dagegen nur allzu oft in Angst- und Unsicherheitsreaktionen aus. Das Heilmittel liegt in unserer Macht. Es heißt Aufschwung. Die Bundesrepublik darf sich schmeicheln, uns dabei zu helfen. Man gibt sie uns zwar als Vorbild, aber wir sehen in ihr auch die Rivalin. Einst brauchten wir Deutschland unbedingt zum Zweck der Kriegsertüchtigung. Heute reizt es uns durch seinen Erfolg zur Anstrengung an – zu einer für uns schwierigeren Anstrengung, denn schließlich hat Deutschland ein bestimmtes Ziel vor Augen ...

Trotz alledem bleibt es wahr, daß Deutschland noch unter dem Trauma seiner unglücklichen jüngsten Vergangenheit leidet. Nach dem entsetzlichen Schock ist es noch immer nicht zu sich gekommen. Es leidet unter der Reue über die begangene Sünde, wenngleich die Anzahl der Menschen, die dieses schlechte Gewissen haben, mit der Zeit und dem Generationenwechsel ständig abnimmt. Deutschland macht sich Sorgen darüber, was die Anderen von ihm denken. Über diese Sorge um die Meinung der Anderen brauchen sich unsere Nachbarn nicht zu schämen. Sie kann sie aber dazu verführen, sich um diese Meinung Dritter übermäßig zu kümmern. Die Aufmerksamkeit, mit der sie uns beobachten, und die uns die dramatischen Ereignisse vom Oktober 1977 bestätigt haben, sollte nicht nur unser Mißfallen erregen. Sie wäre weniger erklärlich, wenn sie nicht befürchteten, durch eine Entfremdung zwischen ihnen und uns moralischen Schaden zu nehmen. Das legt uns eine umso ernsthaftere Verantwortung auf. Wir sollten daraus eine nützliche Lehre ziehen.

Der Autor dieses Buches

François Seydoux Fornier de Clausonne

wurde am 15. Februar 1905 als Sohn des französischen Diplomaten Jacques Seydoux und seiner Ehefrau, geborene Mathilde Fornier de Clausonne, in Berlin geboren. Er besuchte in Paris das Lycée Carnot und die Faculté de droit. Seine Studienzeit wurde abgeschlossen mit dem Diplom der Ecole libre des sciences politiques und dem Lizenziat lettres et en droit. 1928 gehörte François Seydoux zur französischen Delegation beim Völkerbund und von 1933 bis 1936 zur Französischen Botschaft in Berlin, die von André François-Poncet geleitet wurde. Anschließend gehörte er dem französischen Außenministerium an, 1943 kam er zur Studienabteilung. 1945 wurde er als Botschaftsrat Erster Klasse zur Französischen Botschaft in Brüssel entsandt, von 1946 bis 1949 nach Berlin als politischer Berater, war danach sechs Jahre als Direktor der Europa-Abteilung beim Quai d'Orsay tätig und leitete seit 1955 die Botschaft Frankreichs in Österreich. Vom August 1958 bis zum Juli 1962 war François Seydoux das erste Mal Französischer Botschafter in der Bundesrepublik Deutschland, seit September 1962 ständiger Vertreter bei der Behörde des Nordatlantischen Paktes. Staatspräsident de Gaulle entsandte ihn im Februar 1965 ein zweites Mal als Botschafter nach Bonn. Seine politische Laufbahn im Auslande wurde abgeschlossen mit der Teilnahme an den Verhandlungen über das Internationale Berlin-Abkommen (1970). Mit dem Prädikat eines Ambassadeur de France gehört François Seydoux von 1970 bis 1976 zum Staatsrat der Französischen Republik und vertritt seine Regierung in den Aufsichtsgremien verschiedener Gesellschaften. Seit mehr als acht Jahren ist François Seydoux diplomatischer Berichterstatter der »Revue des deux mondes«.

Namenverzeichnis

CIP-Kurztitelaufnahme der Deutschen Bibliothek

Seydoux François
Botschafter in Deutschland: meine zweite Mission (1965 – 1970).
– 1. Aufl. – Frankfurt [Main]: Societäts-Verlag, 1978.
Einheitssacht.: Dans l'intimité franco-allemande, une mission diplomatique ‹dt.›
ISBN 3-7973-0325-4